W0197061

OneNote 2016

Praxiswissen für die Arbeit mit Computer, Smartphone und Tablet

Winfried Seimert

OneNote 2016

Praxiswissen für die Arbeit mit Computer, Smartphone und Tablet

mitp

Bibliografische Information der Deutschen Nationalbibliothek
Die Deutsche Nationalbibliothek verzeichnet diese Publikation in der Deutschen
Nationalbibliografie; detaillierte bibliografische Daten sind im Internet über
<http://dnb.d-nb.de> abrufbar.

Bei der Herstellung des Werkes haben wir uns zukunftsbewusst für umweltverträgliche
und wiederverwertbare Materialien entschieden.
Der Inhalt ist auf elementar chlorfreiem Papier gedruckt.

ISBN 978-3-95845-486-6
1. Auflage 2017

http://www.mitp.de
E-Mail: mitp-verlag@sigloch.de
Telefon: +49 7953 / 7189 - 079
Telefax: +49 7953 / 7189 - 082

Lektorat: Sabine Janatschek
Sprachkorrektorat: Petra Kleinwegen
Covergestaltung: Christian Kalkert, www.kalkert.de
Satz: Petra Kleinwegen
Druck: Medienhaus Plump, Rheinbreitbach
Bildnachweis: © BillionPhotos.com / fotolia.com

Inhalt

Kapitel 1

Basiswissen OneNote

Was ist OneNote? Und was kann ich damit machen?

Das sind die häufigsten Fragen, die mir in zahlreichen Seminaren gestellt wurden, wenn ich von diesem Programm schwärmte. Das ist auch kein Wunder, denn OneNote ist das Programm innerhalb der Microsoft-Officegruppe, das zu Unrecht ein Dornröschendasein führt. Wenn Sie sich ein wenig mit OneNote beschäftigen, werden Sie rasch erkennen, dass dieses elektronische Notizbuch Ihnen auf wundersame Weise hilft, Ordnung und Struktur in Ihr digitales Leben zu bringen – ein Notizbuch, das gewaltige Stärken im unkomplizierten Organisieren von Daten hat, in perfekter Symbiose mit den anderen Officeprogrammen zusammenarbeitet und das Sie bestimmt bald nicht mehr missen wollen. Von dem Programm gibt es allerdings einige Varianten. Deshalb werden Sie zunächst sehen, welche das sind und was ihr Verwendungszweck ist. Danach werden Sie in der Version, die zu Office 2016 bzw. 365 gehört, einen Rundgang machen und erfahren, wie OneNote zu einem ständigen Begleiter bei Ihrer Arbeit am Computer werden wird.

1.1 Einleitung

Zunächst einmal Danke, dass Sie zu diesem Buch gegriffen haben! Es gibt eigentlich keine Software, die mich in den letzten Jahren so begeistert hat wie OneNote. Auch ich bin erst mit der Version 2007 auf den Geschmack gekommen. Seitdem hat es mich nicht mehr losgelassen und ist zu einem unentbehrlich Begleiter im Alltag geworden.

Für wen ist dieses Buch?

Mit diesem Buch möchte ich bei Ihnen diese Begeisterung wecken und ich bin mir recht sicher, dass dies gelingen wird. Wenn Sie sich erst einmal ein bisschen mit dem Programm beschäftigt haben, werden Sie gewiss viele Einsatzzwecke für sich finden. Ich hoffe, dass ich Ihnen das Entdecken und den Einstieg in das doch (immer noch) recht unbekannte Programm erleichtern kann. Um Ihnen die Vorteile zu demonstrieren, ist dieses Buch größtenteils wie ein Seminar aufgebaut und Sie werden sich Schritt für Schritt voran arbeiten. Dabei werden die meisten praxisrelevanten Programmfunktionen – und das sind gewiss nicht wenige – erläutert werden. Dementsprechend kann man dieses Buch von vorne bis hinten durchgelesen oder – und das wurde beim Schreiben berücksichtigt – nur kapitelweise. Die einzelnen Kapitel unterliegen zwar einer chronologischen Reihenfolge, sind aber jeweils in sich abgeschlossen. Der Schwerpunkt wurde auf das umfangreiche OneNote 2016 (in der Windows-Version) gelegt, da dieses die meisten Features bietet.

Was ist OneNote?

Doch zunächst einmal möchte ich versuchen Ihnen die Idee, die hinter diesem Programm steht, näherzubringen. Ist es Ihnen nicht auch schon einmal passiert, dass Sie einen wichtigen Gedanken oder tolle Idee hatten und sich diesen schnell auf einen Schmierzettel geschrieben haben? Doch dann war dieser auf einmal verschwunden. Oder hatten Sie schon nach einem wichtigen Gespräch den Wunsch, sich gleich einmal die wichtigsten Eckdaten zu notieren? Vielleicht hatten Sie sogar Stift und Papier zu Hand, doch wie oft haben Sie sich danach gewünscht, Sie hätten die Notizen ordentlich abgelegt? Oder dass Sie anhand Ihrer Aufzeichnungen gleich auf die dazugehörigen Dokumente zugreifen können? All das sind Fälle, die Sie mit OneNote in den Griff bekommen. Sie werden sehen, wie Sie völlig unkompliziert Ihre besten Einfälle oder spontane Ideen sofort festhalten und diese dabei gleich in wertvolle, nutzbare Informationen umwandeln können.

Der Gedanke des guten alten Notizbuchs ist weiterentwickelt und in die moderne Zeit adaptiert worden. Als Bestandteil des Offices-Pakets können Sie auf Ihrem Büro- oder Privat-Computer damit auf unkomplizierte und flexible Art und Weise Recherche- und Hilfsdateien erfassen, speichern, organisieren und benutzen. Verwenden Sie ein Tablet oder Smartphone, lassen sich unterwegs die Informationen für eine Besprechung oder zum Nachschlagen nutzen. Sie können jederzeit und völlig unproblematisch auf alle Ihre Informationen zugreifen. Dafür brauchen Sie auch kein Computerexperte sein oder zu befürchten, dass Sie von Ihrer Arbeit abgelenkt werden. Das einzigartige an diesem Programm ist, dass alle Informationen wirklich problemlos erfasst, gespeichert, formatiert, gestaltet, ausdruckt, durchsucht, per Mail versendet oder für andere freigegeben werden können. Ein effizienteres Medium, um schnell mal zwischendurch Notizen zu machen, die man dann auch noch entziffern kann, gibt es nicht. Die einmalige Stärke – und das werden Sie sicher bald auch selbst erkennen – liegt zudem in seiner unglaublichen Flexibilität. Kein anderes Programm passt sich so Ihrem persönlichen Arbeitsstil an und fasst Ihre Informationen, Gedanken und sonstige Daten genau in der Art und Weise zusammen, mit der Sie sich am wohlsten fühlen und am besten zurecht kommen.

Doch woran liegt es nur, dass OneNote schon länger (genauer seit Herbst 2003) auf dem Markt ist und kaum einer es kennt? Ich denke, das einzige Problem an dieser tollen Software ist, dass man sie eigentlich nicht kurz und prägnant beschreiben kann. Microsoft verkauft OneNote als Notizenerfassungssoftware. Das trifft es schon, umfasst aber nicht alle Aspekte. Einer der entscheidenden Merkmale ist, dass es sich um eine Software handelt, die einen (plattformunabhängigen) Informationsaustausch von stationären wie auch mobilen Computern ermöglicht. Egal wo man sich befindet, kann man seine Ideen und Gedanken im Handumdrehen festhalten und zwar in jeder Form: tippen, schreiben oder skizzieren. Ohne sich groß Gedanken über den technischen Hintergrund zu machen, erfassen Sie Informationen in Form von Texten oder Tabellen, speichern Links von interessanten Webseiten, fügen Fotos, Audioaufzeichnungen und Videos ein, hängen Dateien an und legen im Idealfall die Notizen handschriftlich nieder. All diese Notizen bewahren Sie dabei an einem einzigen Ort auf, ohne sich konkret Gedanken darüber zu machen, wie das geht, und greifen von überall darauf zu. Wenn Sie erst einmal OneNote in Ihren Alltag integriert haben, werden Sie sehen, dass Sie eine Menge Zeit sparen.

Gibt es Beispieldateien?

Dem Buch wurde keine CD beigelegt und Sie können diese auch nicht downloaden. Ich weiß, damit wurde ein bisschen auf Bequemlichkeit verzichtet. Aus vielen Schulungen weiß ich, dass die meisten Teilnehmer am meisten lernen, wenn sie etwas selbständig anfertigen »müssen«. Ein fertiges Notizbuch, in dem Sie lediglich nachschauen, wie etwas gemacht wurde bzw. fertig aussieht, ist etwas anderes, als wenn Sie Ihr Notizbuch selbst erstellen bzw. bearbeiten. OneNote ist gerade zu prädestiniert, dass Sie sofort loslegen, und genau das sollten Sie tun. Anders als bei vielen Programmen können Sie auch noch später »Ordnung ins System« bringen. Zudem werden Sie sehen, dass es riesigen Spaß macht, sich gleich ein eigenes Notizbuch anzulegen. Dementsprechend ist das Buch auch ein bisschen wie ein Seminar aufgebaut. Machen Sie gleich mit und Sie werden zum Schluss schon drei Notizbücher besitzen.

1.2 Welche Version darf es sein?

Bestimmt wollen Sie gleich loslegen. Doch halt! Welches OneNote haben Sie denn bzw. welches gedenken Sie einzusetzen? Anders als bei den anderen Office-Programmen ist das nicht so leicht zu beantworten. Microsoft hat mittlerweile ganze Arbeit geleistet und bietet das Programm, allerdings zum Teil in extrem unterschiedlichen Ausführungen, für nahezu alle Plattformen an. Das wiederum führt meiner Beobachtung nach zu einigen Irritationen, wenn man eine Version unter falschen Voraussetzungen einsetzt.

Dementsprechend gilt es sich zunächst einmal einen Überblick über die Versionen und deren Möglichkeiten zu verschaffen, bevor Sie sich ans Erkunden machen.

OneNote 2016 (für Windows)

Fangen wir mit dem umgangreichsten Programm an, das alle Möglichkeiten bereithält: OneNote 2016. Diese App, wie man neudeutsch zu den Programmen sagt, ist Bestandteil von allen Office-2016-Paketen (unabhängig, ob Sie es als Einzellizenz oder im Rahmen eines Office-365-Abos erworben haben). Es ist der direkte Nachfolger der ersten OneNote-Version von 2003 sowie seiner Nachfolger 2007, 2010 und 2013. Einzig diese Windows-Version verfügt über den größten Funktionsumfang und ermöglicht es, Notizbücher nicht nur in der Cloud (OneDrive, OneDrive for Business und SharePoint) zu speichern, sondern auch auf lokalen Festplatten, auf Netzwerklaufwerken oder einem mobilen USB-Stick.

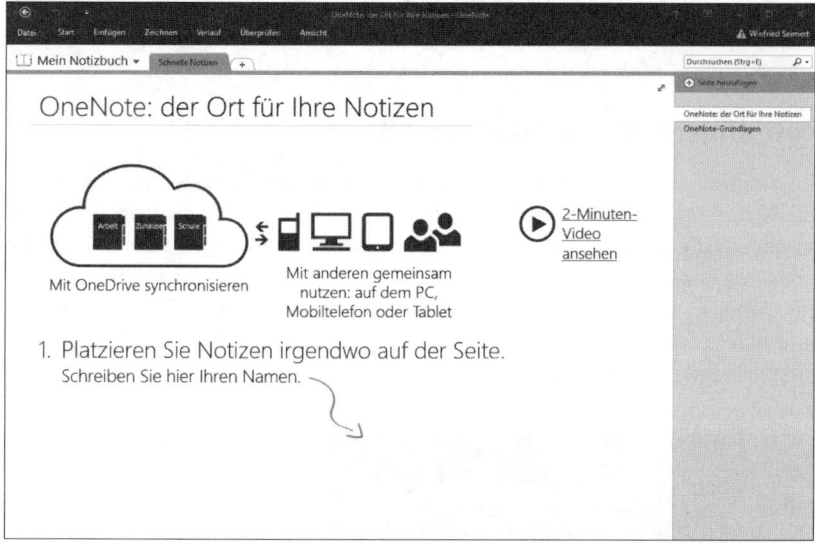

Abb. 1.1: OneNote 2016 – Bestandteil des Office-Pakets

Häufig setzt hier auch die Kritik an OneNote an, das den anderen Versionen diese Möglichkeit nicht offen steht. Gewiss wäre es schön, wenn man alle Möglichkeiten (insbesondere das lokale Speichern) auf allen Plattformen und in allen Versionen zur Verfügung hätte. Dabei sollte man aber bedenken, dass OneNote 2016 im Gegensatz zu allen anderen Varianten etwas kostet. Dementsprechend sollten Sie auch seinen Sinn sehen. Es ist sozusagen die Mutterapplikation, mit der man alles machen kann und die alle Optionen bietet. Insbesondere Verwaltung und Aufbereitung der gespeicherten Informationen werden Sie vermutlich zumeist am Desktop-PC, auf dem Notebook oder dem Tablet machen, die Informationen sammeln oder ansehen vermutlich am mobilen Gerät (Tablet oder Smartphone). Verwenden Sie ein Microsoftkonto, dann können Sie die Notizbücher per Synchronisation stets auf dem neuesten Stand halten, und zwar unabhängig davon, von welcher Seite Sie auf Ihre Daten zugreifen. Genau darin liegt meines Erachtens auch die Stärke dieses Programms. Man muss sich für die Erfassung, das Festhalten oder die zeitliche Einordnung von Information zunächst keine Gedanken machen, weil man das auf jedem Gerät und mit jeder Applikation von OneNote machen kann.

HINWEIS

Die Version OneNote 2016 für Windows wird überwiegend in diesem Buch behandelt. Bitte bedenken Sie, dass die im Folgenden dargestellten Versionen zumeist über einen eingeschränkten Funktionsumfang verfügen und dementsprechend nicht alle Schritte durchgeführt werden können.

OneNote Universal App Windows 10

Auch in Windows 10 finden Sie eine Version von OneNote: die Universal App. Diese App soll Microsofts Idee von einem Windows auf allen Plattformen realisieren und den Anwendern die Vollversion OneNote 2016 schmackhaft machen. Sie erkennen sie daran, dass sie nur die Bezeichnung *OneNote* trägt. Vorteil dieser Version ist, dass sie auf allen Windows-Geräten vorhanden ist. Im Startmenü erkennen Sie diese Version an dem einfachen Logo mit der Bezeichnung *OneNote* und zudem wird automatisch eine entsprechende Kachel platziert.

Abb. 1.2: OneNote im Windows-10-Startmenü

Diese Version zeichnet sich allerdings durch eine etwas andere Oberfläche sowie einem eingeschränkten Funktionsumfang aus. Zudem setzt sie zwingend ein Microsoft-Konto voraus, denn alle Notizbücher werden auf dem hauseigenen Onlinedienst One-Drive gespeichert.

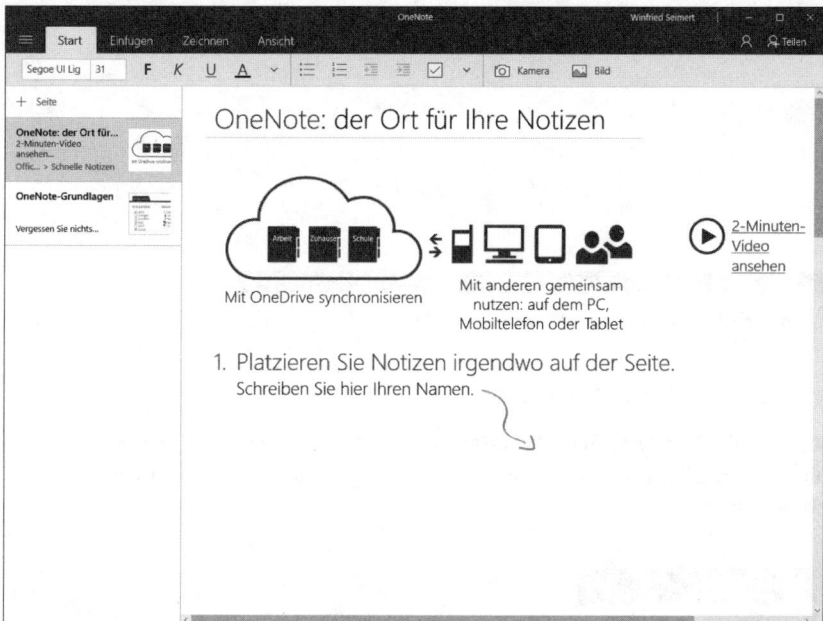

Abb. 1.3: OneNote – Bestandteil von Windows 10

TIPP

Als Eigner von OneNote 2016, welches ein ausschließlich lokales Arbeiten zulässt, sollten Sie diese Variante ignorieren, wenn Sie Ihre Daten nur lokal speichern wollen.

OneNote Online

Die Variante für das Internet heißt *OneNote Online*. Sie kann über jeden Browser aufgerufen und bedient werden, sodass man lediglich einen Internetzugang benötigt, um auf seine Daten zuzugreifen. Diese werden über den Dienst OneDrive in der Cloud gespeichert und verwaltet.

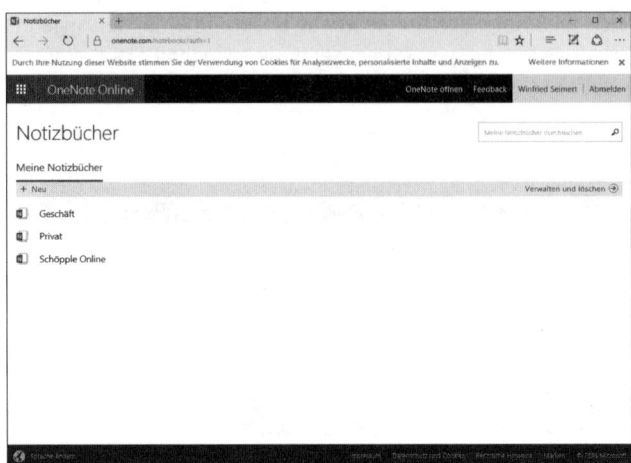

Abb. 1.4: OneNote Online – die Browser-Variante

OneNote für Windows Phone

Für das mobile Windows-Betriebssystem stellt Microsoft ebenfalls eine Variante zur Verfügung, die allerdings auf einige Funktionen und auf das Speichern in die Cloud beschränkt ist.

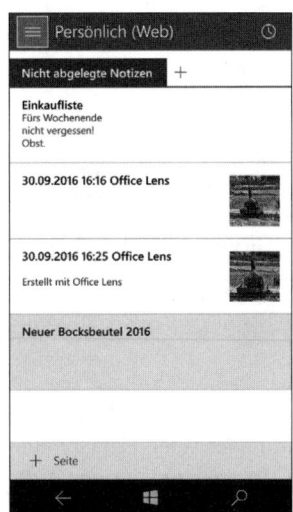

Abb. 1.5: OneNote –Windows 10 Mobile

OneNote Mac OS

Für das Mac OS gibt ebenfalls eine kostenlose OneNote-Version, die allerdings über einen vergleichsweise beschränkten Funktionsumfang verfügt.

Die kostenpflichtige Version Office 2016 für Mac, verfügt im Gegensatz zur Windows-Version leider über einen geringeren Funktionsumfang. Das äußert sich darin, dass beispielsweise jegliche Verbindungen mit anderen Office-Programmen fehlen, so dass man keinen Aufgaben- oder Kontakt-Abgleich mit Outlook durchführen, Excel-Tabellen einfügen oder Informationen nach Word exportieren kann. Und leider, leider kann man nur ausschließlich in der Cloud gespeicherte Notizbücher nutzen.

Abb. 1.6: OneNote 2016 – Mac OS-Version

HINWEIS

Die Mac-Version OneNote 2016 weicht – obwohl sie den gleichen Namen wie die Windows-Version trägt und Bestandteil des Office-Pakets ist – in einigen Punkten von der Windows-Version ab. Bestimmte Schritte können Sie deshalb

---

als Mac-Nutzer nicht nachvollziehen. Darüber hinaus gilt es zu bedenken, dass sich Ihr Bildschirm von den im Buch gezeigten Abbildungen im Wesentlichen durch das Apple-typische Aussehen unterscheidet. Gleiches gilt für die zumeist genauso aufgebauten Menüs. Bei der Bedienung müssen Sie als Apple-Anwender zudem darauf achten, statt der nicht existierenden Strg-Taste die Apfel-Taste und für die Alt- die Wahl-Taste zu verwenden, und im Fall, dass Sie die rechte Maus betätigen müssen und das nicht zum gewünschten Ergebnis führt, die Ctrl-Taste drücken. Das sind allerdings Dinge, die ein geübter Mac-Anwender schnell in den Griff bekommt.

OneNote Android

Android SmartPhones und Tablets haben eine sehr hohe Marktdurchdringung. Dementsprechend hat Microsoft reagiert und stellt auch OneNote-Apps für Android zur Verfügung. Diese weisen überraschenderweise sogar Features auf, die man selbst von OneNote 2016 nicht kennt, etwa den OneNote-Badge. Dabei handelt es sich um eine Schnellstart-Schaltfläche für OneNote, die sich über jede andere App legt und so jederzeit Zugriff auf das Programm ermöglicht.

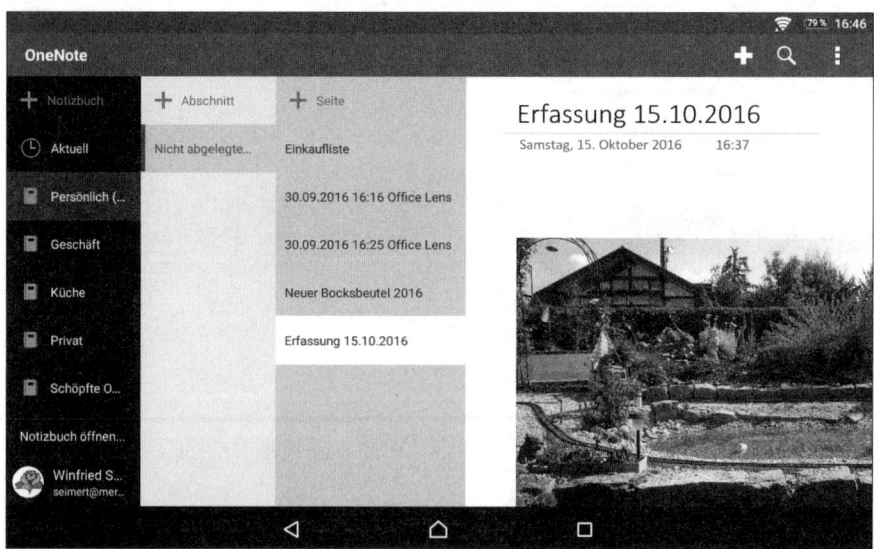

Abb. 1.7: OneNote für Android – hier auf einem Tablet

Auf der anderen Seite fehlen OneNote für Android essentielle Funktionen und es wird zwingend OneDrive als Speicherort voraus gesetzt. Unter der Prämisse, dass man unterwegs zumeist nur ein paar Daten erfasst oder mal nachsehen will, erfüllt diese Version aber gleichfalls wie alle kostenfreien Varianten voll und ganz ihren Zweck.

1.3 Erste Schritte mit OneNote 2016

Sie verfügen über die Hauptanwendung OneNote 2016 und möchten sie endlich einsetzen? Gut! Dann sollten Sie sich zunächst mit den grundlegenden Arbeiten vertraut machen und das Programm ein bisschen näher kennenlernen. Im Folgenden wird davon ausgegangen, dass OneNote 2016 auf einem Computer mit Windows 10 installiert wurde.

Starten und Beenden

Um beim Betriebssystem Windows 10 ein Programm, eben OneNote 2016, zu starten, klicken Sie wie gewohnt zunächst auf die START-Schaltfläche und anschließend auf ALLE APPS. Dadurch werden die betreffenden Programme in alphabetischer Reihenfolge freigegeben. Suchen Sie den Buchstaben O. Dort finden Sie den Eintrag ONENOTE 2016.

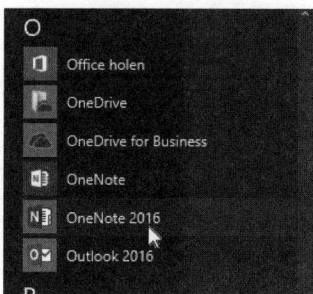

Abb. 1.8: OneNote 2016 unter Windows 10 starten

Mit einem Klick auf das entsprechende Symbol wird das Programm gestartet. Alternativ können Sie auch im Suchfeld des START-Menüs onenote eintippen und dann auf die den entsprechenden Eintrag klicken bzw. mit [↵] bestätigen.

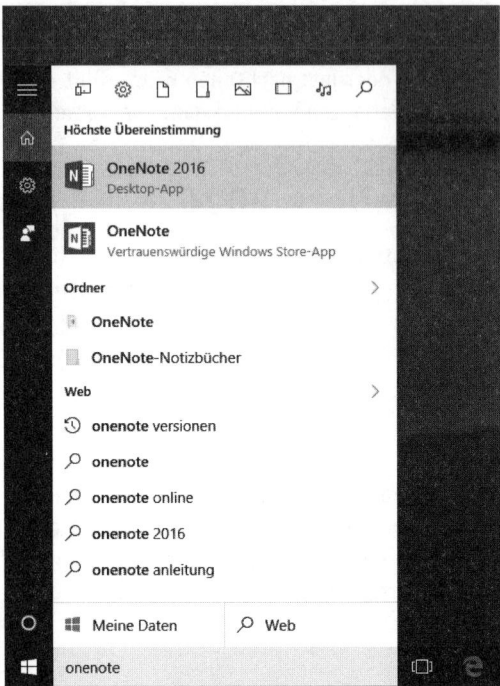

Abb. 1.9: OneNote über das Suchfeld

In allen Fällen startet das Programm. Hierbei gilt es allerdings zunächst zwischen dem allerersten Start und den Folgestarts zu unterscheiden.

Möchten Sie es noch ein bisschen bequemer und haben Windows 10 im Einsatz, bemühen Sie Cortana mit dieser Arbeit. Klicken Sie auf das Mikrofonsymbol am rechten Rand des Suchen-Feldes und sprechen Sie beispielsweise den Befehl: »Starte OneNote 2016«.

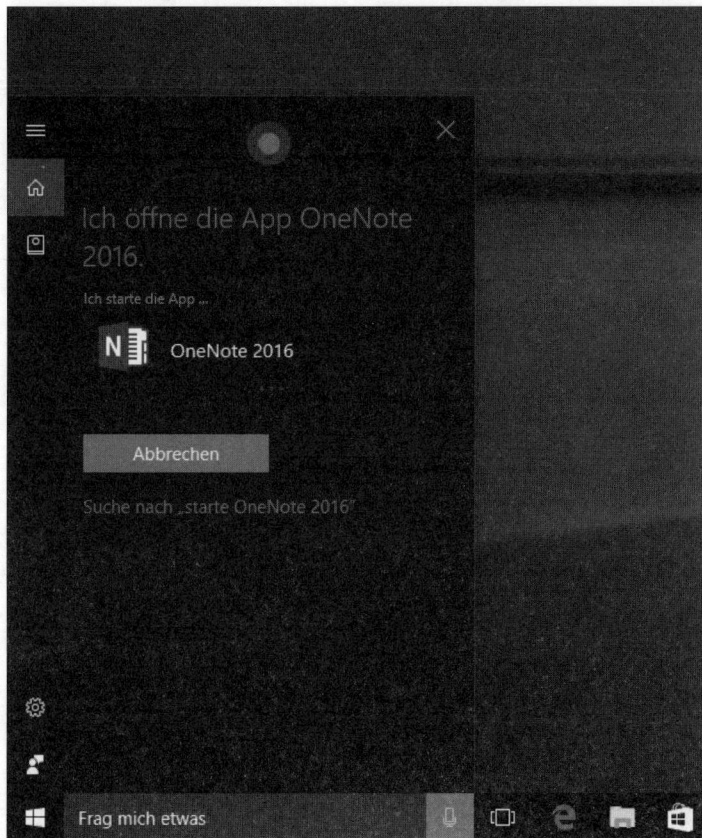

Abb. 1.10: Cortana übernimmt das Starten.

Cortana bestätigt Ihren Befehl und startet das Programm.

Der erste Start

Beim ersten Start von OneNote 2016 wird sogleich das Notizbuch *Mein Notizbuch* eingeblendet, das im Abschnitt Sᴄʜɴᴇʟʟᴇ Nᴏᴛɪᴢᴇɴ bereits eine Kurzanleitung und Erläuterung wichtiger Grundlagen enthält.

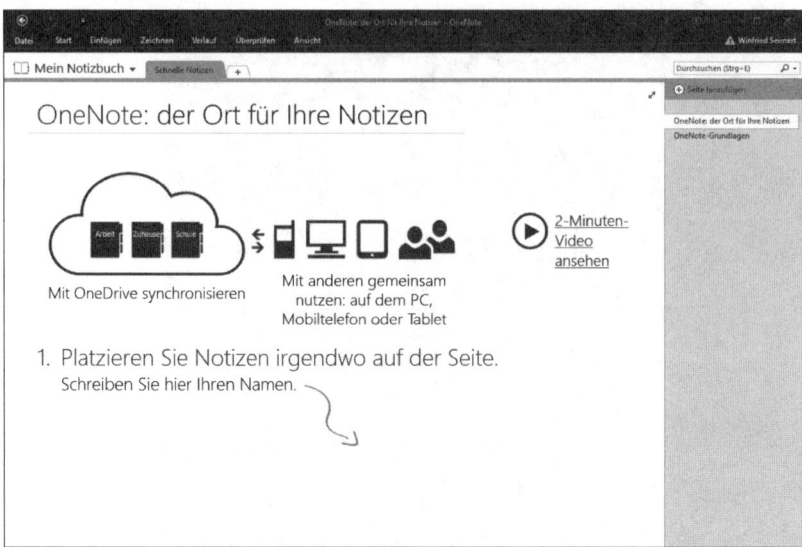

Abb. 1.11: OneNote 2016 nach dem ersten Start

Wenn Sie mögen, schauen Sie sich diese Erläuterungen einmal durch. Sie erfahren hier schon eine Menge Wissenswertes über das Programm.

Beenden

Um OneNote zu beenden, klicken Sie entweder auf das SCHLIESSEN-Feld am rechten oberen Rand oder betätigen die Tastenkombination [Alt] + [F4].

Die Benutzeroberfläche (Standard)

Starten Sie OneNote erneut und machen Sie sich zunächst mit der Benutzeroberfläche vertraut. Da dürfte Ihnen leichter fallen, wenn Sie schon ein wenig mit den anderen Office-Programmen, etwa Word oder Excel, vertraut sind.

Symbolleiste für den Schnellzugriff

Am oberen linken Rand der Titelleiste finden Sie – wie in den anderen Officeprogrammen auch – die Symbolleiste für den Schnellzugriff.

Diese enthält zunächst die Schaltfläche für den Befehl RÜCKGÄNGIG. Wünschen Sie die Anzeige weiterer Schaltflächen, dann klicken Sie auf den Listenpfeil und wählen den gewünschten Eintrag aus.

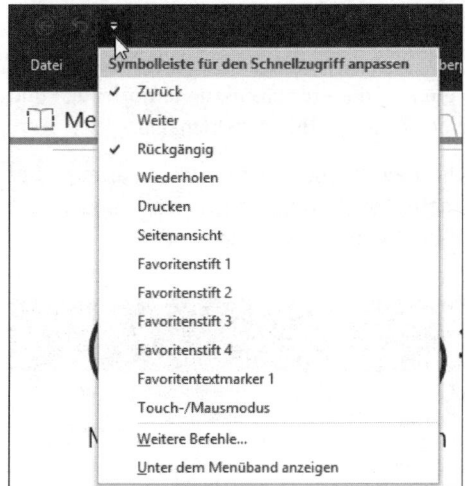

Abb. 1.12: Die Symbolleiste für den Schnellzugriff anpassen

Verwenden Sie ein Tablet, dann sollten Sie unbedingt die Schaltfläche Touch-/Mausmodus einblenden und gleich ausprobieren. Dieses Feature verbessert die Bedienbarkeit, denn Sie können nun die Schaltflächen etwas weiter auseinandergerückt anzeigen, sodass die Eingabe mit den Fingern leichter geht.

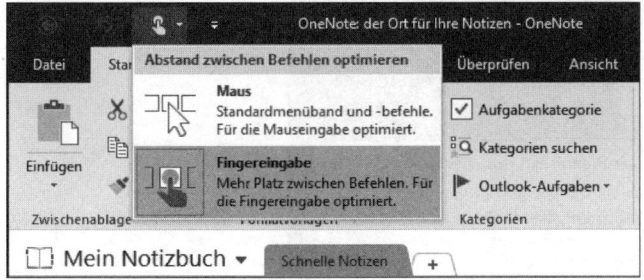

Abb. 1.13: Ideal für die Fingereingabe auf einem Tablet

Sollten Sie ein Gerät verwenden, dass die Fingereingabe unterstützt, können Sie dann die Befehle direkt antippen bzw. das Kontextmenü durch längeres Verweilen mit dem Finger an der Stelle aufrufen. Auch das Scrollen geht dann leichter, da Sie einfacher von der Bildschirmmitte in die gewünschte Richtung wischen können, ohne dabei irgendwelche Schaltflächen zu berühren. Das gleiche gilt für das Zoomen mit zwei

Fingern und dem Spreizen derselben zum Vergrößern bzw. Zusammenziehen, um die Ansicht zu verkleinern.

In der Mitte der Titelleiste befinden sich die Angaben für das aktuelle Notizbuch und rechts daneben – sofern Sie sich angemeldet haben – Ihr Anmeldename.

Zunächst werden in OneNote 2016 nur die Register des Menübands angezeigt. Der Grund liegt darin, dass diese bei der Eingabe von Informationen, insbesondere auf einem Tablet, eigentlich nur stören und deshalb nicht angezeigt werden.

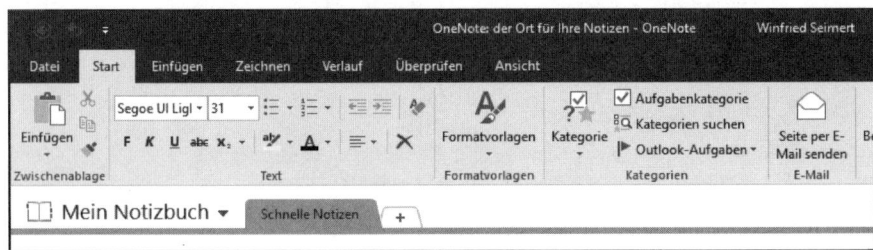

Abb. 1.14: Das Menübank mit eingeblendeten Befehlen

Sie können jedoch das Menüband nebst dazugehörigen Befehlen jederzeit über die Schaltfläche MENÜBAND REDUZIEREN ausblenden.

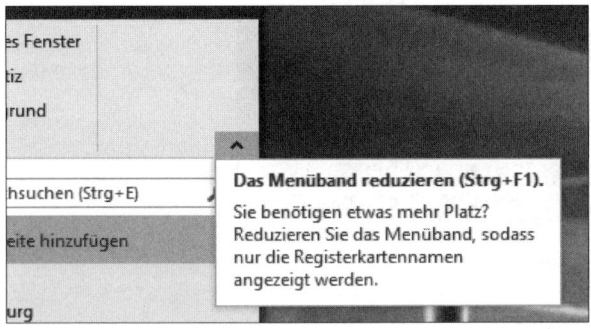

Abb. 1.15: Das Menüband reduzieren

Die kleine Schaltfläche mit dem Pfeil ist danach allerdings nicht mehr sichtbar, sodass sich die Frage stellt, wie man das Menüband wieder einblendet.

Zum einen geht das – wie in der QuickInfo angezeigt – mit der für das gesamte Officepaket geltenden Tastenkombination [Strg] + [F1], und zum anderen, indem Sie einen Doppelklick auf eine der Registerkarten setzen.

Möchten Sie Einfluss auf das durchgängige Verhalten des Menübands nehmen, dann finden Sie neben dem Symbol für das Aufrufen der Hilfe (die Sie auch über [F1] aufrufen können) die dafür vorgesehene Schaltfläche. Wenn Sie darauf klicken, erhalten Sie drei Varianten angezeigt.

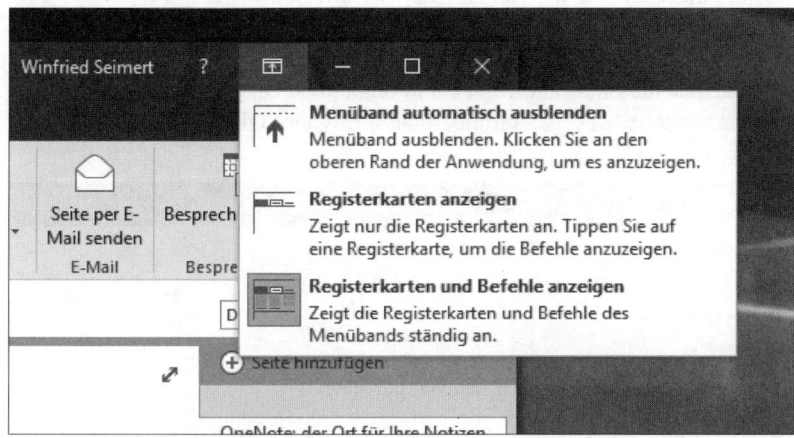

Abb. 1.16: Die Optionen für das Verhalten des Menübands

Möchten Sie das Menüband ausgeblendet wissen, dann klicken Sie auf die erste Option Menüband automatisch ausblenden. Es wird dann als dünnes Band mit drei Punkten in der Mitte am oberen Rand angezeigt. Klicken Sie auf diese drei Punkte, wird es eingeblendet und Sie können Zugriff auf die Schaltflächen nehmen.

Abb. 1.17: Das Menüband einblenden

Sobald Sie in das Notizbuch klicken, verschwindet es wieder an den oberen Rand und gibt so ein Teil des Bildschirms frei.

Die zweite Variante REGISTERKARTEN ANZEIGEN entspricht dem Startverhalten beim ersten Mal und Sie sehen nur die Registerkarten ohne die einzelnen Befehle.

Über die dritte Option REGISTERKARTEN UND BEFEHLE ANZEIGEN erreichen Sie, dass die Registerkarten nebst Befehlen ständig sichtbar sind und Sie sofort darauf zugreifen können.

Das Menüband

Das Menüband selbst ist wie die Menübänder der anderen Officeanwendungen ausgestattet, sodass man sich schnell zurechtfindet. Die Befehle befinden sich auf einzelnen Registerkarten; die jeweils aktive wird mit inverser Farbe hervorgehoben. Wie üblich sind die Elemente eines Registers am unteren Rand der jeweiligen Registerkarte in Gruppen eingeteilt, was das Auffinden der einzelnen Befehle erleichtert.

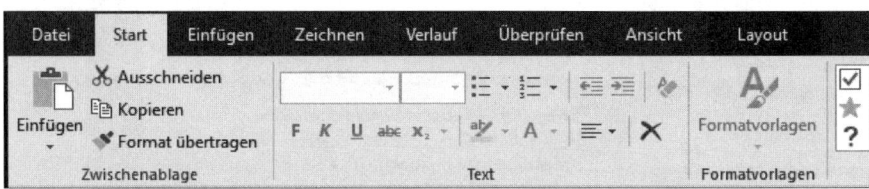

Abb. 1.18: Gruppen erleichtern das Auffinden von Befehlen.

OneNote 2016 enthält im Gegensatz zu den allermeisten Officeanwendungen keine Gruppenpfeile. Vielmehr kann es – je nach Größe Ihres Bildschirms – vorkommen, dass bestimmte Befehle einer Gruppe in so genannte Kontexttools zusammengefasst werden. Dabei handelt es sich im Prinzip um Listenpfeile am unteren Rand der betreffenden Schaltfläche, die erst nach Anklicken die weiteren Schaltflächen freigeben.

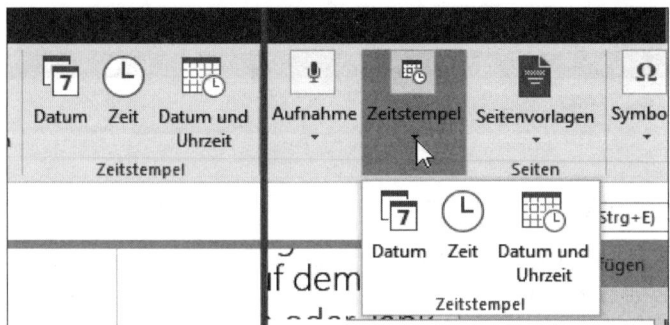

Abb. 1.19: Unterschiedliche Darstellung bei unterschiedlichen Bildschirmgrößen

In diesen Fällen müssen Sie auf einen solchen Pfeil klicken, um an die entsprechenden Optionen zu gelangen.

Die Befehle lassen sich natürlich auch über die Tastatur eingeben. Wie in allen Officeprodukten üblich, lassen sich diese durch Betätigen der ⌈Alt⌉-Taste anzeigen. Danach genügt ein Tipp auf die entsprechende Taste, um den Befehl auszuführen.

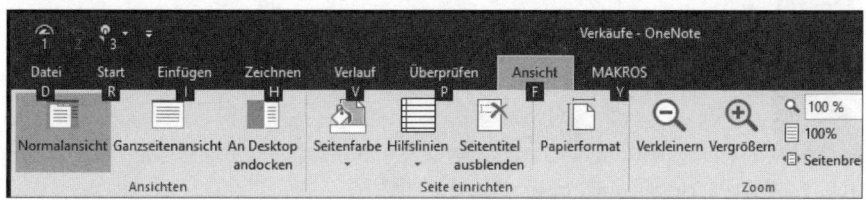

Abb. 1.20: Befehle über die Tastatur aufrufen

TIPP

Wie üblich lassen sich darüber hinaus viele Befehle schneller über Tastenkombinationen aufrufen. Tastenkombinationen sind eine praktische Möglichkeit für fortgeschrittene Benutzer, gewisse Dinge rascher zu erledigen. Im Buch finden Sie deshalb an einigen Stellen direkt diese Befehle zum sofortigen Ausprobieren. Und wie in allen Officeprogrammen üblich, werden Ihnen viele Tastenkombinationen in den QuickInfos angezeigt, die Sie nach einem kurzen Verweilen mit der Maus über einer Schaltfläche erhalten. Zudem finden Sie im letzten Kapitel dieses Buches eine Zusammenstellung der wichtigsten Tastenkombination. Verwenden Sie OneNote auf einem Tablet oder einen Computer mit Touchscreen, können Sie natürlich zur Befehlseingabe die Finger benutzen und einen Befehl direkt antippen.

Auf dem Tablet ohne angeschlossene Tastatur ist es in diesem Fall hilfreich, dass Sie sich die virtuelle Tastatur einblenden lassen. Sie finden Sie im Startmenü unter ERLEICHTERTE BEDIENUNG.

Bei der Registerkarte DATEI handelt es sich streng genommen um keine Registerkarte, sondern um eine Schaltfläche, die Sie in die Backstage-Ansicht bringt. In dieser finden Sie zentrale Befehle wie ÖFFNEN, DRUCKEN, FREIGEBEN oder SPEICHERN.

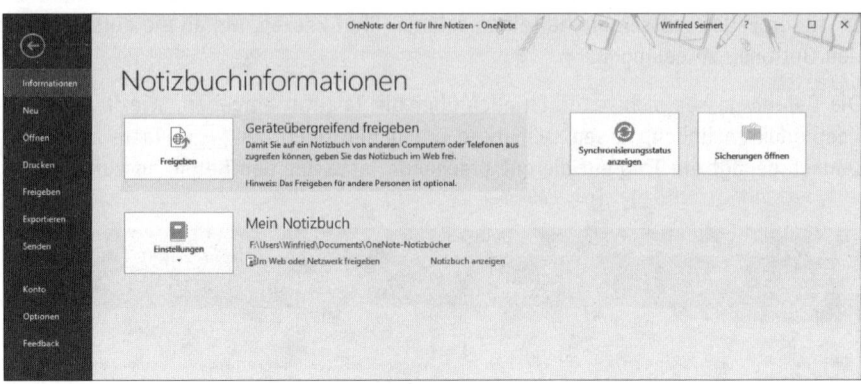

Abb. 1.21: Die Backstage-Ansicht von OneNote 2016

Diese Ansicht können Sie entweder durch einen Klick auf die runde Schaltfläche mit dem Pfeil oder Betätigen von $\boxed{\text{Esc}}$ verlassen.

Notizbuchleiste

Unterhalb des Menübands befindet sich das eigentliche Notizbuch mit der überspannenden Notizbuchleiste. Diese zeigt neben dem aktuellen Notizbuch rechts davon die dazugehörenden *Abschnitte*.

Möchten Sie auf andere Notizbücher oder auf die SCHNELLEN NOTIZEN (hierbei handelt es sich um einen vorgegebenen Ablageort) zugreifen, dann klicken Sie auf den Listenpfeil am rechten Rand des Notizbuchnamens.

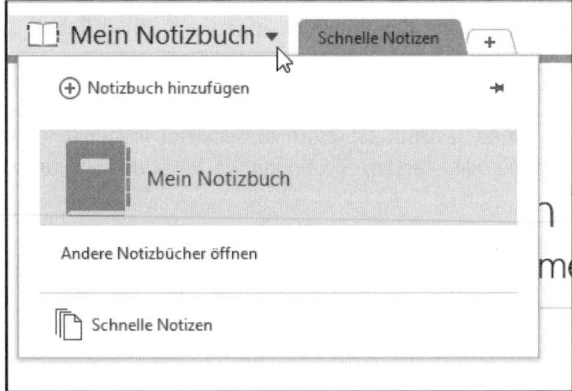

Abb. 1.22: Zugriff auf weitere Notizbücher

Wenn Sie ständig einen Überblick auf Ihre Notizbücher haben möchten, können Sie diesen Bereich über die kleine Pinnadel (Notizbuchbereich seitlich anheften) auf der linken Seite fixieren.

Ihre Notizbücher (sofern vorhanden) werden nun untereinander angezeigt. Möchten Sie wieder zur Ausgangsansicht zurückkehren, klicken Sie dann auf die nun nach unten zeigende Pinnadel (Notizbuchbereich seitlich lösen).

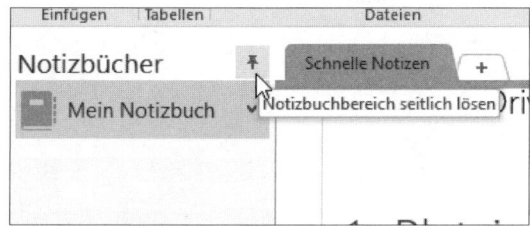

Abb. 1.23: Den Notizbuchbereich wieder lösen

Seitenregister

Auf der rechten Seite finden Sie schließlich noch das Seitenregister. Dieses wird durch die Seitentitel untergliedert und ermöglicht Ihnen durch einfaches Anklicken das Wechseln zwischen den einzelnen Seiten.

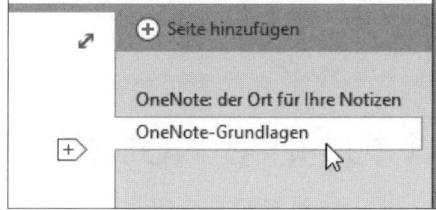

Abb. 1.24: Im Seitenregister wechselt man zwischen den Seiten.

Der erste Kontakt

Gewiss möchten Sie jetzt wissen, wie Sie nun Ihre Notizen erfassen können. Das ist keine Hexerei, denn da OneNote wie ein gewöhnliches Notizbuch aus Papier aufgebaut ist, können Sie sofort loslegen. Nicht einmal das Notizbuch selbst brauchen Sie zunächst anzulegen, denn Ihr erstes Notizbuch mit dem Namen *Mein Notizbuch* ist bereits vorhanden.

Um zunächst einmal die grundlegende Arbeitsweise von OneNote zu erleben, werden Sie dieses Notizbuch schließen. Dazu klicken Sie im Notizbuchbereich mit der rechten Maustaste auf den Titel und wählen den Kontextmenüpunkt NOTIZBUCH SCHLIESSEN.

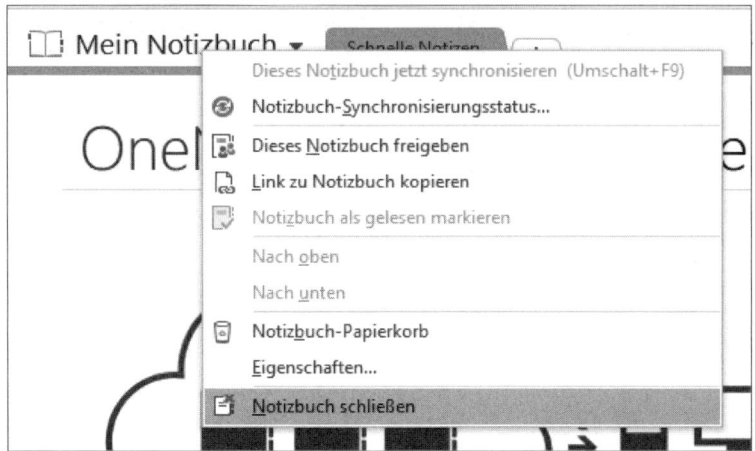

Abb. 1.25: Ein Notizbuch schließen

Dadurch erscheint das interne Notizbuch SCHNELLE NOTIZEN, dessen zentrale Bedeutung Sie gleich kennen lernen werden.

Abb. 1.26: Das Notizbuch SCHNELLE NOTIZEN

Dazu sollten Sie zunächst das Arbeiten mit OneNote (über das SCHLIESSEN-Feld oder durch die Tastenkombination [Alt] + [F4]) beenden, denn Sie sollen von Grund auf erfahren, wie Sie das Arbeiten mit diesem Programm in Ihren Arbeitsalltag integrieren können.

Schnelle Notiz erstellen

Bestimmt haben Sie schon einmal den Wunsch verspürt, schnell mal einen Gedanken festzuhalten. Doch leider waren mal wieder Papier und Stift außer Reichweite, Sie hatten keine Lust, erst Word zu starten, und/oder im Moment keinen Nerv, sich Gedanken zu machen, wo Sie diese Notiz sicher ablegen.

Mit OneNote ist das in Zukunft kein Problem mehr. Mit der Funktion SCHNELLE NOTIZ können Sie praktisch bei jeder Gelegenheit Ihre Gedanken und Ideen festhalten und zwar unabhängig davon, ob OneNote schon gestartet wurde. Sie brauchen auch kein Notizbuch zu öffnen oder sich sonstige Gedanken über das Speichern zu machen, denn wie Sie gleich sehen werden, werden die Informationen zunächst automatisch im Bereich SCHNELLE NOTIZEN abgelegt.

Möchten Sie beispielsweise gleich einmal einen Gedankenblitz festhalten, dann klicken Sie im Infobereich der Taskleiste auf den nach obenweisenden Pfeil und anschließend auf das Symbol NEUE SCHNELLE NOTIZ.

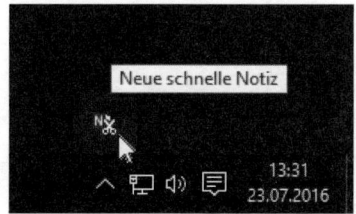

Abb. 1.27: Schnell mal etwas notieren

HINWEIS

Je nach Konfiguration Ihres Systems kann diese Schaltfläche auch sofort sichtbar sein.

In der Mitte Ihres Bildschirms wird nun ein kleines blasslilafarbenes Fenster eingeblendet. Das ist Ihr Notizzettel.

Abb. 1.28: Das Notizfenster steht für Sie bereit!

TIPP

In Zukunft können Sie das Notizenfenster, auch Randnotiz genannt, noch rascher mithilfe der Tastenkombination ⌈Win⌋ + ⌈N⌋ aufrufen.

Um Ihren Gedanken festzuhalten, klicken Sie nun einfach mit der Maus in dieses Fenster und beginnen mit der Texteingabe.

Abb. 1.29: Einfach ins Fenster klicken und loslegen

Sind Sie fertig, klicken Sie einfach auf das windowstypische SCHLIESSEN-Feld oder betätigen die Standard-Tastenkombination ⌈Alt⌋ + ⌈F4⌋.

Gewiss möchten Sie jetzt wissen, wo die Notiz geblieben ist. Starten Sie jetzt One-Note 2016 erneut und Sie werden es wissen. Wie Sie gleich sehen werden, hat das Programm sie automatisch (ohne dass Sie sich um den Speicherort oder sonstiges kümmern müssen) im Notizbuch Schnelle Notizen im gleichnamigen Abschnitt abgelegt. Die erste Zeile, die Sie eingegeben hatten, wird dabei als Seitentitel in der rechten Seite angezeigt.

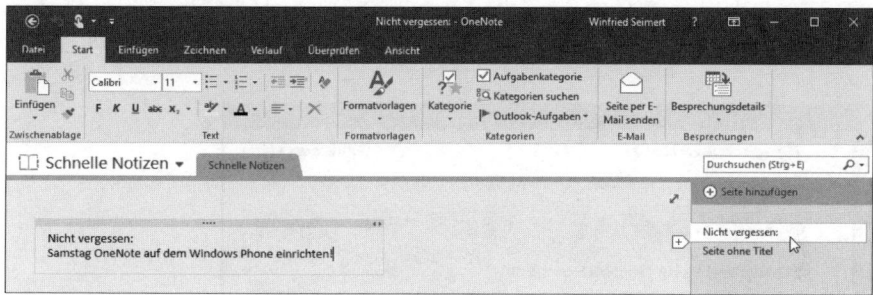

Abb. 1.30: Die schnelle Notiz wurde schon gesichert.

Nun können Sie diese Notiz zu jeder beliebigen Zeit erneut aufrufen und natürlich auch bearbeiten.

Vielleicht fragen Sie sich jetzt, was es mit dem kleinen Doppelpfeil auf der rechten Seite des Notizzettels auf sich hat. Ganz einfach: Mit dieser Schaltfläche können Sie in die Ganzseitenansicht umschalten.

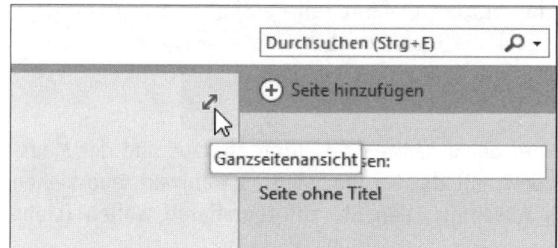

Abb. 1.31: In die Ganzseitenansicht schalten

Wenn Sie das getan haben, bekommen Sie die zuerst gezeigte Ansicht des Notizzettels wieder auf den Schirm. Auf diese Weise können Sie folglich zwischen beiden Ansichten hin- und herschalten, da auch der kleine Notizzettel über eine solche Schaltfläche (dort heißt sie Normalansicht) verfügt.

Bildschirmausschnitt

Eine weitere interessante Sache ist, dass Sie problemlos mit OneNote einen Bildschirmausschnitt, *Screenshot* genannt, erstellen können. Das ist insbesondere von Vorteil, wenn Sie von einem anderen Programm ein bestimmtes Fenster oder Ausschnitt dokumentieren wollen.

Haben Sie das betreffende Fenster entsprechend angeordnet, müssen Sie lediglich einen Rechtsklick auf das Symbol im Infobereich der Taskleiste ausführen. Im erscheinenden Kontextmenü wählen Sie den Eintrag BILDSCHIRMAUSSCHNITT ERSTELLEN.

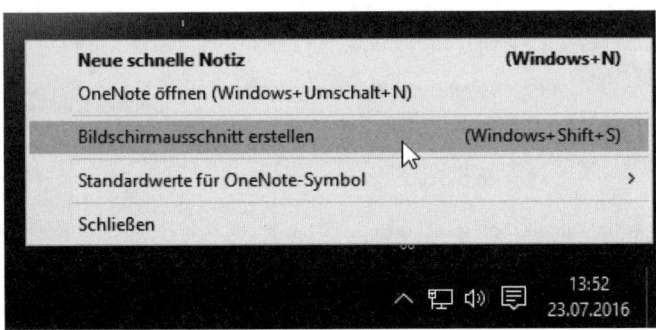

Abb. 1.32: Einen Bildschirmausschnitt erstellen

TIPP

Wie Sie dem Kontextmenüeintrag auf der rechten Seite entnehmen können, ist ein Start dieser Option rasch über die Tastenkombination ⎡Win⎤ + ⎡⇧⎤ + ⎡S⎤ möglich.

Durch Aktivierung des Befehls wird der gesamte Bildschirm abgraut und der Mauszeiger in ein Fadenkreuz verwandelt. Mit diesem Präzisionsauswahlwerkzeug ziehen Sie nun einen Rahmen um den Abschnitt, den Sie abfotografieren wollen (siehe Abbildung 1.33).

Haben Sie den Ausschnitt definiert, lassen Sie die Maustaste los. Dadurch erscheint ein Dialogfenster, in dem Sie den Speicherort in OneNote festlegen oder angeben, dass Sie den markierten Ausschnitt in die Zwischenablage kopieren wollen. In letzterem Fall können Sie dann den Ausschnitt in jede beliebige andere Anwendung über entsprechende Schaltflächen des Programms oder über die allgemein gültige Tastenkombination ⎡Strg⎤ + ⎡V⎤ einfügen.

Neu
Nach Onlinevorlagen suchen
Leere Desktopdatenbank
Benutzerdefinierte Web App
Bestandsnachverfolgung

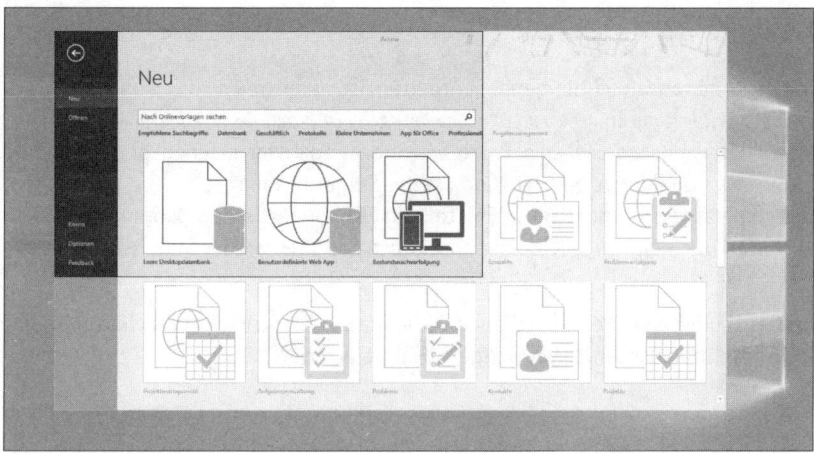

Abb. 1.33: Den gewünschten Abschnitt mit dem Fadenkreuz auswählen (hier Microsoft Access)

Möchten Sie den Ausschnitt erst einmal »zwischenlagern«, dann können Sie diesen zunächst in den Abschnitt Schnelle Notizen ablegen und zu einem späteren Zeitpunkt entscheiden, was Sie damit machen wollen.

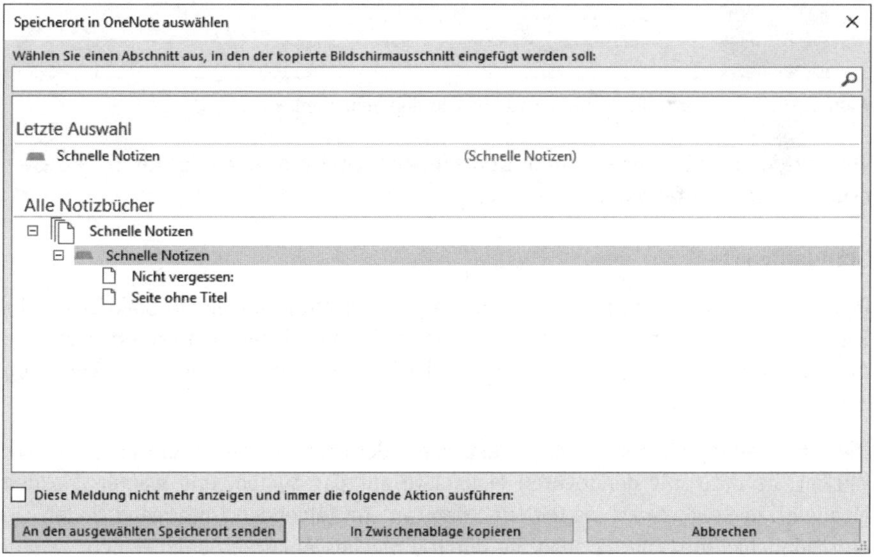

Speicherort in OneNote auswählen
Wählen Sie einen Abschnitt aus, in den der kopierte Bildschirmausschnitt eingefügt werden soll:
Letzte Auswahl
Schnelle Notizen
(Schnelle Notizen)
Alle Notizbücher
Schnelle Notizen
Schnelle Notizen
Nicht vergessen:
Seite ohne Titel
Diese Meldung nicht mehr anzeigen und immer die folgende Aktion ausführen:
An den ausgewählten Speicherort senden
In Zwischenablage kopieren
Abbrechen

Abb. 1.34: Wohin soll der Ausschnitt kopiert werden?

TIPP

Bei einer Reihe an gleichbleibenden Arbeiten ist es hilfreich, das Kontrollkästchen DIESE MELDUNG NICHT MEHR ANZEIGEN UND IMMER DIE FOLGENDE AKTION AUSFÜHREN zu aktivieren. Dann müssen Sie sich keine weiteren Gedanken machen und können sich voll und ganz der Arbeit widmen. Keine Sorge übrigens, dass Sie das nicht rückgängig machen können. Diese Einstellung können Sie in den ONENOTE- OPTIONEN in der Kategorie SPEICHERN UND SICHERN im Bereich SPEICHERN wieder ändern.

Wenn Sie anschließend die Schaltfläche AN DEN GEWÄHLTEN SPEICHERORT SENDEN anklicken, wird der Bildschirmausschnitt wunschgemäß dort platziert.

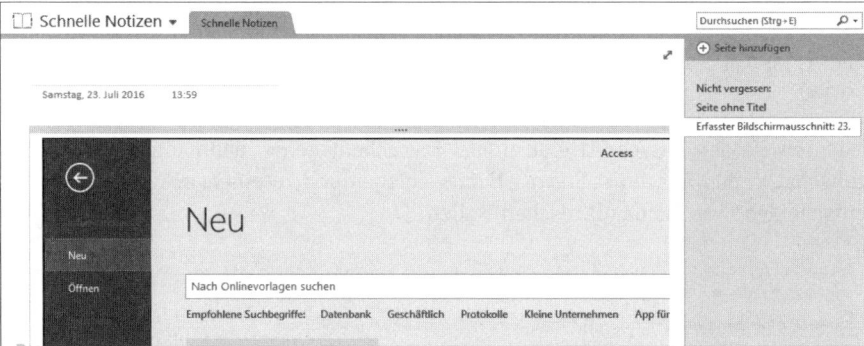

Abb. 1.35: Der erfasste Bildschirmausschnitt in den Schnellen Notizen

Von dort kann er beispielsweise mit einem Seitentitel versehen oder für andere Zwecke weiterverarbeitet werden.

Standardwerte

Das Arbeiten mit diesen beiden Hilfsmitteln ist im Alltag ungemein praktisch. Falls Sie öfters Bildschirmfotos anfertigen, ist es gewiss hilfreicher, wenn sofort nach dem Anklicken der Schaltfläche im Infobereich der Taskleiste das entsprechende Werkzeug zur Verfügung steht.

Diese Einstellung können Sie durch Aktivieren der entsprechenden Option erreichen. Klicken Sie dazu mit der rechten Maustaste auf das Symbol und wählen Sie den Menüeintrag STANDARDWERTE FÜR ONENOTE-SYMBOL an. Im folgenden Untermenü finden Sie drei Möglichkeiten. Hier können Sie durch einfaches Anklicken entscheiden, was in Zukunft nach Anklicken des Symbols geschehen soll.

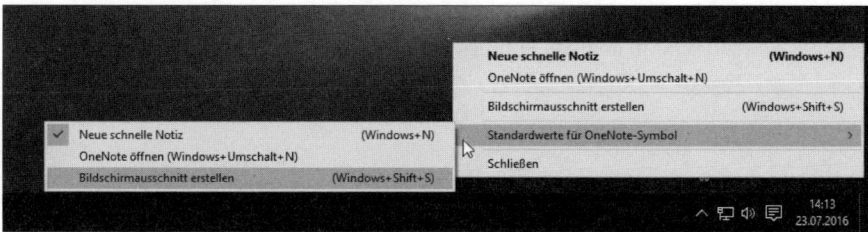

Abb. 1.36: Die Standardwerte einrichten

TIPP

Im Alltag dürfte es allerdings schneller gehen, wenn Sie sich die Tastenkombination am Ende der Menüs merken.

Drucken

Vielleicht möchten Sie die eine oder andere Notiz herkömmlich auf Papier ausdrucken. Kein Problem. Klicken Sie auf die Schaltfläche DATEI und anschließend im Bereich DRUCKEN auf die Schaltfläche DRUCKEN.

Hilfreich ist es allerdings, wenn Sie sich zunächst das Ergebnis in Ruhe in der SEITENANSICHT betrachten.

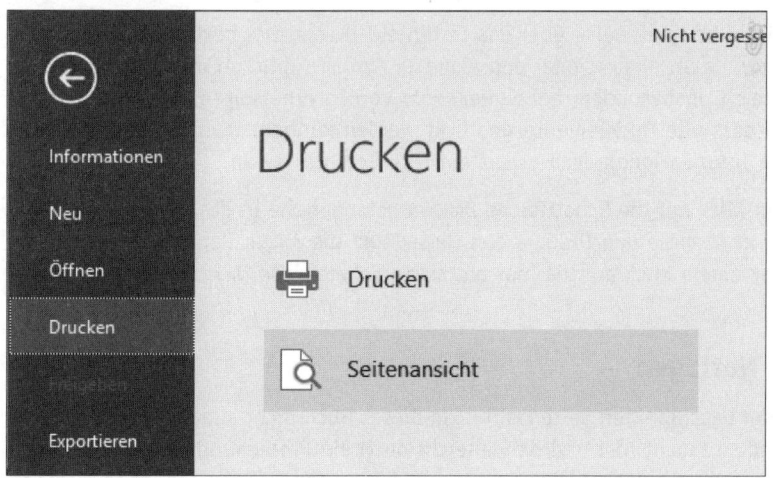

Abb. 1.37: Die Seitenansicht für die Vorschau

Durch Anklicken des Menüpunks SEITENANSICHT erhalten Sie das Dialogfenster SEITENAN-SICHT UND -EINSTELLUNGEN, in dem Sie Einfluss auf die Ausdruckgestaltung nehmen können.

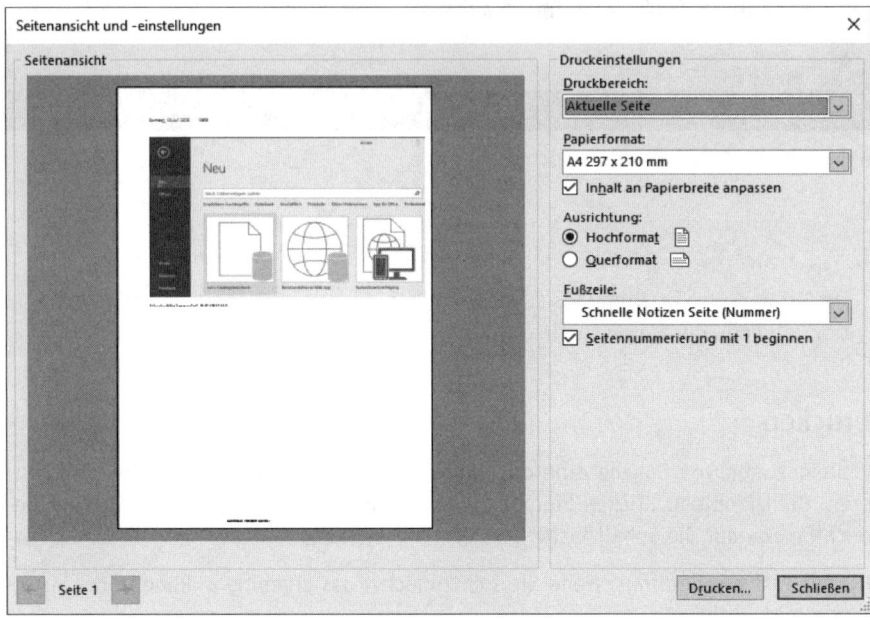

Abb. 1.38: Die Druckvorschau mit Einstellmöglichkeiten

So können Sie beispielsweise über das Listenfeld DRUCKBEREICH bestimmen, ob Sie die AKTUELLE SEITE, die SEITENGRUPPE oder den AKTUELLEN ABSCHNITT drucken möchten. Zudem ist es oft hilfreich, insbesondere bei Screenshots von Internetseiten, die AUSRICHTUNG zu ändern, so dass alle Bildelemente gedruckt werden können. Oder Sie passen die zu druckenden Informationen der FUSSZEILE auf Ihre Bedürfnisse an.

Nach einem Klick auf die Schaltfläche DRUCKEN gelangen Sie in das gleichnamige Dialogfenster, in dem Sie den DRUCKER, den UMFANG und die ANZAHL der EXEMPLARE festlegen können. Mit einem Klick auf die hier platzierte Schaltfläche DRUCKEN startet dann der Ausdruck.

Hilfe in Notlagen

Aufgrund der beschränkten Seitenzahl kann dieses Buch nicht alle Ihre Fragen beantworten. Und so taucht hier und da vielleicht doch ein Problem oder eine zusätzliche Frage auf, auf die Sie eine Antwort möchten. Für solche Fälle ist jedoch vorgesorgt, denn OneNote stellt Ihnen eine recht gute Hilfe zur Verfügung. Wenn Sie wirklich mal nicht weiterwissen, können Sie über einen Klick auf die Schaltfläche Hɪʟꜰᴇ (oder schneller über F1) diese Hilfefunktion aufrufen.

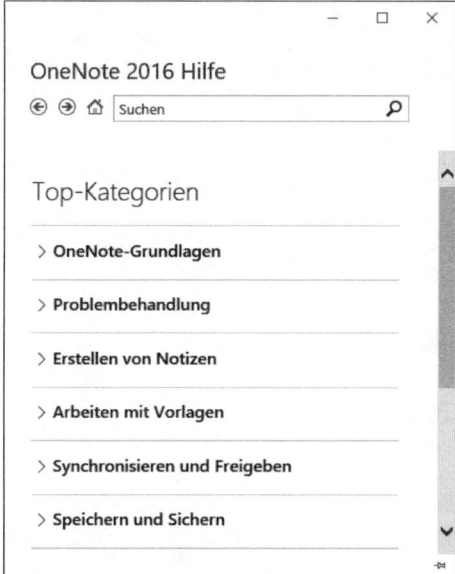

Abb. 1.39: Nicht nur für den Notfall: die Hilfe

Kapitel 2

Notizbücher

Die Notizbücher machen das Besondere von OneNote aus. Sie können entweder auf dem PC (sofern Sie OneNote 2016 verwenden) oder in der Cloud erstellt werden. Letzteres ist insbesondere praktisch, wenn sie durch mehrere Personen benutzt werden oder Sie jederzeit darauf Zugriff haben möchten. Microsoft stellt Ihnen im letzteren Fall nach kostenloser Registrierung beim Onlinedienst *OneDrive* gratis gegenwärtig 5 GB Speicherplatz zur Verfügung, der für die allermeisten Fälle ausreichen dürfte.

Oftmals hat man bei einem neuen Computerprogramm Berührungsängste, weil man den Aufwand des Einrichtens scheut. Diese brauchen Sie bei OneNote nicht haben. Um Ihnen das Arbeiten mit dem Programm zu erleichtern, ist es wie ein klassisches Notizbuch oder ein herkömmlicher Büroordner aufgebaut und wird auch dementsprechend benutzt. Im Prinzip ändert sich eigentlich nichts. Sie können wie bisher in der analogen Welt vorgehen. Dabei verfolgt OneNote eine klar definierte Hierarchie, die das Orientieren leicht macht. Ein Notizbuch ist sozusagen die oberste der insgesamt fünf Ebenen. Ein Notizbuch selbst ist wiederum in Abschnitte und Abschnittsgruppen unterteilt, die wiederum mit Seiten und Unterseiten versehen werden können.

Zunächst gilt es die benötigten Notizbücher anzulegen, die Sie dann ganz nach Ihrem Gusto mit Abschnitten und Seiten strukturieren können. Beim Arbeiten mit OneNote werden Sie dabei rasch einen gewaltigen Unterschied zum Aufzeichnen Ihrer Notizen mit einer gewöhnlichen Textverarbeitung bemerken: Sie müssen sich nicht um das Speichern der Informationen kümmern! OneNote geht den meines Erachtens nach optimalen Mittelweg zwischen Organisation und Informationsverarbeitung. Sind erst einmal die Notizbücher eingerichtet, dann erledigt OneNote den Rest für Sie. Die Notizen werden immer in dem betreffenden Notizbuch abgelegt und Sie werden sie jederzeit zu einem späteren Zeitpunkt deswegen auch wiederfinden. Sie können einfach sorglos losnotieren, ohne sich zu überlegen, wie Sie die Datei für Ihre Daten benennen sollen und wo Sie diese am besten abspeichern.

Voraussetzung ist lediglich, dass Sie sich einmal die entsprechende Notizbücher-Struktur anlegen. Ist das erledigt, können Sie in Zukunft Ihre Notizen ohne weitere Gedanken an Speichern und Sichern erfassen. Aus diesem Grunde sollten Sie sich zunächst Gedanken über die Zusammensetzung und Strukturierung Ihrer Ordner und deren Speicherort machen und diese entsprechend anlegen.

2.1 Anlegen

Um mit OneNote zu arbeiten, sollten Sie sich zunächst entsprechende themenbezogene Notizbücher anlegen.

Ein solches Notizbuch kann man gut mit einem herkömmlichen Büroaktenordner vergleichen. Diese sind im Regelfall themenbezogen beschriftet, damit man die abgelegten Informationen schnell finden kann. Dementsprechend sollten Sie in One-Note genauso vorgehen und die Ordner themenbezogen anlegen, damit sie dann die entsprechenden Dateien aufnehmen. Die Notizbücher werden entweder in der Cloud (online) oder lokal abgelegt. Letztes ist allerdings nur mit OneNote 2016 möglich und nur hier ist diese Entscheidung nicht endgültig. Entscheiden Sie sich beispielsweise zunächst, die Notizbücher lokal anzulegen, dann können Sie im Bedarfsfall diese später jederzeit auch online ablegen, um etwa von überall darauf zugreifen zu können. So praktisch das Speichern in der Cloud sein mag, es hat den entscheidenden Nachteil, dass die Daten außerhalb Ihres direkten Einflussbereichs auf den Microsoft-Servern liegen.

Lokal

Deshalb ist es durchaus sinnvoll und zudem praktisch, wenn Sie Ihre Notizbücher (zunächst?) lokal anlegen. Das wird im Regelfall eine Festplatte sein. Sie können die Notizbücher aber auch auf einen USB-Stick oder eine SD-Karte speichern und haben so stets Ihre Daten immer zur Hand. Im letzteren Fall legt OneNote die Notizbücher – ohne dass Sie etwas tun müssen – automatisch beim ersten Aufruf auf Ihren Computer ab, sodass Sie stets darauf zugreifen können. Zum anderen werden die Daten im weiteren Einsatz stets zwischen Ihrem Rechner und dem externen Speicherplatz automatisch synchronisiert, sodass sie immer aktuell sind.

Um das Prinzip zu verstehen, werden im Folgenden werden zwei Notizbücher angelegt. Das erste Notizbuch dient privaten Aufzeichnungen. Das zweite wird für geschäftliche Notizen verwendet und Sie können es mithilfe des Buches und Ihren Erfahrungen nach und nach als eine Art Nachschlagewerk für OneNote ausbauen.

Fangen wir mit dem privaten Notizbuch an. Klicken Sie auf die Schaltfläche Datei und wählen Sie den Bereich Neu an. Hier klicken Sie unter Neues Notizbuch auf die Schaltfläche Dieser PC.

HINWEIS

Diese Schaltfläche klicken Sie auch an, wenn Sie das Notizbuch auf einen Wechseldatenträger, etwa einen USB-Stick, ablegen wollen.

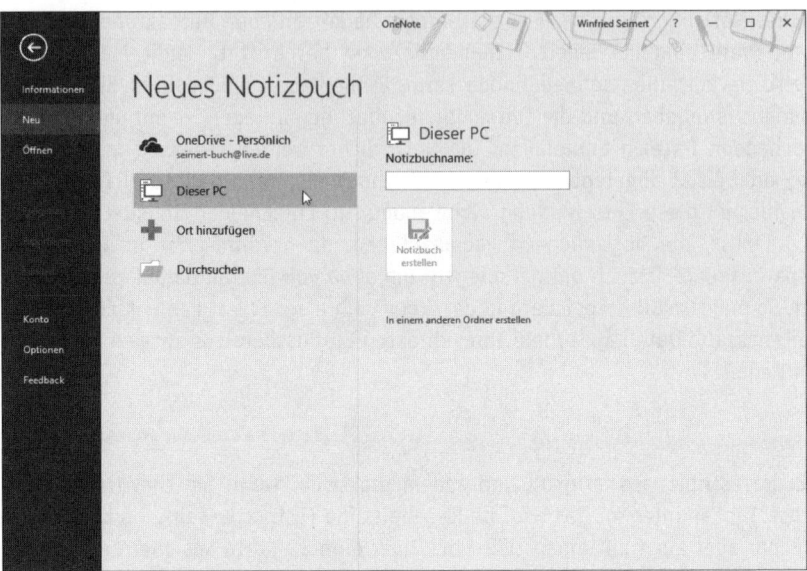

Abb. 2.1: Ein lokales Notizbuch erstellen

Als nächstes tragen Sie in das Feld NOTIZBUCHNAME den vorgesehenen Namen ein, in unserem Fall zunächst Privat.

Wie Sie bemerken, wird dadurch die Schaltfläche NOTIZBUCH ERSTELLEN freigegeben. Klicken Sie an dieser Stelle jedoch noch nicht darauf. Die beiden Notizbücher sollen ja lokal abgelegt werden. Falls Sie mit dem vorgeschlagenen Speicherort nicht einverstanden sind und Einfluss auf den Speicherort des Notizbuchs nehmen wollen, müssen Sie zunächst den Link IN EINEM ANDEREN ORDNER ERSTELLEN anwählen.

Abb. 2.2: Den Speicherort für die Notizbücher festlegen

Dadurch gelangen Sie in das Dialogfenster NEUES NOTIZBUCH ERSTELLEN. Wie Sie sehen, befinden Sie sich in dem neuen Unterordner ONENOTE-NOTIZBÜCHER, der sich im Systemordner DOKUMENTE befindet. An dieser Stelle werden alle Notizbücher standardmäßig abgelegt.

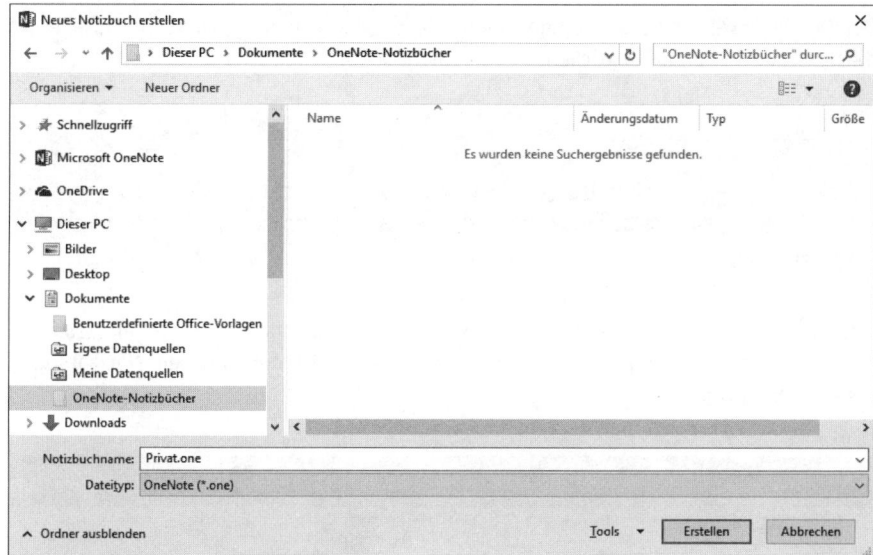

Abb. 2.3: In diesem Dialogfenster legen Sie den Speicherort fest.

Wenn Sie möchten, können Sie nun einen anderen Speicherort einstellen und auch einen eigenen Ordner (mithilfe der Schaltfläche NEUER ORDNER) anlegen.

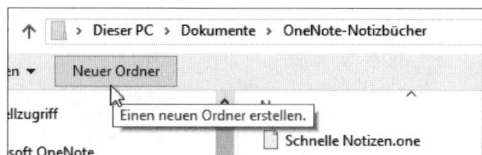

Abb. 2.4: Gegebenenfalls einen Ordner für die Notizbücher erstellen

In unserem Fall begnügen wir uns mit dem Standardspeicherort.

HINWEIS

Im fünften Kapitel des Buches erfahren Sie, wie Sie ein Notizbuch auf ein mobiles Speichermedium bringen und dieses auf verschiedenen Rechnern einsetzen.

Der Notizbuchname ist bereits eingetragen und der Dateityp ausgewählt, sodass Sie an dieser Stelle auf Erstellen klicken.

HINWEIS

Hätten Sie nicht auf den Link In einem anderen Ordner erstellen geklickt, dann müssten Sie jetzt auf die Schaltfläche Notizbuch erstellen klicken, um in das folgende Fenster zu gelangen.

OneNote erstellt nun Ihr erstes Notizbuch (*Privat*) und präsentiert Ihnen gleich einen neuen Abschnitt mit einer leeren Seite, sodass Sie sofort mit dem Notizanlegen loslegen könnten.

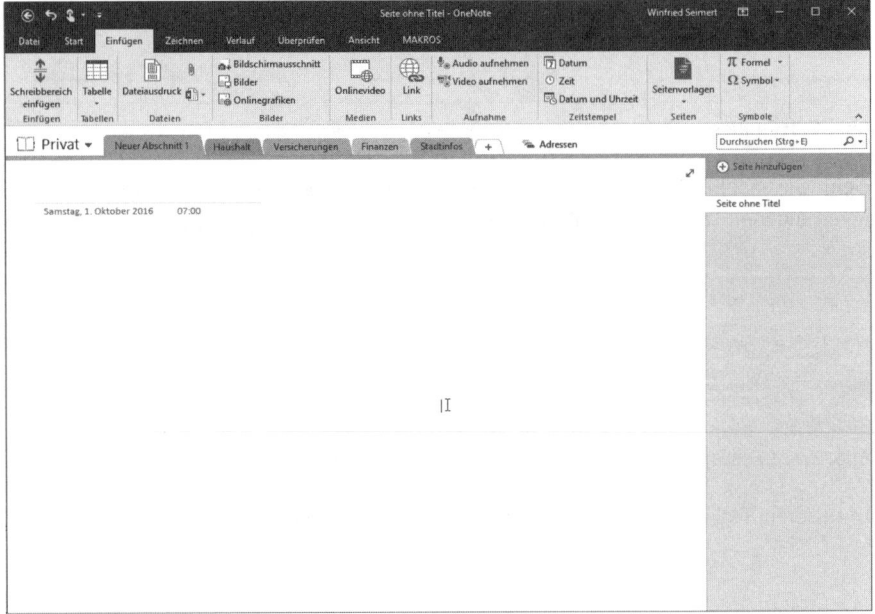

Abb. 2.5: Ihr erstes Notizbuch wartet!

Die vorgegebene Beschriftung können Sie problemlos ändern und beliebig viele weitere Abschnitte und Seiten hinzufügen und ebenfalls nach Ihren Vorstellungen beschriften.

In unserem Fall soll jedoch zunächst noch ein weiteres Notizbuch für geschäftliche Notizen angelegt werden. Klicken Sie deshalb erneut auf die Schaltfläche DATEI und dann auf den Bereich DIESER PC. Dieses Mal tragen Sie den Notizbuchnamen Geschäft ein und klicken auf die Schaltfläche NOTIZBUCH ERSTELLEN, um den Vorgang abzuschließen.

Sie verfügen nun über zwei lokale Notizbücher, die sich in dem angegebenen Verzeichnis befinden und die Sie im Verlaufe des Buches mit Inhalten füllen werden.

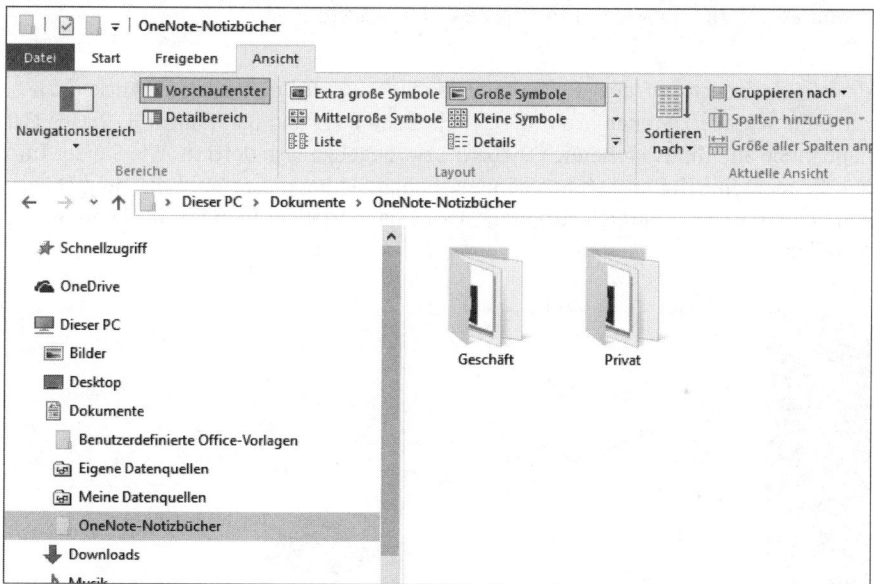

Abb. 2.6: Die beiden Notizbuchordner im Windows-Explorer

Online

Bevor Sie die Inhalte erfassen, werden Sie im Folgenden sehen, wie man Online-Notizbücher erstellt, die man mit anderen (etwa bei der Zusammenarbeit an einem Projekt in einem Team) oder an jedem Ort (mit Internetzugang) nutzen möchte.

Konkret werden diese auf *OneDrive*, einem kostenlosen Onlinespeicherdienst (allgemein auch als *Cloud* bezeichnet) abgelegt, auf den Sie von allen verwendeten Geräten aus zugreifen können. Dazu müssen Sie sich mit einem Microsoft-Konto anmelden und sollten deshalb die benötigten Daten bereithalten. Haben Sie bislang noch kein Konto, dann können Sie das gleich problemlos nachholen.

HINWEIS

Möchten Sie keine Notizbücher in der Cloud ablegen (wollen), können Sie mit dem folgenden Abschnitt weitermachen. In Firmen mit Office 365 Sharepoint ist ein sogenanntes Organisationskonto des Unternehmens erforderlich und Sie müssen mit diesem Konto angemeldet sein. Wenden Sie sich in diesem Fall für weitere Informationen an Ihren Systemadministrator.

Um ein Notizbuch auf dem Onlinespeicherdienst *OneDrive* anzulegen, klicken Sie – wie beim lokalen Erstellen – auf die Schaltfläche Datei und dann auf Neu. Dieses Mal bleiben Sie allerdings im Bereich OneDrive bzw. begeben sich dorthin. Wie Sie der Info auf der rechten Seite entnehmen können, haben Sie bei dieser Wahl die Möglichkeit, von überall auf Ihre Dateien zuzugreifen und sie mit jedem (den Sie dazu befähigen) zu teilen.

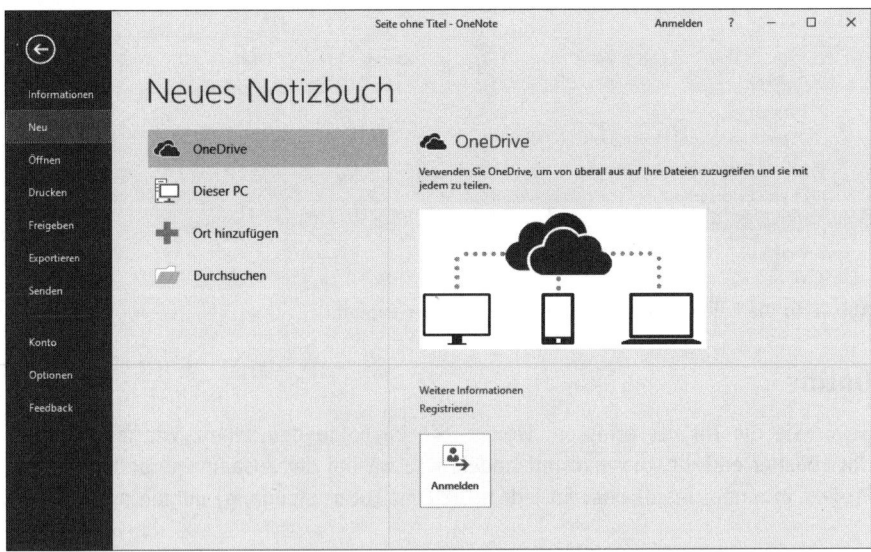

Abb. 2.7: Ein Notizbuch online anlegen

Klicken Sie auf die Schaltfläche ANMELDEN, um den Vorgang zu starten. Dadurch erhalten Sie den ANMELDEN-Dialog, der Sie auffordert, Ihre Kontendaten, also E-Mail-Adresse oder Telefonnummer, einzugeben.

Abb. 2.8: Der Anmeldedialog

Bestätigen Sie dann mit meinem Klick auf WEITER, damit nach dem Microsoftkonto mit Ihrem Namen gesucht werden kann.

Wenn Sie Ihre irgendeine E-Mail-Adresse oder Telefonnummer eingeben, werden Sie sehen, dass diese bei Microsoft registriert sein muss.

Abb. 2.9: Die Adresse ist (noch) nicht hinterlegt.

Microsoft-Konto erstellen

Verfügen Sie über kein Konto, müssen Sie es zunächst erstellen. Dazu können Sie im vorherigen Dialogfenster auf den Link REGISTRIEREN klicken.

HINWEIS

Befinden Sie sich noch im Bereich ONEDRIVE, findet sich ein entsprechender Link REGISTRIEREN oberhalb der ANMELDEN-Schaltfläche.

Sie gelangen auf die Startseite von *OneDrive*, die Ihnen weitere Informationen über den Dienst bereitstellt (siehe Abbildung 2.10).

Wie Sie dem unteren Teil der Seite entnehmen können, gibt es zwei Varianten: PERSÖNLICH und BUSINESS. Erstere ist die kostenlose Variante und erstellt ein Microsoft-Konto. Bei der zweiten Variante handelt es sich um einen kostenpflichtigen Dienst, der für Geschäfte, Schulen oder Universitäten vorgesehen ist.

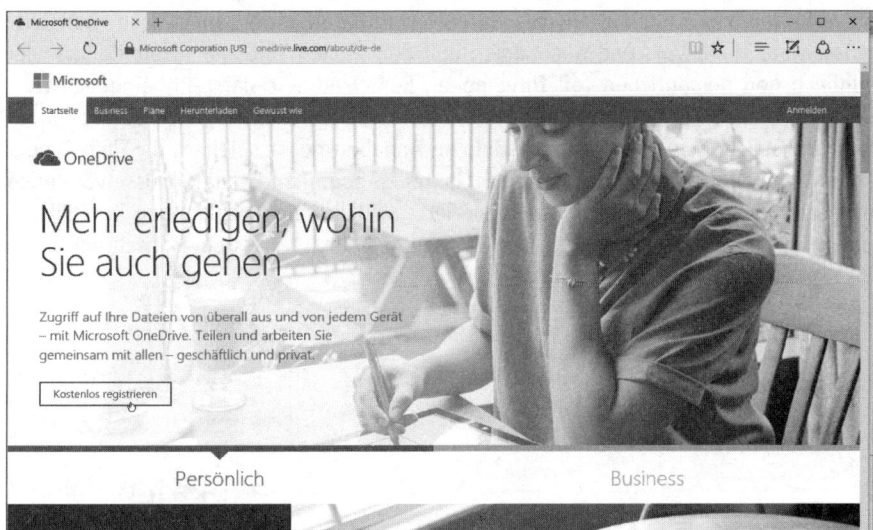

Abb. 2.10: Die Startseite von OneDrive

Dementsprechend erhalten Sie einen Hinweis mit zwei Schaltflächen.

Abb. 2.11: Privat oder Geschäftlich?

Da im Folgenden die Variante mit dem kostenlosen Microsoft-Onlinedienst *OneDrive* genutzt werden soll, um Ihre OneNote-Notizbücher im Internet zu speichern, klicken Sie auf die Schaltfläche MICROSOFT-KONTO ERSTELLEN.

Sie erhalten ein Formular, in das Sie ein paar Daten eingeben müssen. Zunächst müssen Sie Ihren Vor- und Nachnamen und den Namen Ihres Microsoft-Kontos, der zugleich den persönlichen Teil Ihrer neuen E-Mail-Adresse darstellt, eingeben. Anschließend legen Sie das Kennwort fest und müssen es zum Abgleich erneut eingeben. Danach erfolgen ein paar persönliche Angaben nebst solchen, die dem Schutz Ihrer Angaben dient. Bevor Sie mit dem Erstellen beginnen können, müssen Sie noch ein Captcha (eine vom Computer generierte willkürliche Ansammlung von Ziffern und/oder Buchstaben) eingeben, damit sichergestellt ist, dass ein Mensch und nicht eine Maschine die Eingaben tätigt.

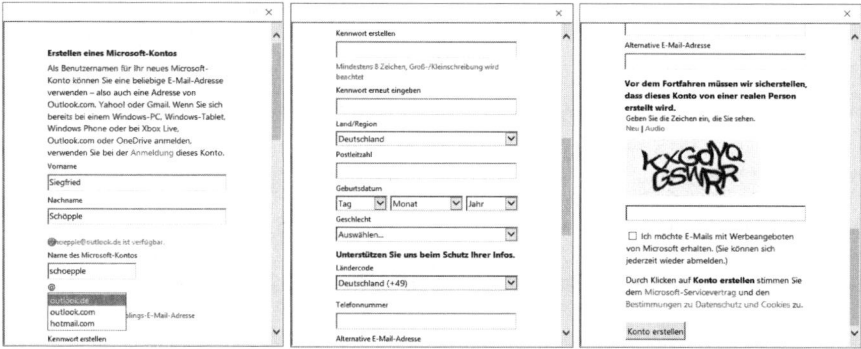

Abb. 2.12: Das Formular zum Erstellen des Microsoft-Kontos (Fotomontage)

Haben Sie alles beisammen, klicken Sie auf die Schaltfläche Konto erstellen und schon steht die persönliche Verbindung zu Ihrem Dienst.

Haben Sie sich über den Anmeldedialog angemeldet und Ihre E-Mail-Adresse eingegeben, dann erhalten Sie das Fenster Anmelden für Ihr Microsoft-Konto. In diesem ist bereits Ihre E-Mail-Adresse eingetragen und Sie müssen nur noch das Kennwort eingeben.

Abb. 2.13: Das ANMELDEN-Fenster für Ihr Microsoft-Konto

Tragen Sie nun Ihr Kennwort ein und bestätigen Sie mit einem Klick auf ANMELDEN. Sie werden nun angemeldet und die Dienste werden geladen.

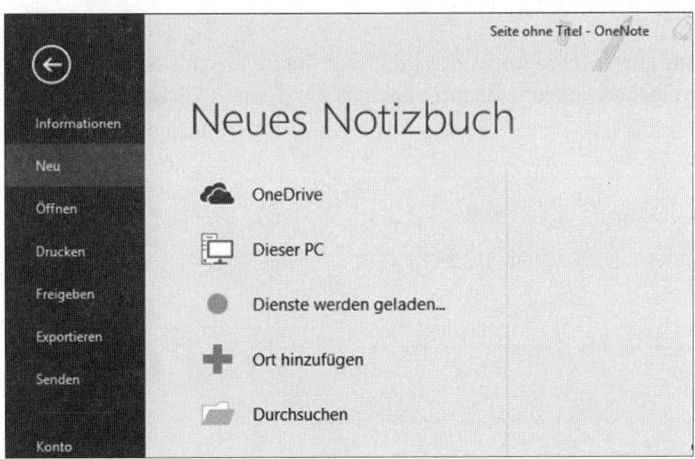

Abb. 2.14: Die Dienste werden geladen.

Online-Notizbuch erstellen

Nach dem Anmeldevorgang befinden Sie sich im Bereich NEUES NOTIZBUCH und Sie erkennen unterhalb des Eintrags ONEDRIVE – PERSÖNLICH Ihre Anmeldedaten. In der Titelleiste erkennen Sie zudem auf der rechten Seite, ob und mit welchem Namen Sie angemeldet sind.

Auch hier gilt es zunächst, ein Notizbuch anzulegen. Tragen Sie deshalb den gewünschten Namen, im Beispiel Online, in das Feld NOTIZBUCHNAME ein und bestätigen Sie mit einem Klick auf die Schaltfläche NOTIZBUCH ERSTELLEN.

Abb. 2.15: Alles bereit für das Erstellen eines Online-Notizbuches

OneNote erstellt das gewünschte Notizbuch und fragt Sie im Anschluss, ob Sie es für andere Personen freigeben können. Möchten Sie das nicht, dann klicken Sie auf JETZT NICHT.

HINWEIS

Die Freigabe können Sie zu einem späteren Zeitpunkt nachholen.

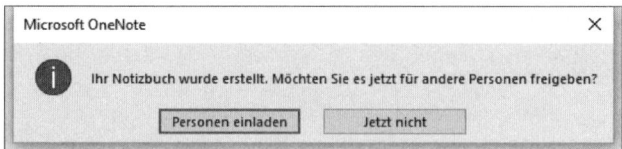

Abb. 2.16: Wollen Sie Ihr Notizbuch freigeben?

Standardmäßig aktiv ist die Schaltfläche PERSONEN EINLADEN. Wenn Sie diese Vorgabe bestätigen, können Sie im nächsten Schritt die gewünschten Personen auswählen und ihnen Freigabe erteilen.

Dazu tragen Sie die E-Mail-Adresse der freizugebenden Person in das Feld ein.

TIPP

Über die Schaltfläche hinter der E-Mail-Adresse können Sie auf das globale Adressbuch zugreifen, sofern Sie es eingerichtet haben.

Über das Listenfeld hinter der Adresse können Sie nun festlegen, ob die betreffende Person Veränderungen vornehmen (KANN BEARBEITEN) oder nur die Informationen studieren (KANN ANZEIGEN) darf.

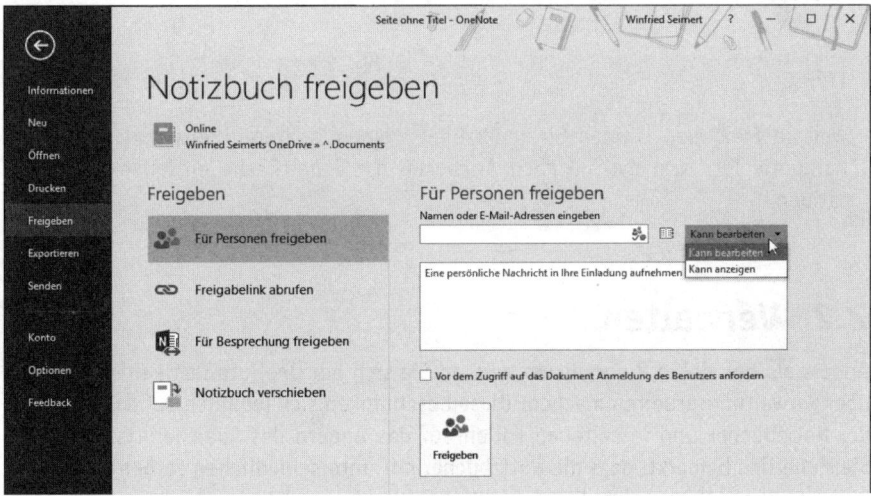

Abb. 2.17: Personen die Freigabe erteilen

Möchten Sie in Ihrer Einladung noch ein paar persönliche Informationen oder Erklärungen aufnehmen, dann können Sie das in dem darunterliegenden Feld tun.

Den Zugriff auf das Notizbuch können Sie schließlich noch davon abhängig machen, dass sich der Leser ebenfalls bei OneDrive anmelden muss. In diesem Fall aktivieren Sie das Kontrollkästchen VOR DEM ZUGRIFF AUF DAS DOKUMENT ANMELDUNG DES BENUTZERS ANFORDERN.

Dadurch haben Sie eine gewisse Kontrolle, wer Ihre Notizen liest, da Leser gleichfalls über ein Microsoft-Konto verfügen müssen.

Haben Sie alle Informationen eingetragen, klicken Sie auf die Schaltfläche FREIGEBEN, um den Vorgang zu starten. Nach erfolgter Freigabe werden die Benutzer nebst deren Rechte in dem Bereich FREIGEGEBEN FÜR angezeigt.

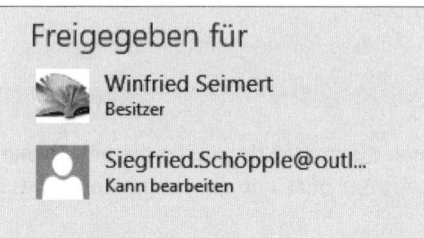

Abb. 2.18: Das Online-Notizbuch ist für mehrere Personen freigegeben.

TIPP

Weitere Freigaben können Sie jederzeit zu einem späteren Zeitpunkt über die Kategorie FREIGEBEN, die Sie nach Anklicken der Schaltfläche einsehen können, tätigen.

2.2 Verwalten

Anders als bei vielen Programmen müssen Sie sich bei OneNote fast keine Gedanken über Verwaltungsarbeiten machen. Diese beschränken sich lediglich auf das Aussehen der Notizbücher und in seltenen Fällen auf das Ändern des Speicherorts. So haben Sie sicherlich bemerkt, dass die Notizbücher mit unterschiedlichen Farben dargestellt werden. Wenn Ihnen eine Farbe nicht gefällt, können Sie Ihr eigenes Farbsystem einsetzen, oder wenn Sie Einfluss auf weitere Eigenschaften nehmen wollen, dann können Sie das leicht bewerkstelligen.

Eigenschaften

Um die Eigenschaften eines Notizbuchs einzusehen, klicken Sie mit der rechten Maustaste auf das zu ändernde Notizbuch und wählen im Kontextmenü den Eintrag EIGEN-SCHAFTEN aus.

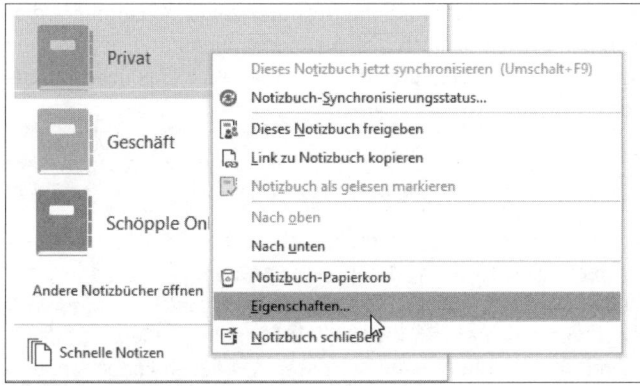

Abb. 2.19: Die Eigenschaften eines Notizbuchs ändern

Sie erhalten das Dialogfenster NOTIZBUCHEIGENSCHAFTEN, das Ihnen nun einige Möglichkeiten bietet.

Sind Sie beispielsweise nachträglich mit dem ANZEIGENAMEN nicht so ganz zufrieden, müssen Sie kein neues Notizbuch anlegen. In diesem Fall tragen Sie lediglich den gewünschten neuen Namen in das Feld ein und nach Bestätigen mit OK wird Ihnen der neue Name in der Notizbuch-Übersicht angezeigt. Sie brauchen keine Sorge haben, dass das Notizbuch nun nicht mehr funktioniert, denn unbeeinflusst davon bleibt der Name des Ordners auf dem Speicherort.

Die FARBE des Notizbuchs stellen Sie nach Klicken auf den Listenpfeil des Farbfeldes ein. Hier können Sie zwischen sechzehn verschiedenen Farben wählen.

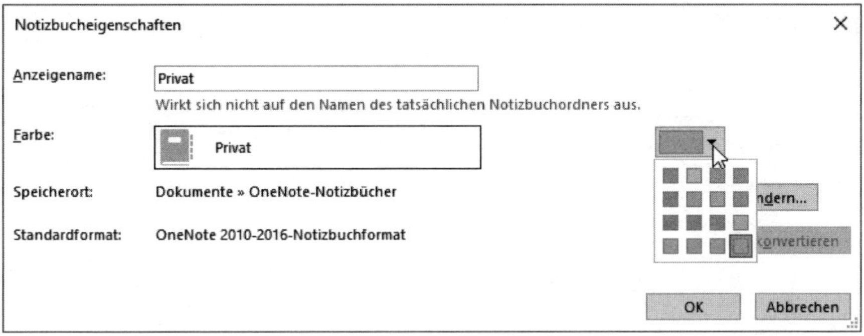

Abb. 2.20: Einfluss auf die Eigenschaften eines Notizbuchs nehmen

Unter dem Feld FARBE wird Ihnen der aktuelle SPEICHERORT angezeigt. Möchten Sie diesen ändern, dann klicken Sie auf die Schaltfläche SPEICHERORT ÄNDERN und nehmen die gewünschte Einstellung im folgenden Dialogfenster SYNCHRONISIERUNGSSPEICHERORT FÜR DIESES NOTIZBUCH AUSWÄHLEN vor.

HINWEIS

Über das Feld STANDARDFORMAT erhalten Sie Informationen darüber, in welchem Format das Notizbuch vorliegt. Dieses Feld wird nur dann von Bedeutung, wenn Sie Notizbücher, die in einem älteren Format (vor Version 2010) erstellt wurden, in Ihren Bestand integrieren möchten. In diesem Fall können Sie diese auf das neue Format konvertieren und so alle Annehmlichkeiten des neuen Formats nutzen. Dazu müssen Sie lediglich einen Klick auf die Schaltfläche IN 2016-2016 KONVERTIEREN ausführen.

Mit einem Klick auf OK übernehmen Sie die geänderten Einstellungen.

Reihenfolge

Gefällt Ihnen die Reihenfolge der Notizbücher in der Liste nicht, können Sie diese leicht ändern. Klicken Sie dazu auf das Notizbuch, das Sie an eine andere Stelle versetzen möchten, und ziehen Sie es mit gedrückter linker Maustaste an die gewünschte Stelle.

Abb. 2.21: Die Reihenfolge der Notizbücher ändern

Wechsel zwischen mehreren Notizbüchern

Standardmäßig wird immer nur das aktuelle Notizbuch angezeigt. Haben Sie mehrere Notizbücher erstellt, so können Sie problemlos zwischen diesen hin- und herwechseln.

Um sich alle vorhandenen Notizbücher zunächst einmal anzeigen zu lassen, klicken Sie auf den Listenpfeil neben dem aktuellen Notizbuch. Sie erhalten eine Auflistung der aktuell geöffneten Bücher.

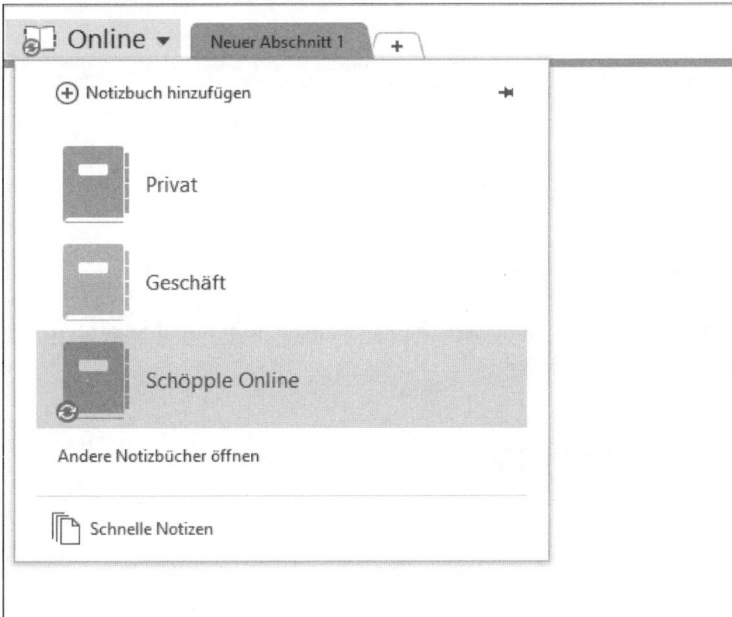

Abb. 2.22: Überblick über Ihre Notizbücher

HINWEIS

In der vorherigen Abbildung weist das runde Zeichen mit den Doppelpfeilen auf dem Notizbuch-Symbol darauf hin, dass es sich um ein Notizbuch handelt, das automatisch synchronisiert wird.

Möchten Sie zu einem anderen Notizbuch wechseln, genügt ein Klick auf die entsprechende Bezeichnung. An dieser Stelle können Sie auch ein neues Notizbuch erstellen, indem Sie auf den Link Notizbuch hinzufügen klicken.

Gerade wenn Sie viele Notizbücher haben, ist es hilfreich, sich die Übersicht über die Notizbücher seitlich anzuheften. Klicken Sie dazu auf den kleinen Pin am oberen Rande der Auflistung.

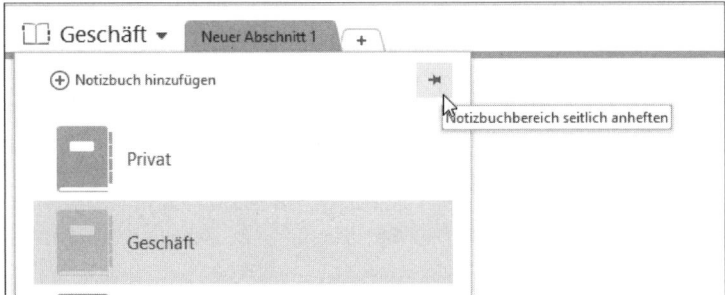

Abb. 2.23: Den Notizbuchbereich seitlich anheften

Die Notizbücher werden Ihnen dann dauerhaft am linken Seitenrand angezeigt und können so rasch gewechselt werden.

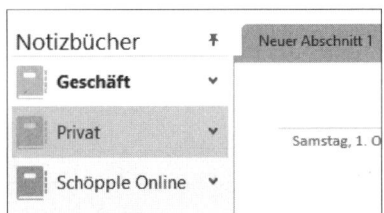

Abb. 2.24: Der angepinnte Notizbuchbereich

Möchten Sie zur ursprünglichen Ansicht zurückwechseln, klicken Sie erneut auf den – nun senkrecht stehenden – Pin.

Notizbücher schließen und erneut öffnen

Möchten Sie ein Notizbuch schließen, dann können Sie nicht einfach einen Klick auf ein Schliessen-Feld machen. Vielmehr führen Sie einen Rechtsklick auf das betreffende Notizbuch aus und wählen den Eintrag Notizbuch schliessen aus.

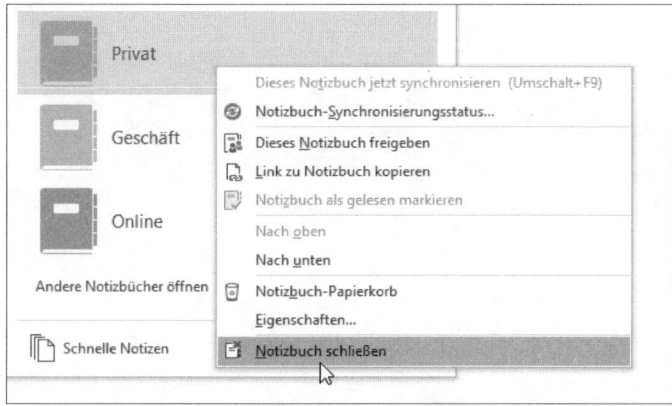

Abb. 2.25: Ein Notizbuch schließen

Möchten Sie ein so geschlossenes Notizbuch erneut bzw. ein anderes vorhandenes Notizbuch öffnen, dann klicken Sie zunächst auf die Schaltfläche Datei und dann auf den Menüpunkt Öffnen.

Unter Notizbuch öffnen finden Sie nun zwei Bereiche: *Aus OneDrive öffnen* und *Von anderen Orten öffnen*.

Im ersten Fall haben Sie Zugriff auf Ihr online gespeichertes Notizbuch. Sie können dabei entweder das Konto wechseln (sofern Sie mehrere haben) oder das betreffende Notizbuch öffnen, sofern es geschlossen ist.

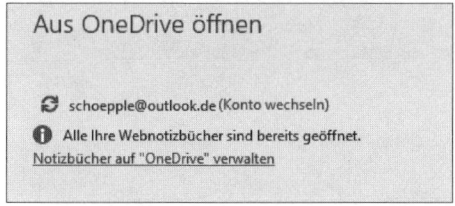

Abb. 2.26: Hier gibt es nichts zu tun.

Bei der zweiten Variante können Sie Notizbücher von anderen Orten aus öffnen. Zum einen finden Sie in der Kategorie Zuletzt verwendet eine Auflistung der bislang geöffneten Bücher. So ist es ein Leichtes, ein gestern oder vor längerer Zeit geschlossenes Buch erneut zu öffnen.

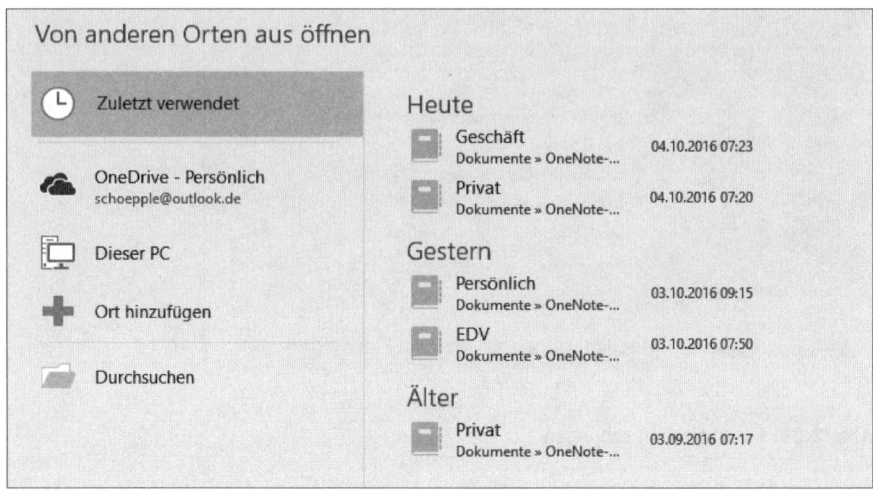

Abb. 2.27: Ein Notizbuch von anderen Speicherorten aus öffnen

Über das Symbol ONEDRIVE - PERSÖNLICH gelangen Sie auf die in Ihrer Cloud gespeicherten Notizbücher.

Wählen Sie dagegen die Kategorie DIESER PC, dann haben Sie Zugriff auf die von Ihnen angelegte Notizbuch-Struktur.

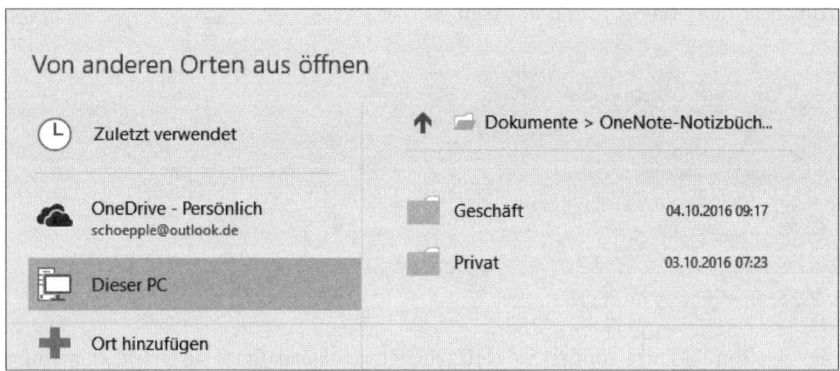

Abb. 2.28: Zugriff auf die von Ihnen angelegte Struktur ...

In diesem Fall klicken Sie auf den betreffenden Ordner, sodass Sie an die Datei NOTIZBUCH ÖFFNEN.ONE gelangen. Hierbei handelt es sich um die Datei, die ein Notizbuch öffnet und die gesamte Struktur desselben verwaltet.

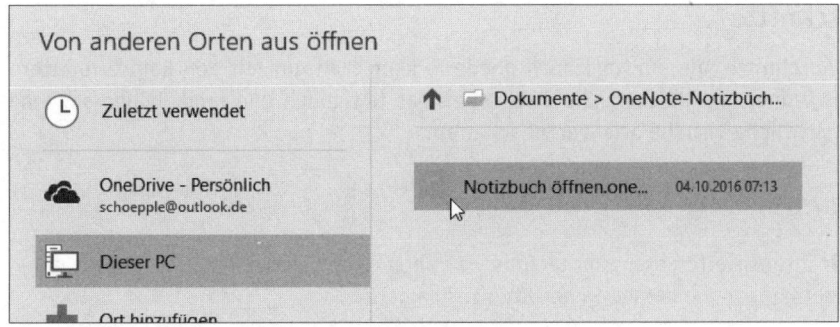

Abb. 2.29: ... und dann die Datei zum Öffnen anwählen

Ein Klick darauf öffnet das zuvor geschlossene Notizbuch wieder.

Über die Schaltfläche ORT HINZUFÜGEN können Sie weitere Speicherorte hinzufügen, um das Speichern von Office-Dokumenten in der Cloud (Office 365 SharePoint oder One-Drive) zu erleichtern.

Kennen Sie den Speicherort überhaupt nicht, dann klicken Sie auf die Schaltfläche DURCHSUCHEN und machen Sie sich über das Dialogfenster NOTIZBUCH ÖFFNEN auf die Suche nach dem gewünschten Notizbuch.

2.3 Gestalten und Strukturieren

Nachdem Sie ein Notizbuch erstellt haben, geht es an das Gestalten. Wie Sie gesehen haben, enthält ein neues Notizbuch zunächst einen Abschnitt mit der Bezeichnung NEUER ABSCHNITT 1. Dieser nimmt die einzelnen Seiten auf und enthält eine neue leere Seite mit der Bezeichnung SEITE OHNE TITEL. Diese beiden Elemente bilden die Struktur eines jeden Notizbuchs.

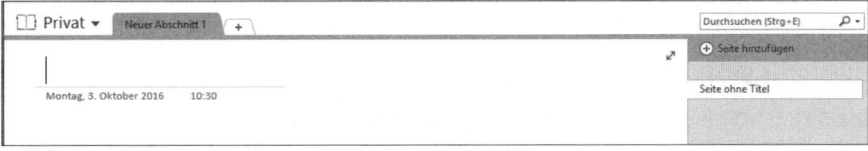

Abb. 2.30: Die Grundstruktur eines jeden Notizbuchs

Abschnitte

Die Abschnitte, die ein Notizbuch gliedern, kann man gut mit den Registerblättern eines Ordners vergleichen. Sie unterteilen das Notizbuch und ermöglichen so, eine übersichtliche visuelle Struktur zu schaffen.

HINWEIS

Für Interessierte Leser zum technischen Verständnis: Jeder Abschnitt hängt mit einer korrespondierenden one-Datei zusammen.

Einen neuen Abschnitt können Sie mithilfe des Kontextmenüs bearbeiten, das Sie nach einem Rechtsklick auf die betreffende Registerkarte erhalten.

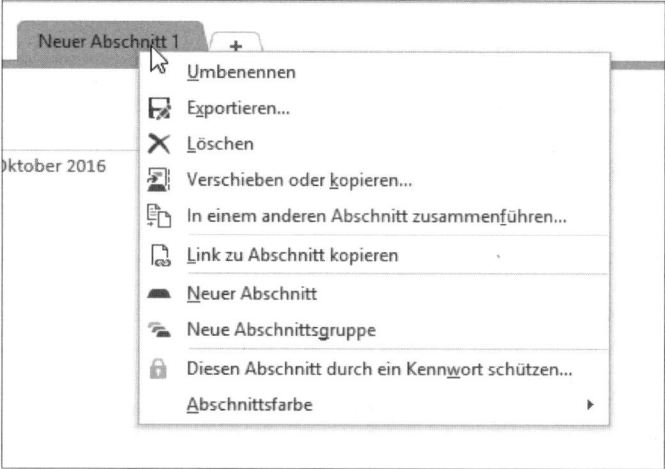

Abb. 2.31: Die Befehle zum Bearbeiten eines Abschnitts

Abschnitt gestalten

Die Abschnitte können Sie nach Ihren Vorstellungen gestalten.

Sicherlich werden Sie es nicht bei dem Vorgabenamen belassen, sondern einen eigenen wählen. Wenn Sie nach einem Rechtsklick den Kontextmenüpunkt Umbenennen gewählt haben, wird die Vorgabe markiert und Sie können gleich mit der Eingabe des neuen Namens beginnen.

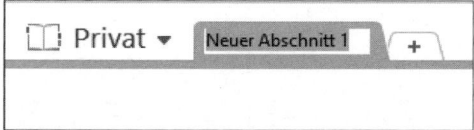

Abb. 2.32: Einen Abschnitt umbenennen

Geben Sie beispielsweise TELEFON ein und bestätigen Sie mit ⏎.

Ebenso wie die Notizbücher können Sie auch die Farbe der Abschnitte gestalten. In diesem Fall wählen Sie das Kontextmenü ABSCHNITTSFARBE an und entscheiden sich dann für die gewünschte Farbe.

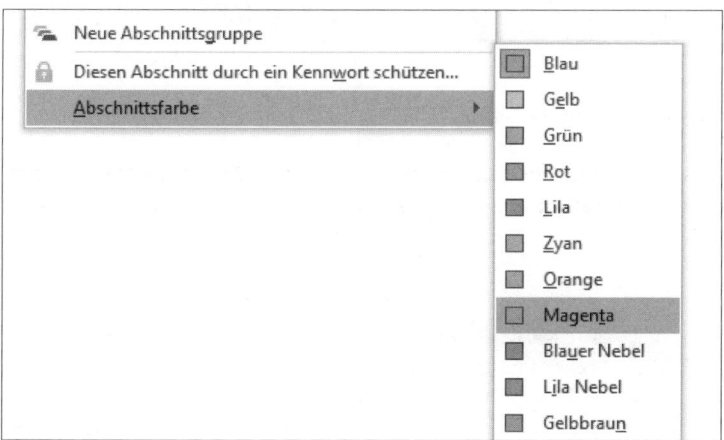

Abb. 2.33: Die Farbe des Abschnitts festlegen

Neuer Abschnitt

Einen neuen Abschnitt erhalten Sie, indem Sie entweder mit der rechten Maustaste auf ein Abschnittsregister klicken und dann den Kontextmenüpunkt NEUER ABSCHNITT wählen. Alternativ können Sie das aber auch durch Anklicken der Schaltfläche mit dem Plus (NEUEN ABSCHNITT ERSTELLEN) erreichen.

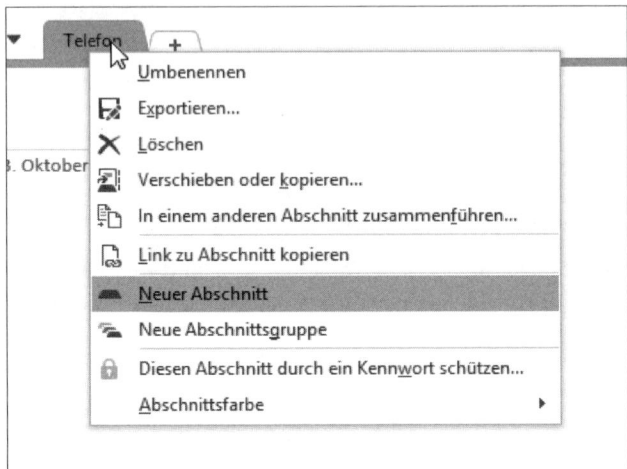

Abb. 2.34: Einen neuen Abschnitt einfügen

Anschließend müssen Sie nur noch den bereits markierten Vorgabenamen mit dem von Ihnen vorgesehenen Namen überschreiben und – sofern Sie mögen – die Farbe ändern.

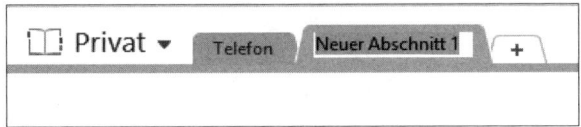

Abb. 2.35: Einen weiteren Abschnitt anlegen

Abschnitte umsortieren

Auf diese Art und Weise wächst Ihr Abschnittsregister heran. Wenn Sie die Beispiele in dem Buch nachvollziehen möchten, sollten Sie jetzt die Abschnitte aus der folgenden Abbildung anlegen.

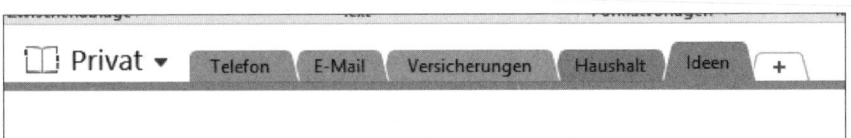

Abb. 2.36: Abschnitt für Abschnitt

Zusätzlich ist es empfehlenswert, dass Sie im Notizbuch GESCHÄFT die Abschnitte KUN-DEN, ARTIKEL, INFOS, DIENSTREISEN, VERKÄUFER und LIEFERANTEN anlegen.

TIPP

Möchten Sie zu einem späteren Zeitpunkt den Abschnittsnamen ändern, dann können Sie das rasch durch doppeltes Anklicken des Namens und anschließendem Überschreiben erreichen.

Die Reihenfolge und Platzierung der Abschnitte können Sie jederzeit ändern und umordnen. Innerhalb des geöffneten Notizbuches zeigen Sie einfach mit der Maus auf das betreffende Register und ziehen es mit gedrückter Maustaste an die neue Stelle.

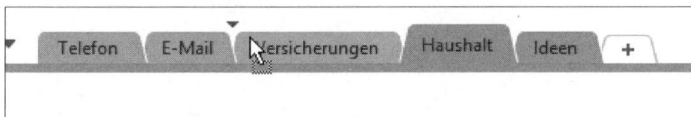

Abb. 2.37: Einen Abschnitt verschieben

Achten Sie dabei auf den kleinen nach unten weisenden Pfeil. Er zeigt Ihnen die mögliche neue Position an. Ist es die gewünschte, dann lassen Sie die Maustaste einfach los und schon wird der Abschnitt neu platziert.

Möchten Sie einen kompletten Abschnitt in ein anderes Notizbuch übertragen, wählen Sie den Kontextmenüpunkt VERSCHIEBEN ODER KOPIEREN.

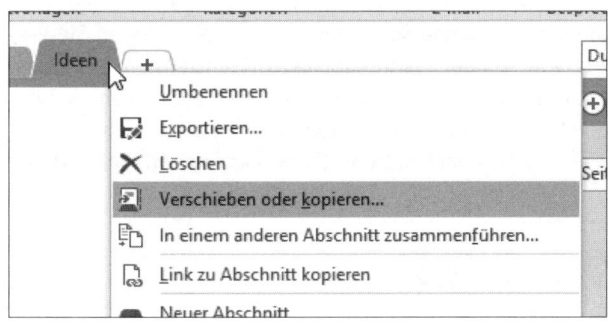

Abb. 2.38: Verschieben oder Kopieren eines Abschnitts

Sie erhalten das Dialogfenster Abschnitt verschieben oder kopieren, das Ihnen einen Überblick über alle Ihre Notizbücher und deren Abschnitte gibt. Gegebenenfalls müssen Sie auf die Schaltfläche mit dem Pluszeichen vor der Abschnittsbezeichnung klicken, damit diese eingeblendet werden. Anschließend markieren Sie entweder das Notizbuch oder einen Abschnitt, hinter dem der zu kopierende oder zu verschiebende Abschnitt eingefügt werden soll.

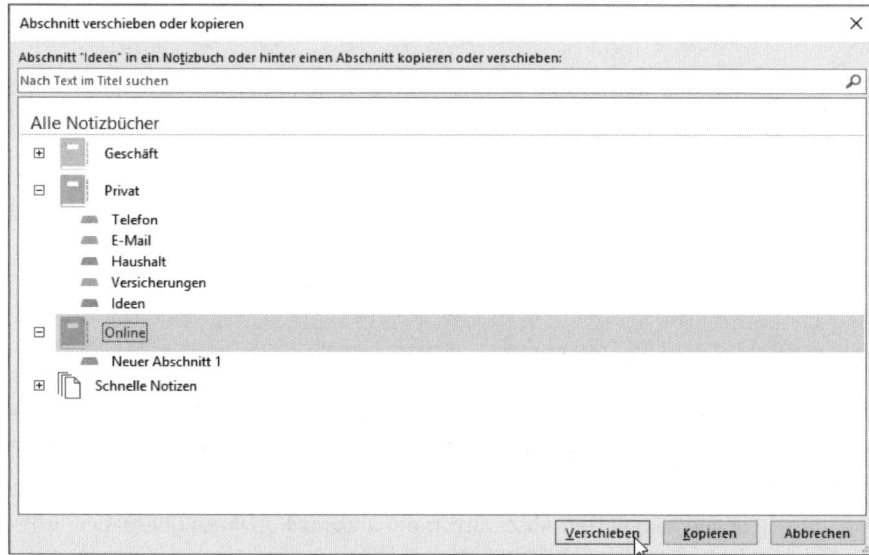

Abb. 2.39: Abschnitte in ein anderes Notizbuch verschieben

Nun müssen Sie nur noch die entsprechende Schaltfläche anklicken: Wählen Sie Verschieben, wenn der Abschnitt von seinem ursprünglichen Ort entfernt und an dem neuen platziert werden soll. Die Schaltfläche Kopieren nehmen Sie dann, wenn Sie danach den Abschnitt an beiden Stellen vorfinden möchten. Im Fall des Verschiebens in ein anderes Notizbuch wird es sogleich geöffnet und Ihnen das Ergebnis präsentiert.

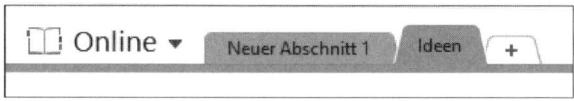

Abb. 2.40: Der verschobene Abschnitt

Abschnitte zusammenführen

Haben Sie Abschnitte kopiert, kann es zu einem späteren Zeitpunkt vorkommen, dass Sie die Informationen lieber an einer einzigen Stelle hätten. In diesem Fall können Sie beide Abschnitte zusammenführen. Dazu wählen Sie den Kontextmenüpunkt IN EINEN ANDEREN ABSCHNITT ZUSAMMENFÜHREN.

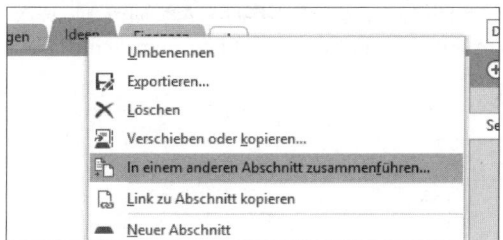

Abb. 2.41: Mehrere Abschnitte zusammenführen

Im folgenden Dialogfenster ABSCHNITT ZUSAMMENFÜHREN markieren Sie den Abschnitt, mit dem Sie die Informationen vereinigen wollen, und bestätigen Ihre Wahl mit einem Klick auf die Schaltfläche ZUSAMMENFÜHREN.

Abb. 2.42: Den Abschnitt zum Zusammenführen auswählen

Daraufhin erhalten Sie ein Hinweisfenster, welches auf Ihr Vorhaben hinweist und Sie fragt, ob Sie das wirklich wollen. Zudem werden Sie darauf aufmerksam gemacht, dass Sie diese Aktion nicht rückgängig machen können. Überprüfen Sie also, ob das Ihr Wille ist, denn die Informationen, die Sie zusammenführen, können Sie nicht mehr automatisch trennen.

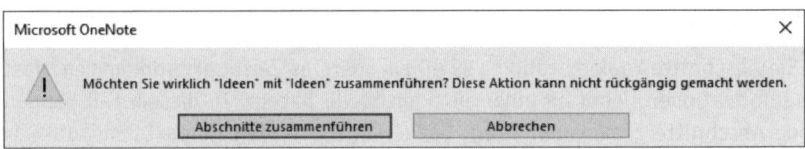

Abb. 2.43: Wollen Sie das wirklich?

Ist es Ihr erklärter Wille, dann klicken Sie auf die Schaltfläche ABSCHNITTE ZUSAMMEN-FÜHREN. OneNote macht sich an die Arbeit und präsentiert Ihnen zum Schluss ein entsprechendes Hinweisfenster.

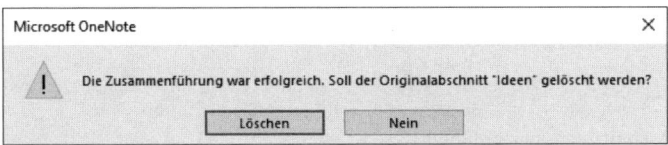

Abb. 2.44: Möchten Sie die Originalinformationen behalten?

Gleichzeitig werden Sie vor die Entscheidung gestellt, ob Sie die Originalinformationen behalten wollen. Hatte Sie ursprünglich vor, die Informationen an einer Stelle zu haben, entscheiden Sie sich für LÖSCHEN.

Haben Sie die Schaltfläche angeklickt, wechselt OneNote zu dem betreffenden Notizbuch und präsentiert Ihnen das Ergebnis.

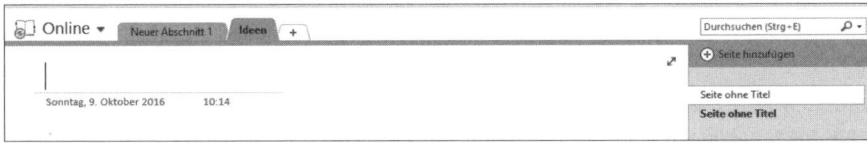

Abb. 2.45: Die zusammengefügten Abschnitte

> **HINWEIS**
>
> Da zum gegenwärtigen Zeitpunkt noch keine Informationen in den Abschnitten vorhanden und auch die Seiten noch nicht definiert sind, befinden sich jetzt zwei Seiten ohne Titel in diesem Abschnitt.

Abschnitte löschen und gegebenenfalls wiederherstellen

Wenn Sie einen Abschnitt entfernen möchten, dann wählen Sie den Kontextmenü-punkt Löschen, und schon wird er aus Ihrem System entfernt.

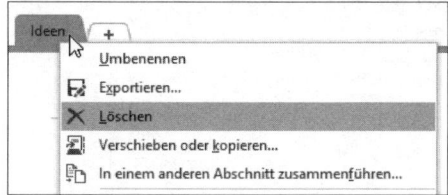

Abb. 2.46: Einen Abschnitt löschen

Der Abschnitt wird jedoch nicht ohne Rückfrage gelöscht. Im folgenden Hinweisfens-ter müssen Sie darauf achten, dass die Schaltfläche Nein den Fokus hat. Damit wird ein versehentliches Löschen durch ein unbedarftes Drücken einer Taste oder gedan-kenloses Klicken verhindert.

Möchten Sie sich jedoch von dem Abschnitt trennen, dann wählen Sie Ja. In diesem Fall wird der Abschnitt jedoch nicht restlos nebst gesamten Inhalt (sofern vorhan-den) vernichtet, sondern – wie Sie sogleich einem Hinweisfenster entnehmen können – in die so genannten Gelöschten Notizen verschoben.

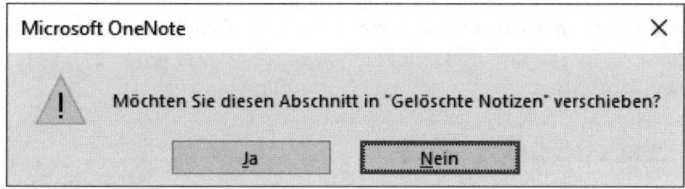

Abb. 2.47: Was möchten Sie mit dem Abschnitt anstellen?

Von dort können die gelöschten Elemente innerhalb eines Zeitraums von 60 Tagen wiederhergestellt werden.

Möchten Sie einen so gelöschten Abschnitt innerhalb dieses Zeitraums wiederher-stellen, dann rufen Sie die Registerkarte Verlauf auf. Dort finden Sie in der Gruppe Verlauf den Notizbuch-Papierkorb. Klicken Sie auf den Listenpfeil dieser Schaltfläche und wählen Sie den Eintrag Notizbuch-Papierkorb aus.

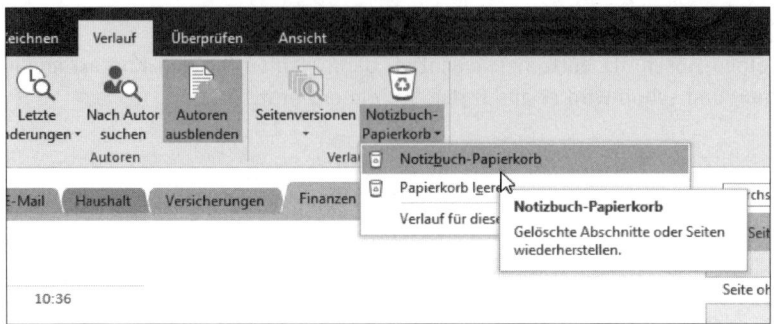

Abb. 2.48: Zum Notizbuch-Papierkorb wechseln

HINWEIS

Wenn Sie den Papierkorb komplett entleeren wollen, wählen Sie den Menüpunkt PAPIERKORB LEEREN. In diesem Fall werden die Elemente restlos vernichtet und können auch nicht wiederhergestellt werden.

Augenblicklich wird Ihnen der Papierkorb des aktuellen Notizbuchs angezeigt. Die gelöschten Abschnitte werden in der üblichen Darstellung als Registerkarten angezeigt. Zusätzlich erhalten Sie in einer gelben Banderole den Hinweis, wie lange die Elemente vorrätig gehalten werden, bevor sie endgültig gelöscht werden. Diese Grenze dient dazu, dass die Datenbank des Notizbuchs nicht über Gebühr mit Datenmüll belastet wird.

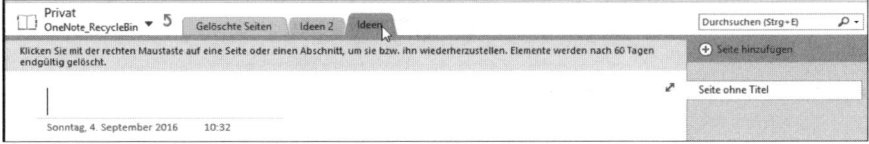

Abb. 2.49: Gelöschte Abschnitte im Notizbuch-Papierkorb

Gleichfalls können Sie der gelben Banderole entnehmen, wie Sie gelöschte Elemente wiederherstellen können. Klicken Sie mit der rechten Maustaste auf den Abschnitt, den Sie wiederherstellen möchten, und wählen Sie den Kontextmenüpunkt VERSCHIEBEN ODER KOPIEREN. Sie erhalten das Ihnen schon bekannte Dialogfenster und können nun wieder die Stelle markieren, an die Sie den gelöschten Abschnitt platzieren wollen.

Möchten Sie nach getaner Arbeit wieder zu Ihren Notizbüchern zurückkehren, klicken Sie auf die Schaltfläche ZUR ÜBERGEORDNETEN ABSCHNITTSGRUPPE NAVIGIEREN.

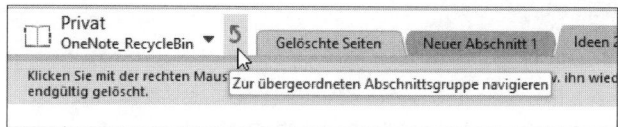

Abb. 2.50: Zu den Abschnitten zurückkehren

Abschnitte schützen

Manche Informationen gilt es vor neugierigen Augen zu schützen. Deshalb kann man Abschnitte eines Notizbuchs mit einem Kennwort versehen, um es vor dem Zugriff durch Unbefugte zu schützen.

> **HINWEIS**
>
> In OneNote lassen sich nur Abschnitte mit einem Kennwort versehen; nicht jedoch das komplette Notizbuch.

Klicken Sie mit der rechten Maustaste auf die betreffende Registerkarte und wählen Sie den Kontextmenüeintrag DIESEN ABSCHNITT DURCH EIN KENNWORT SCHÜTZEN.

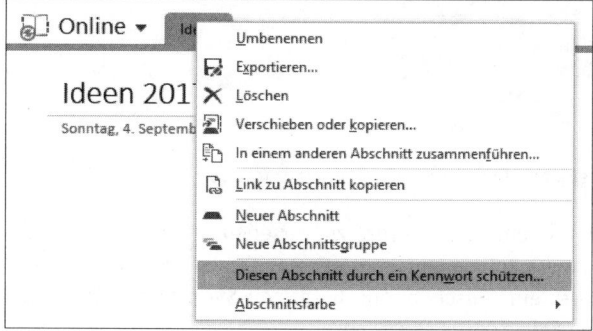

Abb. 2.51: Einen Abschnitt mit einen Kennwort versehen

Alternativ können Sie den Kennwortschutz auch über die Registerkarte ÜBERPRÜFEN aktivieren. Dort finden Sie in der Gruppe ABSCHNITT die Schaltfläche KENNWORT.

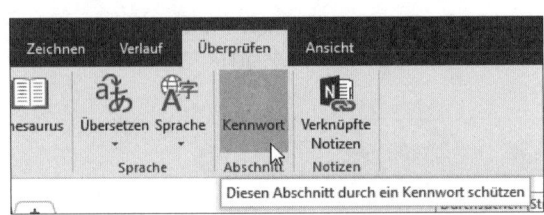

Abb. 2.52: Eine weitere Alternative zum Aufruf des Kennwortschutzes

Auf der rechten Seite des Bildschirms wird ein neuer Aufgabenbereich geöffnet, der die entsprechenden Optionen für den Kennwortschutz enthält.

TIPP

Lesen Sie sich die Hinweise bezüglich der Besonderheiten am unteren Rand dieses Aufgabenbereichs durch!

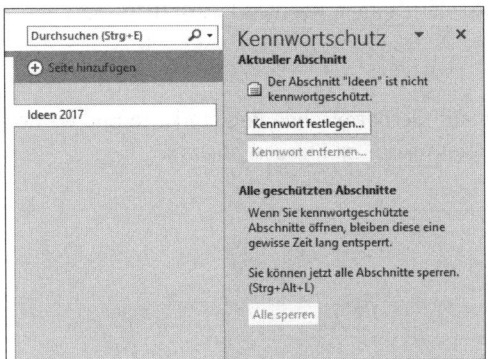

Abb. 2.53: Sie erhalten einen eigenen Bereich für die Kennworteingabe.

Um nun ein den Abschnitt mit einem Kennwort zu versehen, klicken Sie auf die Schaltfläche KENNWORT FESTLEGEN. Im folgenden Dialogfenster tragen Sie das Kennwort in das erste Feld KENNWORT GEBEN ein. Anschließend betätigen Sie die ⇥-Taste und wiederholen das Kennwort im Feld KENNWORT BESTÄTIGEN.

HINWEIS

Achten Sie auch hier auf den Hinweis im unteren Teil des Fensters!

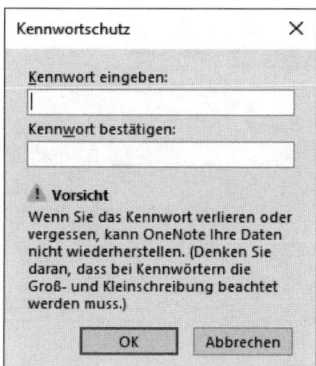

Abb. 2.54: Das Kennwort vergeben

Bestätigen Sie dann mit OK.

Vielleicht wundern Sie sich, dass Sie noch immer den Abschnitt mit seinen Informationen sehen. Das liegt daran, dass OneNote nicht sofort den Kennwortschutz einsetzt, sondern erst beim nächsten Öffnen des Notizbuchs. Möchten Sie den Schutz einmal testen bzw. sofort ausführen, dann klicken Sie auf die Schaltfläche ALLE SPERREN bzw. betätigen die Tastenkombination ⎡Strg⎤ + ⎡Alt⎤ + ⎡L⎤ (das L steht für *lock*, also dem englischen Begriff für Sperren).

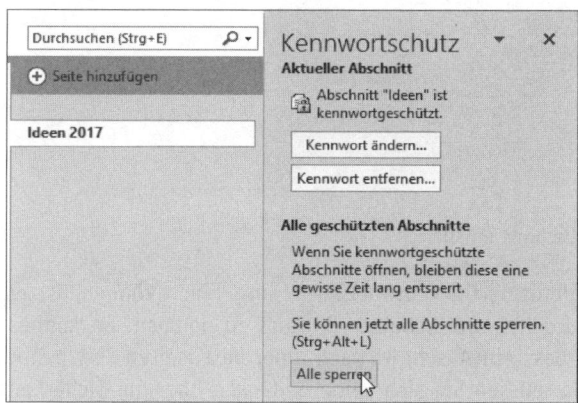

Abb. 2.55: Den Kennwortschutz sofort ausführen

Augenblicklich wird der Abschnitt für die weitere Einsicht gesperrt.

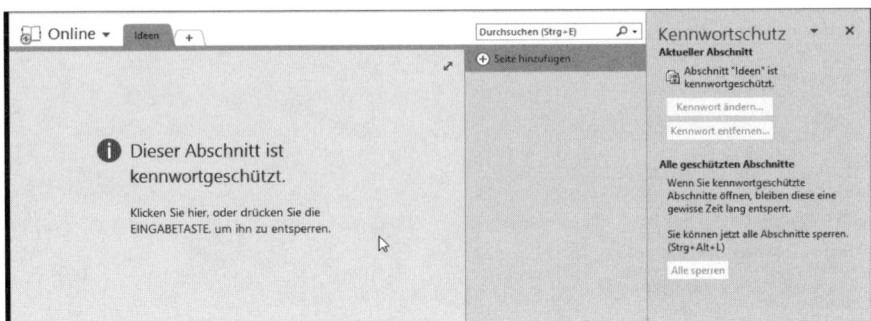

Abb. 2.56: Der Abschnitt ist nun gesperrt.

Möchten Sie wieder an die Informationen herankommen, dann folgen Sie einfach dem angezeigten Hinweis und klicken darauf oder betätigen alternativ die ⏎-Taste.

Sie erhalten nun ein Eingabedialogfenster, in dem Sie das (richtige) Kennwort eingeben und dann mit OK bestätigen, um den Schutz aufzuheben.

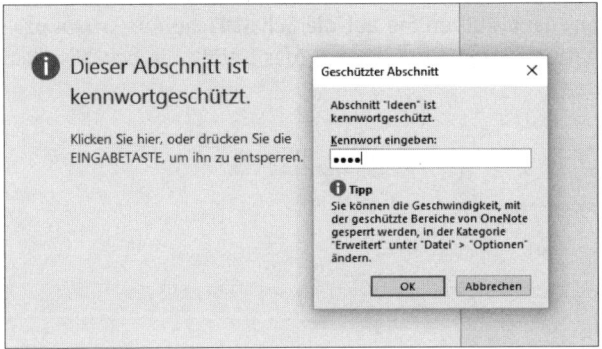

Abb. 2.57: Einen geschützten Abschnitt entsperren

Wie Sie dem Tipp des Dialogfensters Geschützer Abschnitt entnehmen können, ist es möglich, auf das Verhalten des Kennwortschutzes Einfluss zu nehmen. So können Sie beispielsweise festlegen, dass ein Abschnitt nach einer bestimmten Zeitspanne automatisch gesperrt wird. So müssen Sie sich keine Gedanken über die Sicherheit machen und Sie sind sicher, dass Ihre Informationen vor neugierigen Blicken geschützt sind. Diese Optionen erhalten Sie nach Aufruf der Menüs Datei / Optionen. Dort finden Sie in der Kategorie Erweitert den Bereich Kennwörter, der die entsprechenden Optionen enthält.

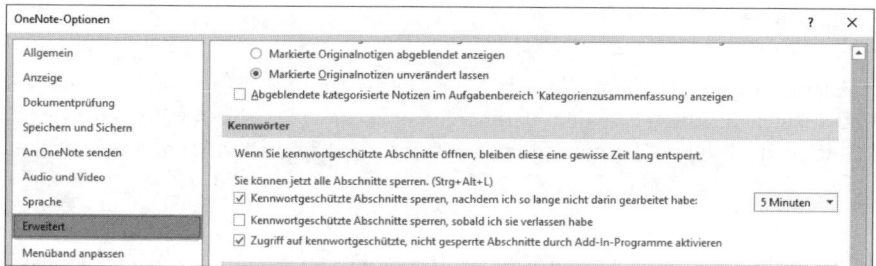

Abb. 2.58: Einfluss auf das Verhalten des Kennwortschutzes nehmen

Abschnittsgruppen

Die Anzahl der Abschnitte ist nicht begrenzt und kann so beträchtlich anwachsen. Dem dann aufkommenden Wunsch nach mehr Übersichtlichkeit können Sie mithilfe sogenannter Abschnittsgruppen begegnen.

Im konkreten Beispiel sollen die beiden Abschnitte TELEFON und E-MAIL in der neuen Abschnittsgruppe ADRESSEN vereint werden. Dazu führen Sie einen rechten Mausklick hinter die Schaltfläche mit dem Pluszeichen aus. Im Kontextmenü finden Sie den Eintrag NEUE ABSCHNITTGRUPPE, den Sie auswählen.

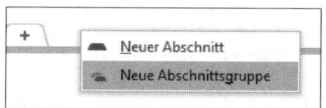

Abb. 2.59: Eine neue Abschnittsgruppe anlegen

Die neue Abschnittsgruppe wird dann an dieser Stelle angezeigt und kann gleich von Ihnen benannt werden. Tragen Sie Adressen ein.

Abb. 2.60: Die neue Abschnittsgruppe

Bestätigen Sie mit ⏎ bzw. klicken Sie außerhalb des Namens, um die Eingabe abzuschließen.

TIPP

Abschnittsgruppen können jederzeit wie Abschnitte über die Optionen des Kontextmenüs bearbeitet werden. Darüber hinaus können Sie eine Abschnittsgruppe mit einer weiteren Abschnittsgruppe versehen und so die Strukturierung vertiefen.

Nun gilt es noch die beiden Abschnitte TELEFON und E-MAIL in die Abschnittsgruppe zu befördern. Dazu klicken Sie auf den ersten Abschnitt, beispielsweise E-MAIL, und ziehen ihn mit gedrückter Maustaste auf die Abschnittsgruppe.

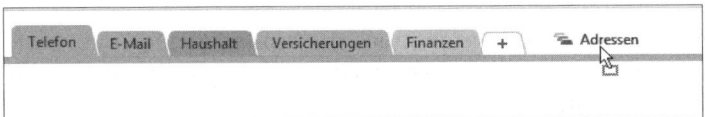

Abb. 2.61: Einen Abschnitt in die Gruppe schieben

Dort angekommen, stoppen Sie, und nach einer Sekunde wechselt das Programm in die Abschnittsgruppe. Dort lassen Sie die Maustaste los und schon ist der Abschnitt platziert.

Abb. 2.62: Der in die Gruppe verschobene Abschnitt

Am Anfang der Gruppe erkennen Sie das Notizbuch, hier PRIVAT, und darunter wird Ihnen der Abschnittsname, hier ADRESSEN, angezeigt. Im hinteren Bereich finden Sie den eben eingefügten Abschnitt.

HINWEIS

In einer Abschnittsgruppe können Sie weitere neue Abschnitte erstellen, indem Sie auf die Registerkarte mit dem Plus-Zeichen klicken.

Verfahren Sie mit dem zweiten Abschnitt TELEFON ebenso, so dass sich beide Abschnitte in der Abschnittsgruppe befinden.

Möchten Sie zu einem späteren Zeitpunkt einen Abschnitt aus einer Gruppe herausnehmen, dann klicken Sie auf dessen Registerkarte und bewegen den Mauszeiger mit gedrückter Maustaste auf die Schaltfläche mit dem nach oben zeigenden Pfeil.

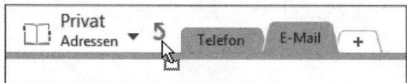

Abb. 2.63: Einen Abschnitt aus einer Gruppe entnehmen

Dieses Schaltfläche dient auch dazu, um wieder in die nächsthöhere Ebene zu gelangen.

Seiten

Die Abschnitte sind wiederum in Seiten unterteilt. Die Seiten enthalten die eigentlichen Informationen. Wie Sie bereits gesehen haben, enthält jedes neue Notizbuch zunächst einen ersten Abschnitt und eine erste Seite. Die Seiten werden Ihnen auf der rechten Seite im Seitenregister zunächst mit der Bezeichnung SEITE OHNE TITEL, dem sogenannten *Seitentitel*, angezeigt.

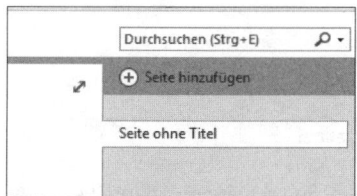

Abb. 2.64: Die neue (leere) Seite eines jeden Abschnitts im Seitenregister

Seiten benennen

OneNote vergibt jeder Seite den Vorgabenamen SEITE OHNE TITEL. Dieser ist – insbesondere bei einer Suche – natürlich nicht sehr hilfreich und sollte deshalb von Ihnen geändert werden.

Dazu müssen Sie lediglich den neuen Namen an der Stelle des blinkenden Cursors eingeben. Verwenden Sie dazu am besten eine Bezeichnung, die das Thema der Notiz widerspiegelt und Ihnen später beim Wiederfinden behilflich ist.

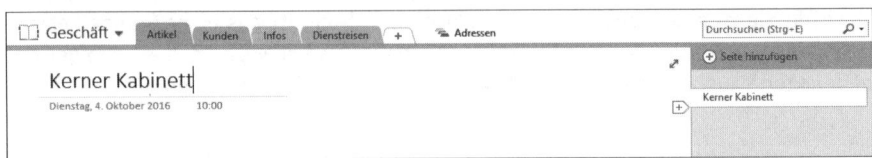

Abb. 2.65: Einen Seitentitel vergeben

Achten Sie beim Schreiben einmal darauf: Zeitgleich mit der Eingabe erscheint der neue Seitentitel auf der rechten Seite im Seitenregister. Keine Sorge, wenn Ihnen im Moment nichts Griffiges einfällt. Er kann jederzeit durch Überschreiben nachträglich und ohne Folgen geändert oder gelöscht werden.

Seiten erzeugen

Möchten Sie weitere Seiten erzeugen, dann klicken Sie auf die Schaltfläche SEITE ERZEUGEN, die sich am oberen Rand des Seitenregisters befindet. Dadurch erstellen Sie eine Seite am Ende des Abschnitts.

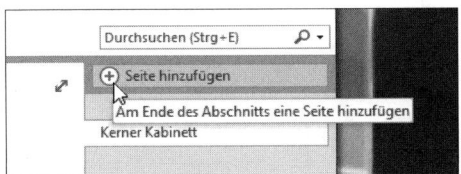

Abb. 2.66: Eine neue Seite am Ende eines Abschnitts erzeugen

Möchten Sie Einfluss auf die Platzierung der neuen Seite nehmen, dann bewegen Sie den Mauszeiger auf eine bereits bestehende Seite im Register. Dadurch wird eine kleine Pfeilschaltfläche mit einem Pluszeichen eingeblendet. Über diese können Sie die waagrechte Positionierung verschieben und die neue Seite dann mit einem Klick an der gewünschten Stelle einfügen.

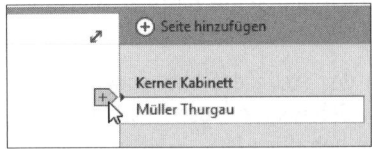

Abb. 2.67: Eine Seite an einer bestimmten Stelle erstellen

Seitenangaben ändern

Wie Sie vielleicht schon bemerkt haben, müssen Sie bei einer neuen Seite so wichtige Dinge wie Erstellungsdatum und -zeit nicht extra einfügen. Dementsprechend wird jede neue Seite mit dem Erstellungsdatum und einer Erstellungszeitangabe versehen. Diese Angabe ist oft hilfreich, wenn Sie zu einem späteren Zeitpunkt nachvollziehen wollen, wann besagte Stelle erstellt wurde.

Möchten Sie dagegen beispielsweise die Veränderung an einer Seite dokumentieren, dann können Sie das leicht handhaben. Wenn Sie auf die Datumsangabe klicken, wird davor ein kleines Kalendersymbol (SEITENDATUM ÄNDERN) angezeigt. Ein weiterer Klick darauf öffnet nun einen kleinen Kalender, in dem Sie das gewünschte Datum einstellen können. Beispielsweise lässt sich so schnell mit einem Klick auf die Schaltfläche HEUTE eine eben vorgenommene Änderung dokumentieren.

Kerner Kabinett

| | Dienstag, 4. Oktober 2016 | 10:00 |

◄ Oktober 2016 ►

Mo	Di	Mi	Do	Fr	Sa	So
26	27	28	29	30	1	2
3	4	5	6	7	8	9
10	11	12	13	14	15	16
17	18	19	20	21	22	23
24	25	26	27	28	29	30
31	1	2	3	4	5	6

Heute

Abb. 2.68: Das Datum ändern

Möchten Sie die Uhrzeit ändern, dann verfahren Sie ebenso. Nach Anklicken der Uhrzeit erscheint hinter der aktuellen Angabe das Uhrensymbol SEITENUHRZEIT ÄNDERN. Wenn Sie darauf klicken, erhalten Sie das gleichnamige Dialogfenster, in dem Sie entweder aus der Vorgabeliste die gewünschte Zeit auswählen oder gleich über die Tastatur (insbesondere bei krummen Angaben) eingeben und abschließend mit einem Klick auf OK bestätigen.

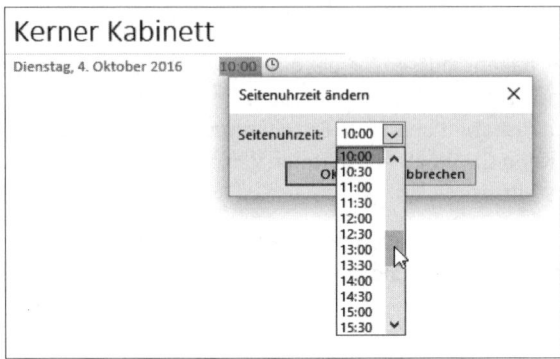

Abb. 2.69: Die Zeitangabe verändern

Ganzseitenansicht

Wenn Sie OneNote auf einem Tablet benutzen oder sich auf die Eingabe konzentrieren wollen, ist es hilfreich, wenn Sie sich die Seiten in der Ganzseitenansicht anzeigen lassen.

Klicken Sie dazu auf die Schaltfläche mit dem Doppelpfeil, die Sie auf jeder Seite am oberen rechten Rand finden.

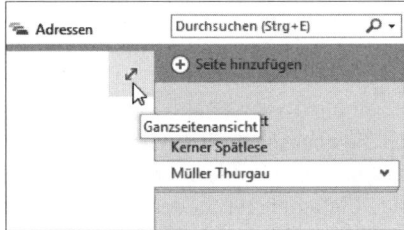

Abb. 2.70: In die Ganzseitenansicht schalten

OneNote wechselt in eine Ansicht, die Ihnen nur noch den Seitentitel und auf der rechten Seite einen kleinen Optionenbereich anzeigt. So können Sie sich beispielsweise auf das Studieren der Seiteninhalte konzentrieren. Möchten Sie zu einer anderen Seite oder gar einem anderen Notizbuch wechseln, dann klicken Sie den Listenpfeil des Optionenbereichs. Im aufklappenden Menü finden Sie alle Notizbücher, die Abschnitte des gegenwärtig geöffneten Notizbuches und die Seiten des aktuellen Abschnitts angezeigt und können mit einem einfachen Klick dorthin wechseln.

Abb. 2.71: Die Optionen der Ganzseitenansicht

Möchten Sie wieder zur ursprünglichen Ansicht zurückkehren, dann klicken Sie wieder auf die Schaltfläche mit dem Doppelpfeil.

Seiten gestalten

Wenn Sie einmal eine Seite in der Ganzseitenansicht betrachten haben, dann ist Ihnen bestimmt aufgefallen, dass die Seite keine bestimmte Größe wie beispielsweise DIN A4 verwendet. Das ist zunächst auch nicht gewollt, denn Sie sollen sich ganz und gar auf die Erfassung Ihrer Notizen ohne die Begrenzung des Papierumfangs konzentrieren. Eine OneNote-Seite ist sozusagen unendlich lang.

Wenn Sie allerdings vorhaben, OneNote-Seiten auszudrucken, dann ist es natürlich sinnvoll, sich an gängige Seitenformate zu halten. In diesem Fall sollten Sie diese Einstellungen bereits zu Anfang vornehmen, damit später auch alle wesentlichen Information richtig ausgedruckt werden.

Das PAPIERFORMAT stellen Sie über den gleichnamigen Arbeitsbereich ein, den Sie nach Anklicken der Schaltfläche PAPIERFORMAT in der Gruppe SEITE EINRICHTEN der Registerkarte ANSICHT erhalten.

Möchten Sie beispielsweise Ihre Seiten auf DIN-A4-Papier ausdrucken, dann wählen Sie aus der Liste GRÖSSE dieses Format aus.

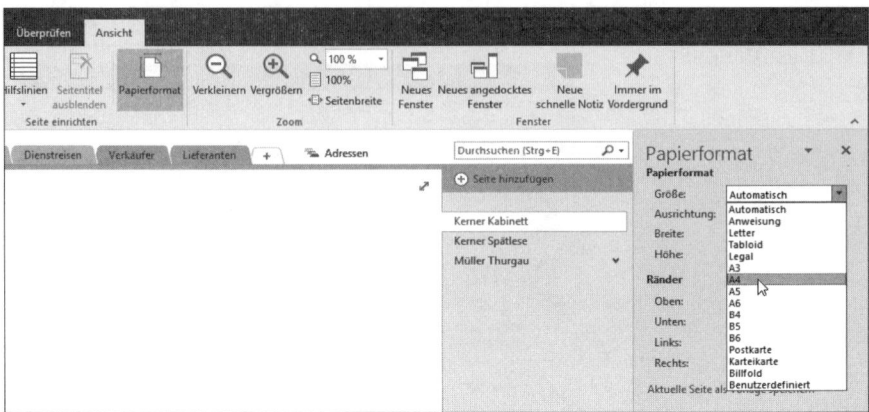

Abb. 2.72: Das Papierformat einstellen

Darüber hinaus können Sie auch die Ausrichtung einstellen, also ob Sie die Seite im Hochformat oder im Querformat wünschen. Und im Bereich Ränder können Sie einstellen, welchen Abstand vom Seitenrand die Informationen halten sollen.

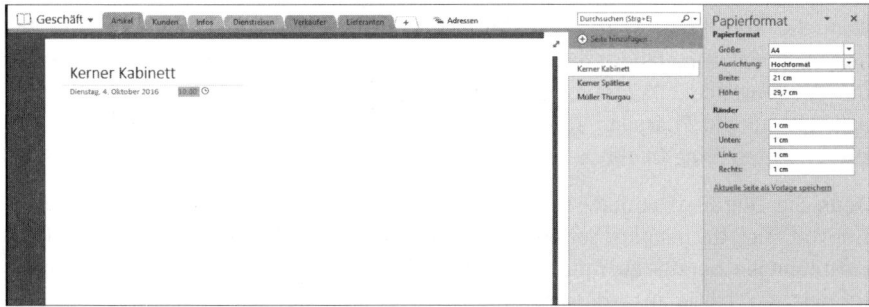

Abb. 2.73: Die Seite im Din-A4-Format

TIPP

Wie man diese Einstellungen automatisieren kann, finden Sie weiter unten im Abschnitt Seitenvorlagen.

Verwenden Sie ein Tablet und nehmen beispielsweise Ihre Aufzeichnungen handschriftlich mit einem Stift vor, ist es hilfreich, wenn Sie sich Hilfslinien anzeigen lassen.

Dazu klicken Sie auf den Listenpfeil der Schaltfläche HILFSLINIEN, die Sie in der Gruppe SEITE EINRICHTEN der Registerkarte ANSICHT finden, und wählen das gewünschte Aussehen aus. Hierbei können Sie zwischen reinen Hilfslinien und Gitternetzlinien auswählen.

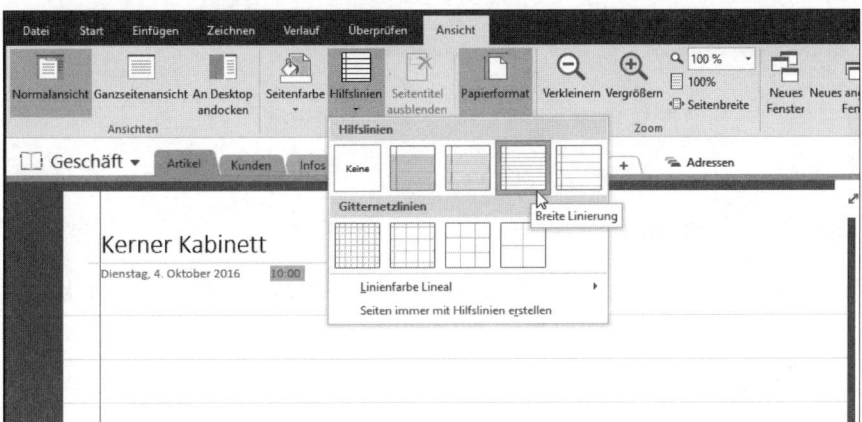

Abb. 2.74: Die Seite mit Hilfslinien versehen

Wird Ihnen die Hilfslinie nicht deutlich genug auf Ihrem Gerät angezeigt, kann es helfen, wenn Sie im Untermenü LINIENFARBE LINEAL eine andere Linienfarbe einstellen.

TIPP

Möchten Sie in Zukunft alle Seiten dieses Abschnitts mit Hilfslinien erstellt bekommen, wählen Sie den Menüpunkt SEITEN IMMER MIT HILFSLINIEN ERSTELLEN an.

Gleiches gilt für die SEITENFARBE. Diese können Sie über die Optionen der Schaltfläche SEITENFARBE ändern, indem Sie auf die gewünschte Farbe klicken.

Abb. 2.75: Die Seitenfarbe auswählen

Möchten Sie zu einem späteren Zeitpunkt die Farbe wieder entfernen, dann klicken Sie auf die Schaltfläche KEINE FARBE.

Unterseiten

Die Seiten lassen sich noch weiter unterteilen, nämlich in Unterseiten, die einklappbar sind und so das Scrollen bei vielen Informationen ersparen.

Oftmals wird es so sein, dass Sie bereits mehrere Seiten erstellt haben und dann feststellen, dass diese eigentlich unter ein Hauptthema gehören. In diesem Fall markieren Sie die Seiten nacheinander mit gedrückter ⌈Strg⌉-Taste (einen Block markieren Sie am besten mit zwei Klicks und gedrückter ⌈⇧⌉-Taste, um eine Von-Bis-Markierung zu erzeugen) und klicken dann mit der rechten Maustaste in die Markierung. Im folgenden Kontextmenü wählen Sie den Menüpunkt ALS UNTERSEITE VERWENDEN.

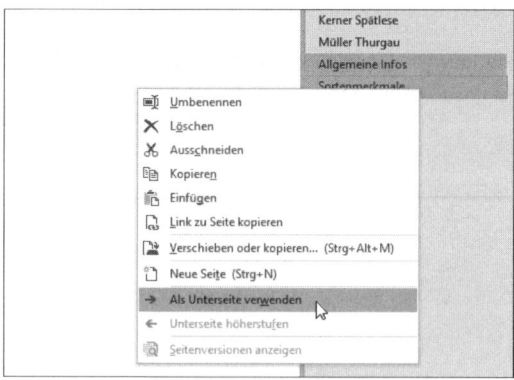

Abb. 2.76: Seiten als Unterseiten verwenden

Die so markierten Seiten werden daraufhin unter die davor stehende Seite eingerückt.

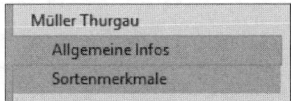

Abb. 2.77: Die neuen Unterseiten

Alternativ können Sie eine Seite aber auch schnell zu einer Unterseite machen, indem Sie sie mit dem Mauszeiger eine Ebene nach innen schieben. Zeigen Sie dazu mit dem Mauszeiger auf die betreffende Seite und ziehen Sie diese mit gedrückter Maustaste nach rechts; der Mauszeiger wandelt sich zu einem Doppelpfeil.

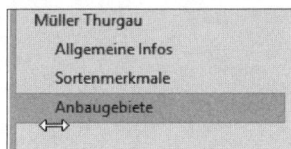

Abb. 2.78: Eine Unterseite per Drag&Drop erstellen

Wie Sie vielleicht bemerkt haben, können Sie die Seite noch weiter einziehen, denn es stehen Ihnen drei Ebenen zur Verfügung.

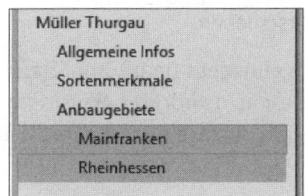

Abb. 2.79: Drei Ebenen stehen zur Verfügung.

Einer der entscheiden Vorteile der so angeordneten Seiten ist, dass Sie die Unterseiten einklappen lassen können und so rasch einen Überblick über Ihre Struktur erhalten.

Dazu müssen Sie lediglich den Mauszeiger auf den Seitentitel der übergeordneten Seite bewegen. Daraufhin erscheint auf der rechten Seite eine kleine Schaltfläche mit einem nach oben zeigenden Pfeil.

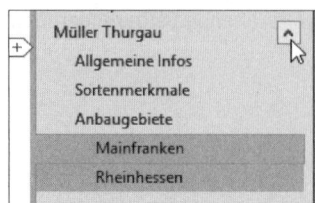

Abb. 2.80: Der Pfeil zum Einklappen

Klicken Sie auf diese Schaltfläche, werden die Unterseiten eingeklappt und optisch gestaffelt dargestellt.

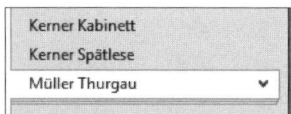

Abb. 2.81: Die Unterseiten sind eingeklappt

Möchten Sie die Seiten wieder zum Vorschein bringen, genügt ein Klick auf den nun nach unten weisenden Pfeil der Schaltfläche.

Seiten verschieben

Sicherlich wird es vorkommen, dass Sie eine schon erstellte Seite an eine andere Stelle platzieren wollen. Dann müssen Sie sie einfach verschieben.

Innerhalb eines Abschnitts geht das am schnellsten durch einfaches Drag&Drop. Dazu zeigen Sie auf die entsprechende Seite und ziehen diese mit gedrückter Maustaste an die neue vorgesehene Stelle. Diese Position wird Ihnen durch eine waagerechte Linie angezeigt.

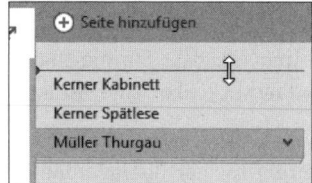

Abb. 2.82: Eine Seite per Drag&Drop verschieben

Dort angekommen lassen Sie einfach die Maustaste los und die Seite wird an diese Stelle platziert. Eingeklappte Seiten werden in diesem Fall gleich mit verschoben.

Möchten Sie eine Seite in einen anderen Abschnitt verschieben, etwa, weil Sie sie falsch eingeordnet haben, dann können Sie auf ähnliche Weise vorgehen. In diesem Fall ziehen Sie nach dem Anklicken der betreffenden Seite diese mit gedrückter Maustaste auf das gewünschte Register.

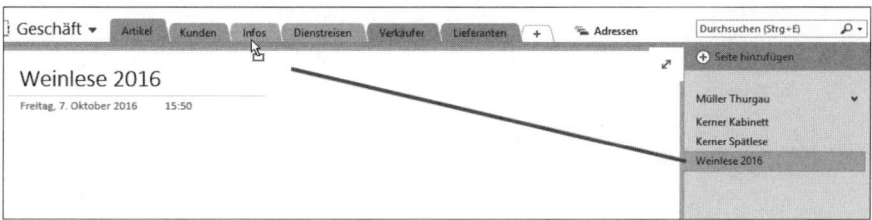

Abb. 2.83: Die Seite auf das gewünschte Register ziehen

Soll die Seite gar in ein anderes Notizbuch befördert werden, dann klicken Sie mit der rechten Maustaste auf das Seitenregister der Seite und wählen im Kontextmenü den Eintrag VERSCHIEBEN ODER KOPIEREN.

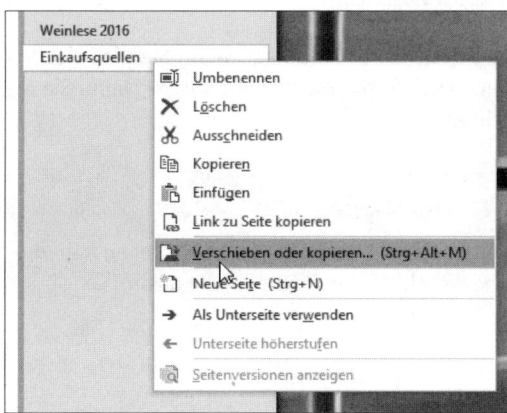

Abb. 2.84: Eine Seite über das Kontextmenü verschieben oder kopieren

Sie erhalten das Dialogfenster SEITEN VERSCHIEBEN ODER KOPIEREN, in dem Sie das entsprechende Notizbuch und sogar den gewünschten Abschnitt auswählen können.

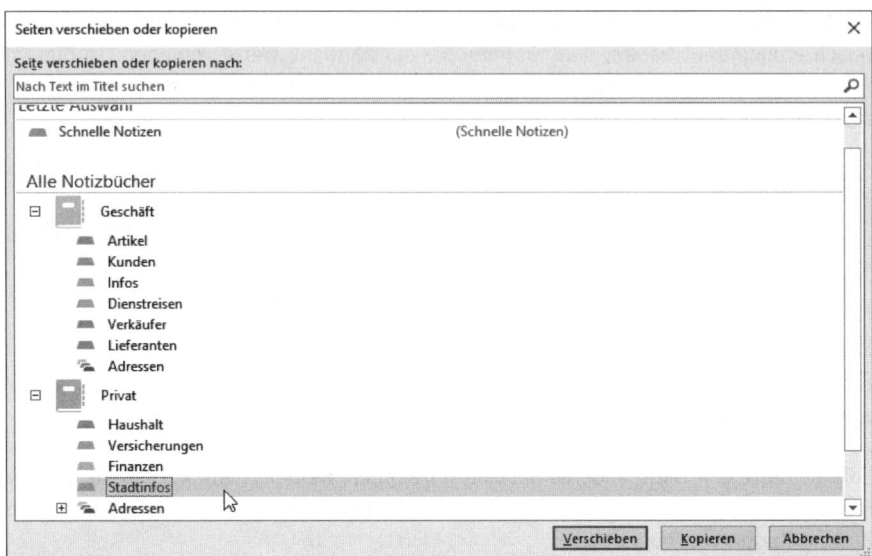

Abb. 2.85: Eine Seite in ein anderes Notizbuch verschieben

Anschließend klicken Sie noch auf die Schaltfläche VERSCHIEBEN, wenn Sie die Seite nur an einer Stelle haben möchten. Auf die Schaltfläche KOPIEREN klicken Sie, wenn Sie die Seite an beiden Stellen erhalten möchten.

TIPP

Wenn Sie Ihr Notizbuch umordnen und dabei einige Seiten zu verschieben haben, ist es gewiss hilfreich, diese Aktionen mithilfe der Tastenkombination ⌈Strg⌉ + ⌈Alt⌉ + ⌈M⌉ durchzuführen.

Seiten löschen

Gewiss werden Sie die eine oder andere Seite nicht mehr benötigen und löschen wollen. In diesem Fall klicken Sie mit der rechten Maustaste auf diese Seite und wählen den Kontextmenüpunkt LÖSCHEN an.

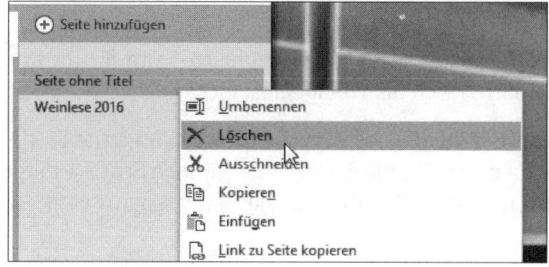

Abb. 2.86: Eine Seite löschen

Gelöschte Seiten werden – wie gelöschte Abschnitte – im *Notizbuch-Papierkorb* abgelegt. Enthält die Seite Unterseiten, dann erhalten Sie einen entsprechenden Warnhinweis.

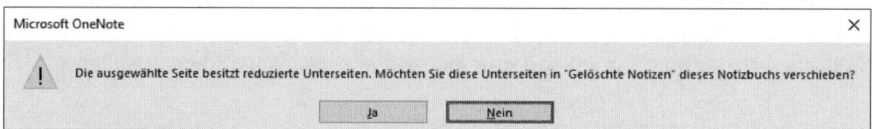

Abb. 2.87: Wollen Sie auch die Unterseiten in den Papierkorb befördern?

HINWEIS

Seiten lassen sich wie Abschnitte innerhalb von 60 Tagen aus dem Papierkorb wiederherstellen.

Seitenvorlagen

Wie Sie gesehen haben, können Sie die Seiten nach Ihren Wünschen gestalten. Allerdings verspüren Sie vermutlich keine große Lust, das bei jeder neuen Seite zu machen. Ein altes Office-Prinzip ist, dass man Elemente, die immer wieder gebraucht werden, nur einmal erzeugt und dann bei Bedarf immer wieder darauf zurückgreift. Solche Vorlagen sind eine Art Muster für eine neue Seite und enthalten deren Einstellungen und Gestaltungen. OneNote stellt Ihnen zahlreiche Vorlagen zur Verfügung, mit denen Sie schnell Seiten mit einem einheitlichen Gestaltungsbild erstellen können; bietet Ihnen aber auf der anderen Seite auch die Möglichkeit, eigene Vorlagen zu stellen oder Vorgaben abzuwandeln. Was liegt da näher, als eine Seitenvorlage zu erstellen?

Eigene Vorlagen erstellen

Haben Sie beispielsweise – wie weiter oben gezeigt – eine Din-A4-Seite für Ihr Notizbuch erstellt, dann können Sie diese rasch als Vorlage abspeichern.

Den dazu benötigten Link finden Sie am Ende des Aufgabenbereichs PAPIERFORMAT (in den Sie durch Anklicken der gleichnamigen Schaltfläche in der Gruppe SEITE EINRICHTEN der Registerkarte ANSICHT gelangen). Klicken Sie also auf den Link AKTUELLE SEITE ALS VORLAGE SPEICHERN.

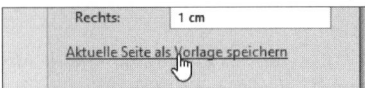

Abb. 2.88: Die erstellte Seite als Vorlage speichern

Im folgenden Dialogfenster ALS VORLAGE SPEICHERN tragen Sie den gewünschten Namen in das Feld VORLAGENNAME ein und aktivieren gegebenenfalls das Kontrollkästchen ALS STANDARDVORLAGE FÜR NEUE SEITEN IM AKTUELLEN ABSCHNITT FESTLEGEN, wenn Sie das wollen.

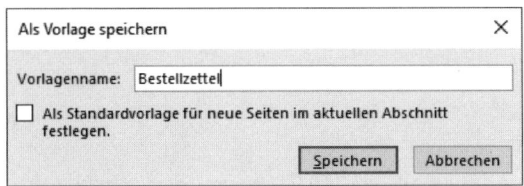

Abb. 2.89: Einen Namen für die Vorlage eingeben

Was das Arbeiten mit Vorlagen in OneNote so praktisch macht, ist die Tatsache, dass Sie für jeden OneNote-Abschnitt eine Seitenvorlage als Standard festlegen können. So können Sie gleich nach dem Erstellen Ihrer persönlichen Vorlage diese als Standardvorlage für den aktuellen Abschnitt definieren. Dazu müssen Sie lediglich das Kontrollkästchen ALS STANDARDVORLAGE FÜR NEUE SEITEN IM AKTUELLEN ABSCHNITT FESTLEGEN aktivieren.

> **TIPP**
>
> Möchten Sie später eine andere (etwa eine integrierte) Vorlage zum Standard machen, müssen Sie im Aufgabenbereich VORLAGEN aus dem Listenfeld IMMER EINE BESTIMMTE VORLAGE VERWENDEN im unteren Teil den Eintrag für die gewünschte Vorlage auswählen.

Mit einem Klick auf Speichern legen Sie die Vorlage an. Diese befindet sich anschließend im Aufgabenbereich Vorlagen unter Meine Vorlagen. Dieser Aufgabenbereich ist zugleich die zweite Schnittstelle zum Erstellen einer Vorlage, denn auch dort befindet sich am Ende der Link Aktuelle Seite als Vorlage speichern.

Standardvorlagen

Scheuen Sie zunächst die Arbeit für eine eigene Seitenvorlage, dann können Sie auf eine große Anzahl an Standardvorlagen für alle Zwecke zugreifen. Wenn Sie gedenken, eine eigene Vorlage zu erstellen, so ist es auch oft eine gute Idee, zunächst die vorhandenen Vorlagen zu durchstöbern, ob es nicht vielleicht eine passende Vorlage gibt.

Um in den benötigten Aufgabenbereich Vorlagen zu wechseln, klicken Sie auf der Registerkarte Einfügen in der Gruppe Seiten auf die Schaltfläche Seitenvorlage und wählen den Menüpunkt Seitenvorlagen an.

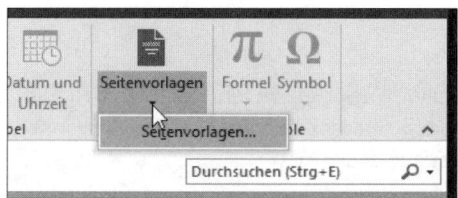

Abb. 2.90: In den Aufgabenbereich Vorlagen wechseln

Im oberen Teil des Aufgabenfelds finden Sie den Bereich Seite hinzufügen, der die Schaltflächen für die entsprechenden Vorlagen enthält. Ganz oben finden Sie den erwähnten Bereich Meine Vorlagen, der die von Ihnen erstellte(n) Vorlage(n) enthält. Um diese einzusehen, müssen Sie gegebenenfalls auf den kleinen nach unten weisenden Pfeil am rechten Rand klicken.

Anschließend klicken Sie auf den Namen der gewünschten Vorlage und OneNote erstellt Ihnen sofort eine entsprechende Seite.

Abb. 2.91: Der Aufgabenbereich VORLAGEN mit den einzelnen Vorlagen

Die Vorlage wird als neue Seite in den aktuellen Abschnitt eingefügt und kann sofort eingesetzt werden.

TIPP

Möchten Sie eine bestimmte Vorlage immer wieder einsetzen, dann können Sie über den Bereich IMMER EINE BESTIMMTE VORLAGE VERWENDEN des Aufgabenbereichs VORLA-GEN in dem Listenfeld die gewünschte Vorlage auswählen.

Vorlagen anpassen

Wählen Sie eine der bereits vorhandenen Vorlagen aus, dann können Sie diese mit wenig Aufwand an Ihre Bedürfnisse anpassen.

Abb. 2.92: Die mitgelieferte Vorlage INFORMELLE SITZUNGSNOTIZEN

Wie Sie sehen, befinden sich die Texte und sonstigen Elemente in einzelnen Containern, die Sie beliebig anpassen können. Diese Vorgehensweise, wie man solche Elemente einfügt und verändert, werden Sie im folgenden Kapitel kennenlernen. An dieser Stelle soll jedoch noch das grundlegende Aussehen geändert werden, denn die meisten Vorgabevorlagen sind mit einer – mehr oder weniger aufwändigen – Hintergrundgrafik ausgestattet.

Möchten Sie diese entfernen, dann klicken Sie mit der rechten Maustaste in die Vorlage und wählen den Kontextmenüpunkt BILD ALS HINTERGRUND FESTLEGEN an.

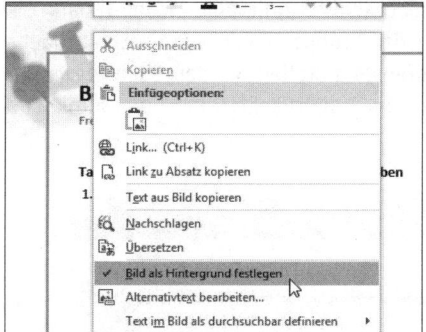

Abb. 2.93: Den Hintergrund aktivieren

Danach können Sie die Hintergrundgrafik verschieben oder über die kleinen quadratischen Anfasser in der Größe anpassen.

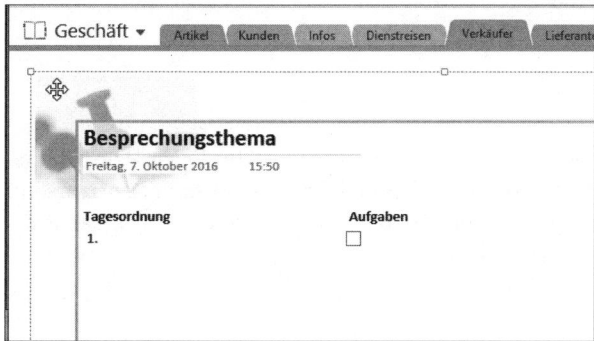

Abb. 2.94: Die Hintergrundgrafik verschieben (und anpassen)

Möchten Sie sie löschen, dann betätigen Sie einfach die Taste ⌷Entf⌷.

> **TIPP**
>
> Möchten Sie die vorhandene Hintergrundgrafik anpassen, dann schneiden Sie diese am besten mit `Strg` + `X` aus, fügen sie anschließend mit `Strg` + `V` in Ihre Bildbearbeitungssoftware ein und nehmen dort die gewünschten Änderungen vor. Anschließend fügen Sie sie wie im Folgenden gezeigt als Datei wieder ein.

Möchten Sie eine eigene Hintergrundgrafik, etwa ein Logo, einfügen und platzieren, dann gehen Sie wie folgt vor: Fügen Sie zunächst die Grafik ein, indem Sie auf die Registerkarte EINFÜGEN wechseln und dort in der Gruppe BILDER auf die Schaltfläche BILDER klicken. Mithilfe des folgenden Dialogfensters stellen Sie den Speicherort des Logos ein und bestätigen mit einem Klick auf die Schaltfläche ÖFFNEN. Die Grafik wird sofort eingefügt.

Abb. 2.95: Das eingefügte Logo

Klicken Sie nun auf die Grafik und ziehen Sie sie mit gedrückter linker Maustaste an die vorgesehene Stelle. Dort angekommen, klicken Sie mit der rechten Maustaste auf die Grafik und wählen den Kontextmenüpunkt BILD ALS HINTERGRUND FESTLEGEN, damit die Grafik nicht mehr verschoben werden kann.

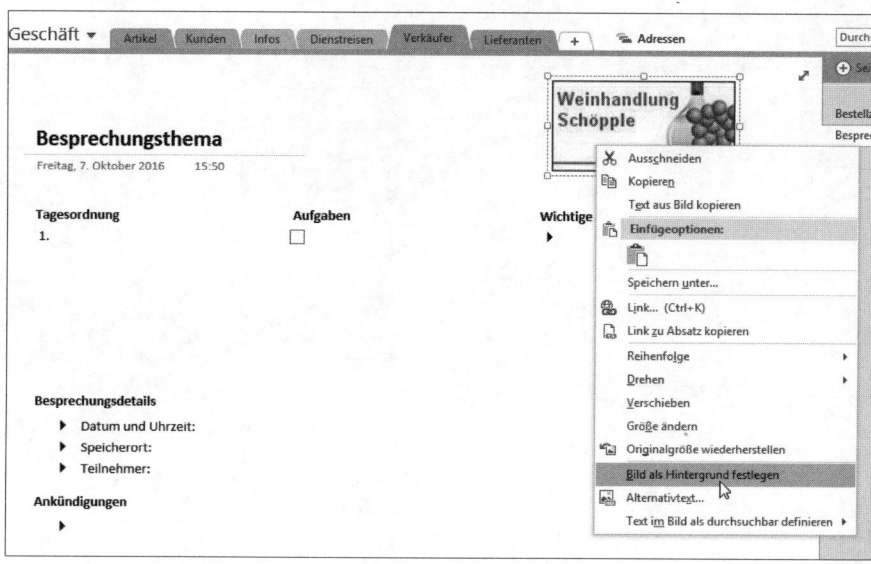

Abb. 2.96: Das Logo als Hintergrundgrafik festlegen

Kapitel 3

Inhalte erfassen

Nachdem die Grundstruktur Ihres Notizbuchs steht, können Sie sich an das Erfassen der Inhalte machen. Diese können aus verschiedenen Quellen gespeist und auf vielfältige Art und Weise erfasst werden.

3.1 Texte

Texte werden gewiss eine große Rolle bei der Erfassung von Informationen spielen. Wie Sie feststellen werden, verhalten sich OneNote-Seiten in einem äußerst wichtigen Punkt anders als beispielsweise ein Word-Dokument. In Word können Sie einen Text nur dann erstellen, wenn Sie einen Absatz oder eine Tabelle angelegt haben. In OneNote dagegen können Sie ganz einfach an eine beliebige Stelle klicken und den Text direkt eingeben. OneNote verhält sich somit wie ein ganz normales Blatt Papier, bei dem Sie sich auch keinen Gedanken über die Stelle machen, an der Sie schreiben wollen. Darüber hinaus können Sie die Texte anschließend sogar problemlos an eine völlig andere Stelle ziehen.

Texte eingeben und korrigieren

Um Text auf eine Seite einzugeben, klicken Sie mit der Maus ganz einfach auf einer Seite an die gewünschte Stelle und schreiben los. Dabei gelten keine Besonderheiten. So gestalten Sie beispielsweise Umbrüche wie gewohnt durch Betätigen der ⏎-Taste.

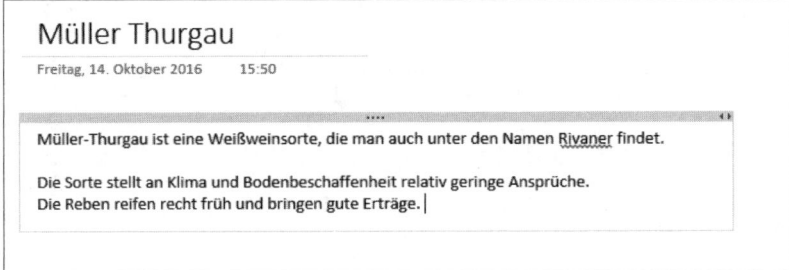

Abb. 3.1: Einfach drauflos schreiben

Rechtschreibung

Wie Sie bemerken, wird in obiger Abbildung das Wort *Rivaner* mit einer roten Wellenlinie unterstrichen dargestellt. Das liegt an der automatischen Rechtschreibprüfung, die Wörter, die sie für fehlerhaft geschrieben erachtet, entsprechende kennzeichnet.

Möchten Sie einen entdeckten Fehler korrigieren, klicken Sie einfach mit der rechten Maustaste in das Wort. Wenn Sie Glück haben, finden Sie im oberen Teil der folgenden Kontextmenüs das richtig geschriebene Wort in gefetteter Darstellung und Sie können es einfach als Korrektur auswählen. Ist sich OneNote unsicher, dann erhalten Sie einige Vorschläge, was nach Ansicht des Programms die richtige Schreibweise sein könnte.

Ist das Wort richtig geschrieben, dem Programm aber nicht bekannt, dann können Sie es durch Anklicken der Option Hinzufügen zum Wörterbuch in den Bestand aufnehmen. Das dürfte insbesondere bei Fachbegriffen und Eigennamen der Fall sein.

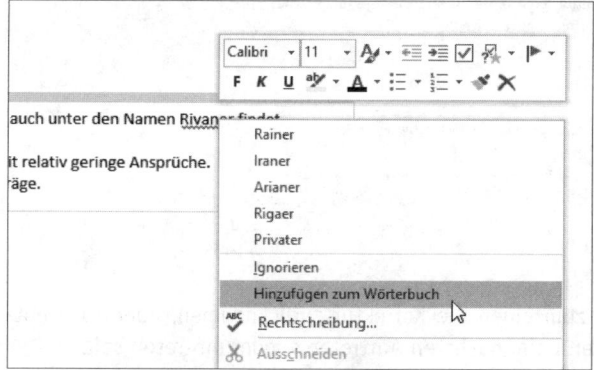

Abb. 3.2: Ein unbekanntes Wort aufnehmen

TIPP

Wünschen Sie keine Überprüfung der Rechtschreibung, dann können Sie diese in den Optionen deaktivieren. Wechseln Sie dort in die Kategorie Dokumentprüfung und deaktivieren Sie im Bereich Bei der Rechtschreibkorrektur in OneNote das Kontrollkästchen Rechtschreibung während der Eingabe überprüfen.

AutoKorrektur

OneNote verfügt über die gleiche AutoKorrektur-Funktion wie alle anderen Office-Programme. Dadurch werden bestimmte Formatierungsfehler oder sonstige Fehler erkannt oder Sie können die Eingabe flotter gestalten, indem Sie beispielsweise whs statt Weinhandlung Schöpple eingeben.

Normalerweise wird nach einem Punkt und am Anfang eines Satzes der erste Buchstabe groß geschrieben. Vielschreiber kennen das: Haben Sie beim Schreiben nicht schnell genug die ⎡⬦⎤-Taste betätigt, dann befindet sich dort nur ein kleiner Buchstabe. OneNote bemerkt dies und korrigiert die fehlerhafte Eingabe sofort. Allerdings entspricht dieses Handeln nicht immer Ihren Wünschen und vielleicht möchten Sie diese Korrektur rückgängig machen.

Das können Sie zum einen durch unmittelbares Betätigen von ⎡Strg⎤ + ⎡Z⎤ und zum anderen durch Anklicken des erscheinenden SmartTags und Auswahl einer seiner Vorgabeoptionen erreichen.

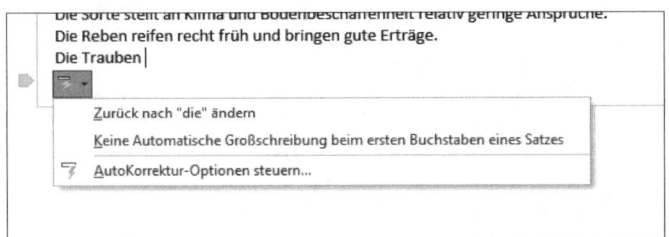

Abb. 3.3: AutoKorrektur

Im letzten Fall können Sie zum einen die Korrektur zurücknehmen, aber auch entscheiden, ob dieses Verhalten beim nächsten Auftreten wieder eintreten soll.

Alternativ können Sie aber auch den Menüpunkt AUTOKORREKTUR-OPTIONEN STEUERN wählen, um in das Dialogfenster AUTOKORREKTUR zu gelangen.

In diesem Fenster können Sie über die Kontrollkästchen entsprechenden Einfluss nehmen, aber auch zugleich eigene Abkürzungen definieren, die dann beim Schreiben automatisch korrigiert werden. In unserem Beispiel tragen Sie also whs in das Feld ERSETZEN ein, betätigen die ⎡↹⎤-Taste und tragen die volle Schreibweise in das Feld DURCH ein.

> **TIPP**
>
> Einstellungen, die Sie in anderen Office-Programmen vorgenommen haben, können Sie auch in OneNote einsetzen. Haben Sie beispielsweise in Word mfg mit Mit freundlichen Grüßen definiert, dann können Sie diesen Textbaustein auch hier einsetzen.

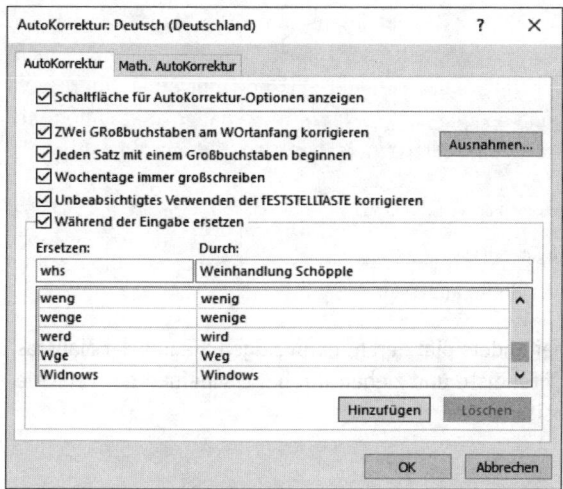

Abb. 3.4: Die AutoKorrektur-Optionen

Mit einem Klick auf die Schaltfläche Hɪɴᴢᴜғüɢᴇɴ müssen Sie den neuen Eintrag noch in die Liste aufnehmen, damit die Ersetzung in Zukunft automatisch ausgeführt wird. Ein weiterer Klick auf OK bestätigt dann Ihre gesamten Einstellungen.

Textcontainer anpassen und entfernen

Texte werden in OneNote in Textcontainer platziert. Das hat einige Vorteile, da Sie diese nach Ihren Vorstellungen anpassen können.

Wie Sie schon gesehen haben, wird beim Schreiben der Textcontainer immer automatisch erweitert, so dass Sie eigentlich unendlich weiter schreiben könnten. Das wird natürlich nicht sehr praktisch sein. Möchten Sie an einer bestimmten Stelle umbrechen, dann betätigen Sie natürlich – wie gesehen – einfach die ⏎-Taste.

Die Breite eines Containers selbst können Sie über die beiden Ziehpfeile am rechten Rand anpassen. Zeigen Sie mit der Maus darauf und nachdem sich der Mauszeiger in einen Doppelpfeil verwandelt hat, ziehen Sie mit gedrückter Maustaste in die gewünschte Richtung.

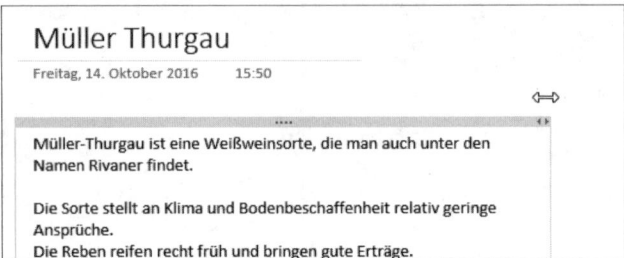

Abb. 3.5: Einen Textcontainer in der Breite anpassen

Möchten Sie einen Textcontainer anders platzieren, dann zeigen Sie mit der Maustaste auf die vier Punkte auf der Titelleiste und ziehen ihn bei Erscheinen der Verschiebepfeile an die gewünschte Position.

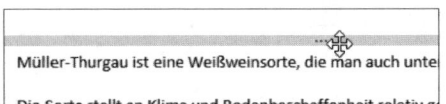

Abb. 3.6: Einen Textcontainer verschieben

Wie Sie bemerken, rastet der Container dabei an einem unsichtbaren Raster ein. Auf diese Weise ist es möglich, zwei Container direkt auf gleicher Höhe nebeneinander zu platzieren. Möchten Sie das nicht und wollen den Container frei bewegen, halten Sie beim Ziehen die ⎡Alt⎤-Taste gedrückt.

Möchten Sie sich von einem Textcontainer trennen, dann betätigen Sie einfach die ⎡Entf⎤-Taste oder rufen über das Kontextmenü den Menüpunkt LÖSCHEN auf. Der Container wird sofort – ohne weitere Rückmeldung – gelöscht.

TIPP

Ein unbeabsichtiges Löschen können Sie sofort durch Betätigen von ⎡Strg⎤ + ⎡Z⎤ rückgängig machen. Beachten Sie, dass gelöschte Container nicht in den Notizbuch-Papierkorb wandern, sondern wirklich entfernt werden.

Texte gliedern

Texte werden übersichtlicher, wenn sie gegliedert werden. Dazu bietet Ihnen OneNote einige Optionen an, die Sie im Folgenden näher kennenlernen werden.

Texte zusammenfassen

Haben Sie beispielsweise Texte in zwei Containern erfasst und möchten diese nun zusammenfassen, dann ist das kein großes Problem.

Zeigen Sie mit dem Mauszeiger auf die vier Punkte der Titelleiste des ersten Containers und verschieben Sie ihn auf den anderen.

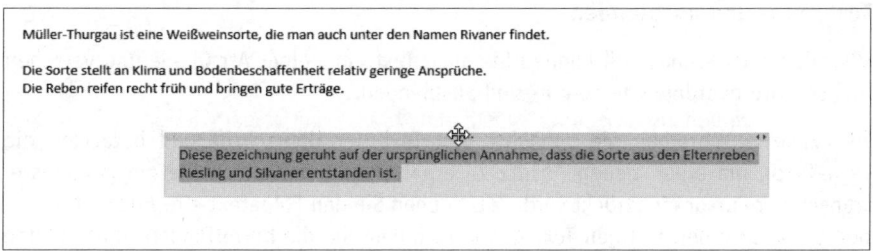

Abb. 3.7: Zwei Textcontainer zu ...

Um ihn nun innerhalb des anderen Textcontainers zu platzieren, müssen Sie die ⌂ - Taste betätigen, worauf er sich innerhalb des anderen befindet und mit dem gewöhnlichen Mauszeiger an die gewünschte Stelle geschoben werden kann.

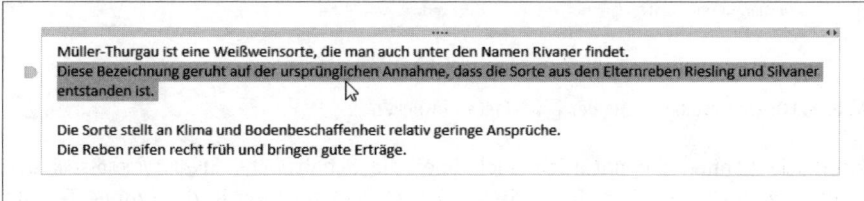

Abb. 3.8: ... einem zusammenfassen

Möchten Sie die Reihenfolge der Texte ändern, dann spielt der kleine nach innen weisende Pfeil (der so genannte *Markierungspfeil*) vor dem jeweils markierten Absatz eine entscheidende Rolle.

Zeigen Sie mit dem Mauszeiger auf dieses Symbol. Wenn der Mauszeiger die Form der Verschiebepfeile annimmt, ziehen Sie mit gedrückter Maustaste den Absatz an die neue Position.

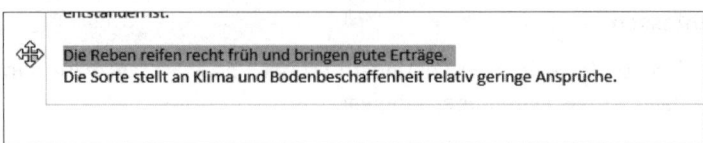

Abb. 3.9: Die Reihenfolge von Absätzen ändern

Texte ein- und ausblenden

Über den Markierungspfeil können Sie auch Texte mit einer Art Gliederung versehen und so untergeordnete Texte ein- und ausblenden.

Idealerweise schreiben Sie zunächst den Text der Überschrift und betätigen die ⏎-Taste, um einen neuen Absatz zu erhalten. Dann drücken Sie die ⇥-Taste, wonach der Cursor eingerückt wird. Jetzt geben Sie den Folgetext ein. Alternativ können Sie auch einen fertigen Text gliedern, indem Sie die betreffenden Unterabsätze markieren und dann die ⇥-Taste betätigen.

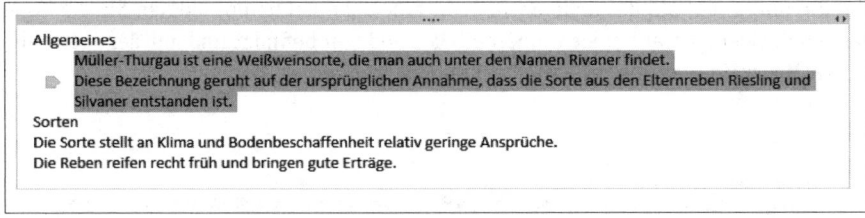

Abb. 3.10: Unterabsätze mit der ⇥-Taste einrücken

Alternativ können Sie natürlich auch über die Schaltfläche EINZUG VERGRÖSSERN den markierten Text einrücken. Diese finden Sie im Register START in der Gruppe TEXT. In der QuickInfo finden Sie auch die Tastenkombination Alt + ⇧ + → für den schnellen Einsatz, wenn Sie dieses Feature öfters einsetzen.

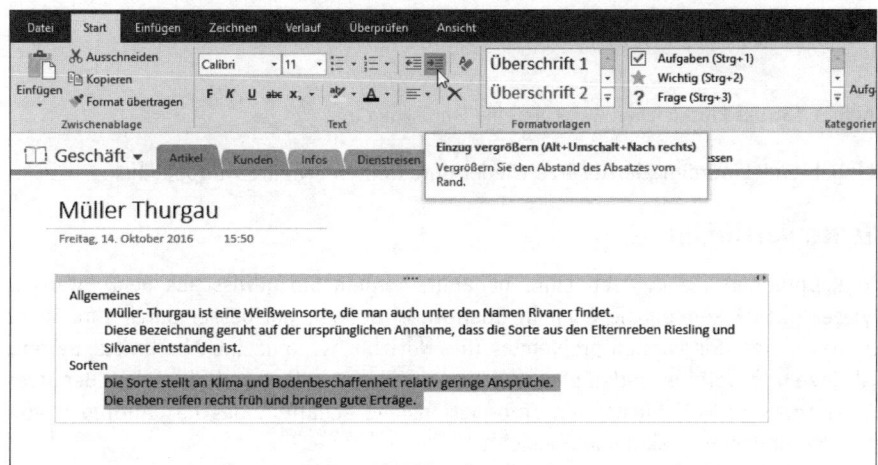

Abb. 3.11: Alternativ über die Schaltfläche einrücken

Haben Sie die Unterteilung entsprechend vorgenommen, können Sie nun das Ausblenden vornehmen. Dazu klicken Sie einfach doppelt auf den Markierungspfeil vor dem Absatz.

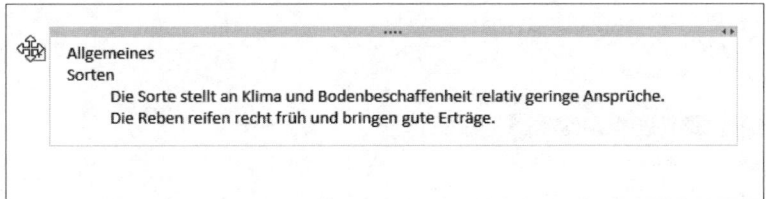

Abb. 3.12: Einen Absatz ausblenden

Dieser wird sofort ausgeblendet und mit einem Pluszeichen versehen, das Ihnen zeigt, dass sich unterhalb des Absatzes weitere Informationen verbergen.

Sie können auch weitere Einrückungen vornehmen, die Sie dann jeweils ausblenden können. Das Pluszeichen vor dem Absatz weist dann immer auf eine noch vorhandene Einrückung hin.

Abb. 3.13: Das Plus-Zeichen weist auf eine Einrückung hin.

Eingeblendet werden die Absätze wieder durch einen erneuten Doppelklick.

Texte verlinken

Verknüpfungen, neudeutsch Links genannt, kennen Sie gewiss aus dem Internet. Diese Technik können Sie auch in OneNote einsetzen, um besser durch Ihre Texte zu navigieren. Sie können problemlos Ihre Notizbücher, einzelne Abschnitte, Seiten, Absätze und weiteres verknüpfen und sich so für sich selbst und für andere Benutzer Ihrer OneNote-Notizbücher ein Informationsnetz schaffen, das das Auffinden von Informationen zum Kinderspiel macht.

Um beispielsweise innerhalb eines Textes eine Verlinkung zu einem Abschnitt zu erstellen, klicken Sie mit der rechten Maustaste auf diesen Abschnitt. Im Kontextmenü finden Sie den Eintrag LINK ZU ABSCHNITT KOPIEREN, den Sie auswählen.

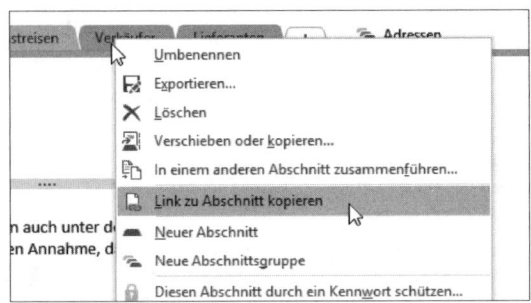

Abb. 3.14: Den Link zu einem Abschnitt in die Zwischenablage kopieren

Wechseln Sie dann zu der Stelle, an der der Link erscheinen soll, und fügen Sie ihn durch Betätigen von Strg + V dort ein.

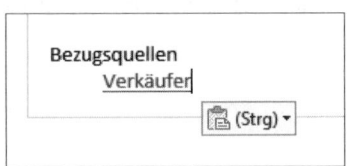

Abb. 3.15: Der eingefügte Link zu dem entsprechenden Abschnitt

TIPP

Mithilfe dieser Technik können Sie beispielsweise wunderbar ein Inhaltsverzeichnis für Ihre Notizbücher anlegen. Dazu können Sie etwa einen Abschnitt ÜBERSICHT erstellen und auf der ersten Seite die Links für die anzuspringenden Stellen ein fügen.

Wenn Sie anschließend einen Klick auf diesen Link ausführen, werden Sie direkt zu dem entsprechenden Abschnitt geleitet.

Eine solche Verlinkung können Sie auch direkt im Text erstellen. In diesem Fall tippen Sie den Namen einer Seite, eines Abschnitts oder Notizbuchs in doppelten, eckigen Klammern ein.

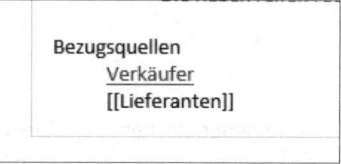

Abb. 3.16: Die Vorbereitung für die Verlinkung auf einen Abschnitt

Sobald Sie die [Leer]- oder [↵]-Taste betätigen, wird Ihr Text automatisch in eine Verknüpfung umgewandelt.

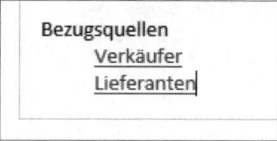

Abb. 3.17: Und schon steht die Verlinkung.

Wird der eingegebene Name nicht erkannt, erstellt OneNote eine neue Seite mit diesem Namen im aktiven Abschnitt.

In Texten rechnen

Innerhalb von Texten können Sie auch Berechnungen durchführen. Das ist mitunter ganz praktisch, weil Sie nicht zum Windows-Rechner oder gar zum Taschenrechner greifen müssen. Möchten Sie beispielsweise wissen, wieviel 5 mal 7 ist, dann geben Sie einfach in den Textcontainer 5*7 gefolgt von einem Gleichheitszeichen ein.

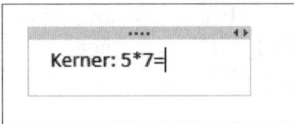

Abb. 3.18: Eine Berechnung innerhalb eines Textcontainers durchführen

Nachdem Sie die [Leer]-Taste betätigt haben, zeigt Ihnen OneNote das Ergebnis.

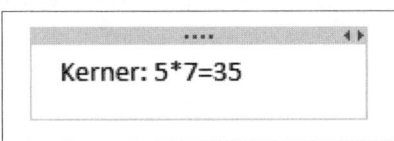

Abb. 3.19: Das Ergebnis nach Betätigen der Leertaste

Sie können alle Grundrechenarten verwenden, also u. a. folgende Rechenoperationen durchführen:

Funktion	Operation	Eingabe	Ergebnis
Addition	5+7	5+7=	5+7=12
Subtraktion	5-7	5-7=	5-7=-2
Multiplikation	5*7	5*7=	5*7=35
Division	5/7	5/7=	5/7=0,7143
Prozent	35+10%	35+10%=	35+10%=35,1
Potenzierung	5^7	5^7=	5^7=78.125

Darüber hinaus unterstützt OneNote folgende arithmetische Operatoren, die Sie vielleicht aus Excel kennen:

Funktion	Bedeutung	Eingabe	Ergebnis
ABS	Absolutwert einer Zahl	ABS(-7)=	ABS(-7)=7
REST	Rest einer Division	(5)Rest(7)=	(5)Rest(7)=5
WURZEL	Quadratwurzel einer Zahl	WURZEL(7)=	WURZEL(7)=2,645751311064591
RMZ	Darlehensrückzahlungen	RMZ(5%;7;20000)=	RMZ(5%;7;20000)=3456,39636 8923412

Anders als von Excel gewohnt, müssen Sie hier lediglich darauf achten, dass das Gleichheitszeichen der Formel folgt.

Texte formatieren

Das Gestalten von Text, also das Formatieren, spielt auch bei OneNote eine Rolle, denn dadurch lassen sich Texte besser lesbar machen. Ähnlich wie in Word können Sie auf einfache Standardformatierungen zurückgreifen oder die Formatierung mithilfe von (einfachen) Formatvorlagen vornehmen.

Standardformatierungen

Die Abläufe bei den Standardformatierungen funktionieren in OneNote wie in jeder Textverarbeitung. Ein großer Vorteil ist allerdings, dass Sie einen gesamten Textcontainer in einem Zug formatieren können und so zu einem einheitlichen Aussehen kommen. Dazu müssen Sie ihn lediglich komplett markieren, was durch einen Klick auf die vier Punkte in der Titelleiste geschieht. Dann wählen Sie die gewünschten Befehle aus der erscheinenden Minisymbolleiste aus oder klicken auf die entsprechenden Befehle der Gruppe TEXT in der Registerkarte START.

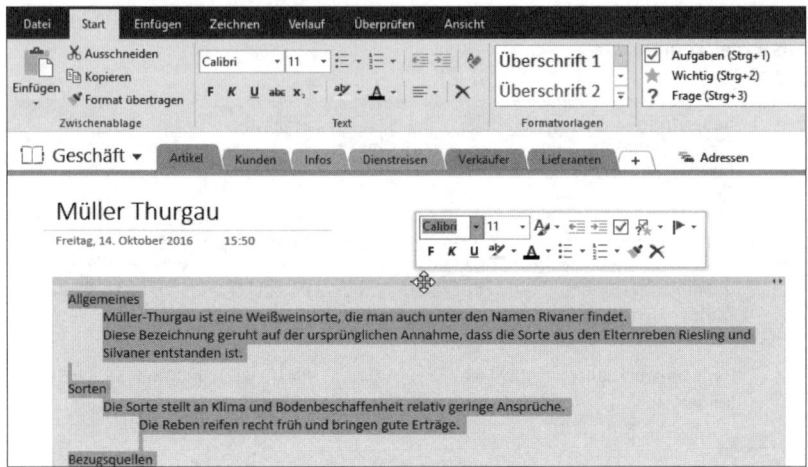

Abb. 3.20: Formatieren eines kompletten Textcontainers

Alle Elemente des Textcontainers erhalten nun die gewählte Formatierung.

Natürlich können Sie auch nur einzelne Bestandteile des Textes markieren und formatieren. Möchten Sie einen einzelnen Absatz bearbeiten, dann ist es hilfreich, wenn Sie in diesem Fall auf den kleinen nach rechts weisenden Pfeil vor dem Absatz klicken.

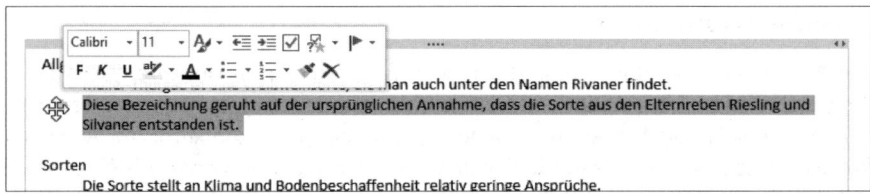

Abb. 3.21: Einen Absatz markieren und formatieren

Soll nur ein einzelnes Wort markiert werden, führen Sie einfach einen Doppelklick darauf aus und nehmen die Formatierung über eine der beiden gezeigten Varianten vor. Passagen können Sie zum einen mit der Maus überstreichen oder Sie verwenden die Tastenkombination ⌂ + →.

Sind die betreffenden Stellen markiert, können Sie über die Gruppe TEXT der Registerkarte START folgende Formatierungsaktionen vornehmen:

Formatierung	Schaltfläche	Tastenkombination
Schriftart	Calibri ▼ Weitere Schriften können Sie über das Listenfeld auswählen.	
Schriftgröße	11 ▼ Weitere Größen wählen Sie über die Liste aus oder durch direkte Eingabe der gewünschten Größe mit Bestätigung durch die ⏎ -Taste.	
Fett	F	Strg + ⇧ + F
Kursiv	K	Strg + ⇧ + K
Unterstrichen	U	Strg + ⇧ + U
Durchstreichen	abc	Strg + -
Tiefstellen	X₂ ▼ Hochstellen finden Sie im Listenfeld.	
Texthervorhebungsfarbe	aby ▼	Strg + Alt + H
Zeichenfarbe	A ▼ Im Listenfeld befindet sich eine Reihe an vorgegebenen Farben zum einfachen Auswählen.	

Formatierung	Schaltfläche	Tastenkombination
Aufzählungszeichen	Über das Listenfeld gelangen Sie an die AUFZÄHLUNGSZEICHENBIBLIOTHEK.	Strg + .
Nummerierung	Über das Listenfeld gelangen Sie an die NUMMERIERUNGSBIBLIOTHEK.	Strg + .
Einzug verkleinern / Einzug vergrößern		Alt + ⇧ + ← / Alt + ⇧ + →
Alle Formatierungen löschen		Strg + ⇧ + N

Aufgabenlisten

Nicht direkt in die Reihe der Formatierungsmöglichkeiten gehören die Aufgaben-listen. Sie kommen immer dann zum Einsatz, wenn Sie Checklisten oder ähnliches erstellen und erledigte Punkte auch dementsprechend kennzeichnen wollen.

Zum Erstellen eines Checkpunktes können Sie auf zweierlei Art vorgehen: Entweder Sie klicken als erstes auf die Schaltfläche Aufgabenkategorie, wonach ein Kontrollkäst-chen erscheint, und schreiben dann den Text. Oder Sie schreiben erst die Liste, plat-zieren danach den Cursor in den jeweiligen Aufzählungspunkt und klicken dann auf die Schaltfläche Aufgabenkategorie.

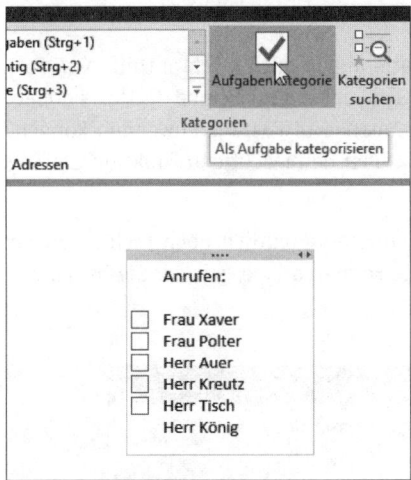

Abb. 3.22: Eine Checkliste anlegen

HINWEIS

Das Arbeiten mit den Kategorien – sowie deren eigentliche Bedeutung – wird im folgenden Kapitel näher erklärt.

Nun können Sie erledigte Punkte ganz einfach mit der Maus abhaken.

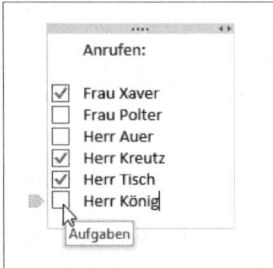

Abb. 3.23: Erledigte Punkte einfach abhaken

Formatvorlagen

Innerhalb von OneNote können Sie die Formatierungen auch rasch mithilfe von Formatvorlagen erledigen. Konkret handelt es sich dabei um fix und fertige Formatbündel, die Sie mit einem Mausklick auf eine markierte Passage anwenden können. Allerdings verfügen diese standardmäßig nicht über den mächtigen Funktionsumfang des Schwesterprogramms Word.

Eine Formatvorlage kennen Sie bereits, obwohl Sie vermutlich noch nichts von ihr wussten: die Formatvorlage NORMAL. Das ist die Formatvorlage, mit der Sie bisher automatisch jeden Absatz erstellt haben.

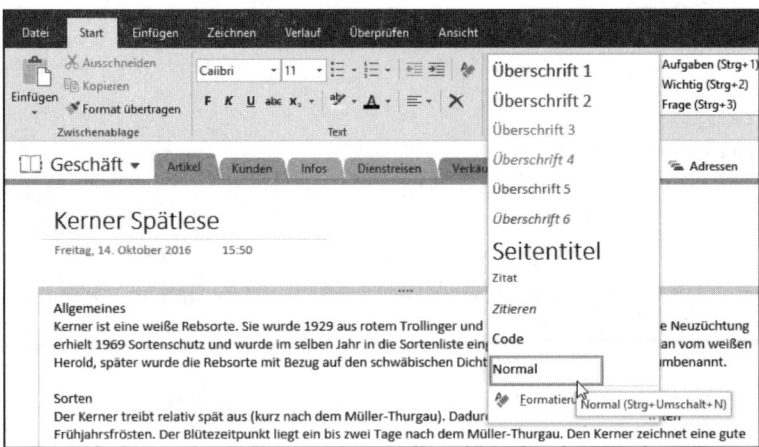

Abb. 3.24: Alle Absätze sind mit der Formatvorlage Normal versehen

Darüber hinaus stehen Ihnen nach Anklicken des Pfeils Weitere in dem Listenfeld For-matvorlagen in der gleichnamigen Gruppe noch weitere Formatvorlagen zur Verfügung. So finden Sie beispielsweise Formatvorlagen für sechs Überschriftenebenen bereit, mit denen Sie einen Text entsprechend gliedern können.

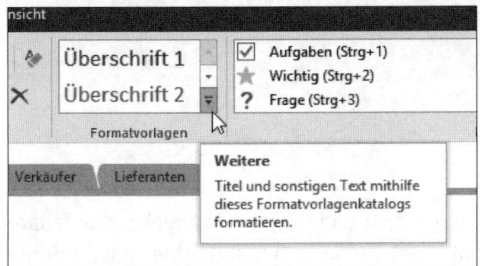

Abb. 3.25: So gelangt man an weitere Formatvorlagen.

Um eine solche Formatvorlage zu nutzen, können Sie auf zweierlei Weise vorgehen: Entweder Sie wählen vor dem Schreiben einer Überschrift schon die gewünschte Formatvorlage an und schreiben dann den Text, oder Sie wählen die Formatvorlage nachträglich an, indem Sie nach dem Markieren die entsprechende Formatvorlage anwählen.

Abb. 3.26: Eine Formatvorlage zuweisen

Möchten Sie gleich mehrere Absätze mit einer bestimmten Formatvorlage versehen, dann müssen diese zuvor markiert sein.

> **HINWEIS**
>
> Leider kann man Formatvorlagen in OneNote standardmäßig nicht anpassen. Mit dem Add-In *OneTastic*, welches Ihnen im letzten Kapitel vorgestellt wird, ist das mit den sogenannten Benutzervorlagen dagegen möglich. Unabhängig von dessen Einsatz sollten Sie allerdings die Formatvorlagen – ähnlich wie in Word – zum Gliedern Ihrer Texte nutzen.

3.2 Tabellen

Tabellen helfen Informationen perfekt zu gliedern und optisch ansprechend aufzubereiten. Wie auch in Word oder PowerPoint steht Ihnen in OneNote eine Tabellenfunktion zum Gliedern und Strukturieren Ihrer Texte zur Verfügung.

Tabellen erstellen

Die einfachste und oft effizienteste Art, Tabellen in eine OneNote-Seite einzufügen, ist das eigenhändige Erstellen bei der Texteingabe.

Beginnen Sie zunächst mit der Titelzeile Ihrer Tabelle und schreiben Sie den ersten Eintrag. Betätigen Sie anschließend die ⇥-Taste. Wie Sie sehen, erstellt OneNote aus Ihren Angaben eine Tabelle und fügt auch gleich die nächste Spalte ein.

Abb. 3.27: Eine Tabelle selbst erstellen

Geben Sie dem zweiten Eintrag ein und betätigen Sie dann wieder die [⇆]-Taste, um die dritte Spalte zu erstellen.

Herbstfest 2016
Samstag, 1. Oktober 2016 08:00
Firma
Unkostenbeitrag

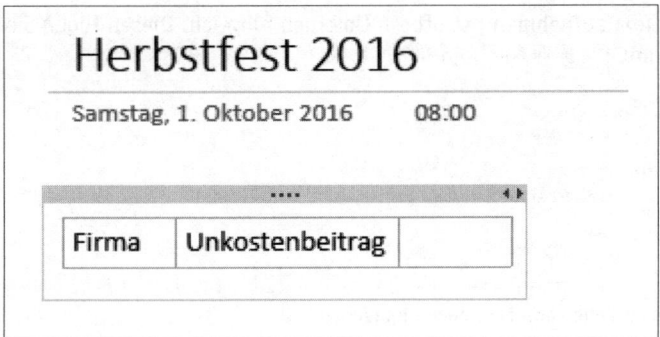

Abb. 3.28: Die Tabelle wächst.

Nachdem Sie den letzten Eintrag getätigt haben, haben wir die erforderliche Anzahl der Spalten erreicht.

Betätigen Sie jetzt die Taste [↵], um eine weitere Zeile zu erstellen.

Danach können Sie auf diese Art und Weise die gewünschte Tabelle rasch erstellen. Ab der letzten Zelle der zweiten Zeile können Sie dann auch die [⇆]-Taste drücken, um eine neue leere Zeile zu erstellen.

Herbstfest 2016
Samstag, 1. Oktober 2016 08:00

Firma	Unkostenbeitrag	Anzahl Mitarbeiter
Xaver	100 €uro	10
König	200 €uro	20
Polter	50 €uro	5
Auer	20 €uro	2
Kreutz	120 €uro	12
Tisch	70 €uro	7

Abb. 3.29: Die Tabelle wächst weiter.

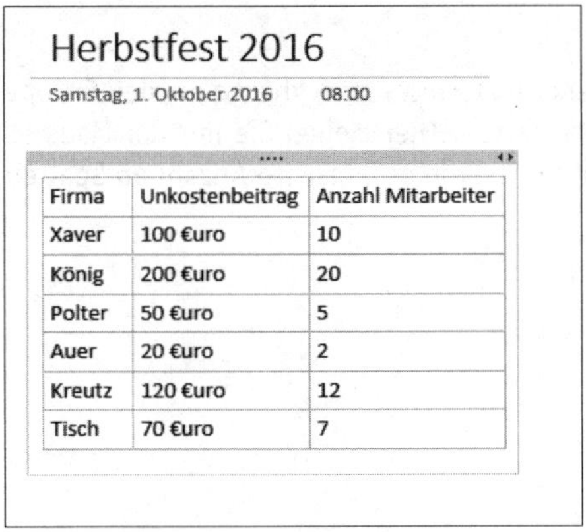

Möchten Sie eine weitere Spalte einfügen, betätigen Sie die Tastenkombination
$\boxed{\text{Strg}}$ + $\boxed{\text{Alt}}$ + $\boxed{\text{R}}$ und schon wird Ihnen rechts von der Markierung eine solche
erstellt.

Muss eine Zelle mehr Text aufnehmen, ist oft ein Umbruch hilfreich. Diesen fügen Sie
innerhalb einer Zelle mit $\boxed{\text{Alt}}$ + $\boxed{\hookleftarrow}$ ein.

Firma	Unkostenbeitrag	Anzahl Mitarbeiter
Xaver	100 €uro	10
König	200 €uro	20

Abb. 3.30: Innerhalb einer Zelle kann man auch umbrechen.

TIPP

Innerhalb der Tabelle können Sie mit der $\boxed{\Longrightarrow}$-Taste vorwärts und mit $\boxed{\Uparrow}$ +
$\boxed{\Longrightarrow}$-Taste rückwärts bewegen.

Tabellen einfügen

Kennen Sie vorab schon die Anzahl der Spalten und Zeilen Ihrer Tabelle, können Sie
das Gerüst über die Schaltfläche TABELLE auch komplett einfügen und dann mit Text
füllen.

In diesem Fall aktivieren Sie die Registerkarte EINFÜGEN und klicken in der Gruppe
TABELLEN auf den Listenpfeil der Schaltfläche TABELLE. Hier ziehen Sie mit der Maus so
weit über das ausklappende Tabellenraster, bis Sie die gewünschte Anzahl an Spalten
und Zeilen farbig markiert haben.

Abb. 3.31: Eine Tabelle einfügen

Wenn Sie an dieser Stelle dann die Maustaste loslassen, fügt OneNote die gewünschte Tabelle ein.

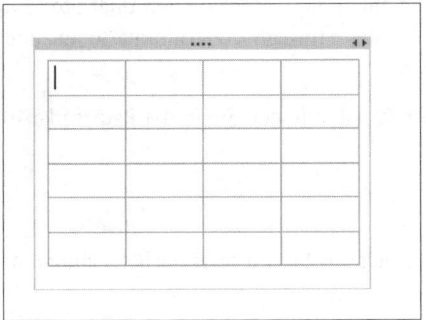

Abb. 3.32: Die eingefügte Tabellenstruktur

Sie können nun mit der Eingabe beginnen und hierbei ebenfalls mithilfe der ⭾-Taste von Zelle zu Zelle springen. Reicht die Anzahl der Zeilen nicht aus, dann betätigen Sie in der letzten Zelle ebenfalls die ⭾-Taste.

Herbstfest 2016

Samstag, 1. Oktober 2016   08:00

Firma	Kommen mit	Übernachtung	Anzahl
Xaver	Auto	nein	10
König	Bus	ja	20
Polter	Bahn	ja	5
Auer	Rad	ja	2
Kreutz	Auto	nein	12
Tisch	Auto	ja	7

Abb. 3.33: Die gefüllte Tabelle

Tabellen layouten

Die Tabellen lassen sich in gewissem Rahmen gestalten und optisch aufwerten. Der Funktionsumfang hinkt etwas hinter dem der Word-Tabellen her, was sich beispielsweise darin zeigt, dass man nicht einfach die Zeilen- oder Spaltenbreite mit der Maus ändern kann. Das liegt vermutlich unter anderem an der Intention von OneNote: Bei diesem Programm geht es in erster Linie um das Erfassen von Informationen und nicht um das aufwändige Gestalten derselben.

Die Werkzeuge zum vielfältigen Gestalten der Tabellen finden Sie in der Registerkarte TABELLENTOOLS.

Tabelle und Tabellenteile auswählen

Zum Formatieren und Verändern der Tabelle müssen Sie diese zunächst markieren. Dabei gehen Sie wie folgt vor:

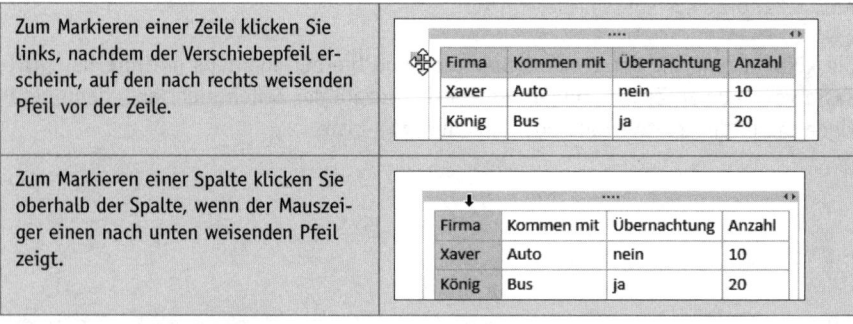

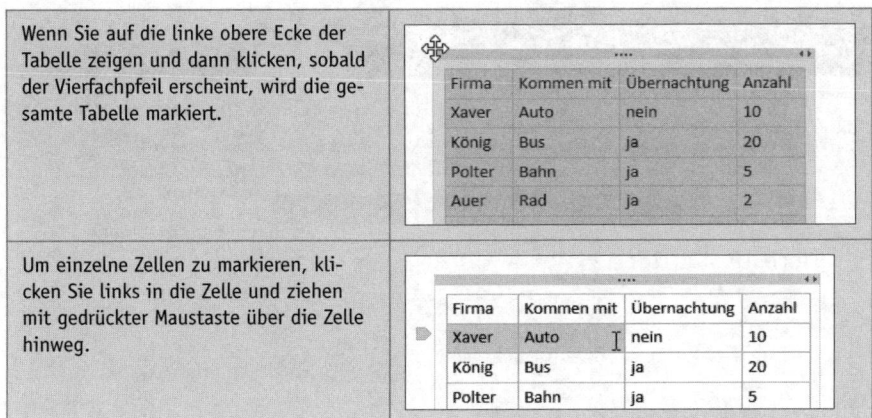

Wenn Sie auf die linke obere Ecke der Tabelle zeigen und dann klicken, sobald der Vierfachpfeil erscheint, wird die gesamte Tabelle markiert.	
Um einzelne Zellen zu markieren, klicken Sie links in die Zelle und ziehen mit gedrückter Maustaste über die Zelle hinweg.	

Alternativ finden Sie in der Gruppe AUSWÄHLEN die Werkzeuge zum Markieren. Damit können Sie die ganze TABELLE AUSWÄHLEN oder die SPALTEN bzw. ZEILEN AUSWÄHLEN. Mit der Option ZELLE AUSWÄHLEN markieren Sie den Inhalt der aktiven Zelle(n) vollständig

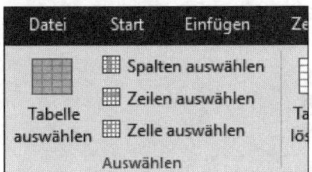

Abb. 3.34: Die Schaltflächen zum Markieren

Zeilen und Spalten einfügen bzw. löschen

Falls Sie merken, dass Sie etwas vergessen haben, können Sie innerhalb der Tabelle eine neue Zeile oder Spalte einfügen.

Dazu markieren Sie die Zeile oder Spalte, vor oder nach der die neue Zeile oder Spalte erscheinen soll. In der Gruppe EINFÜGEN der Registerkarte LAYOUT finden Sie dann die benötigten Schaltflächen.

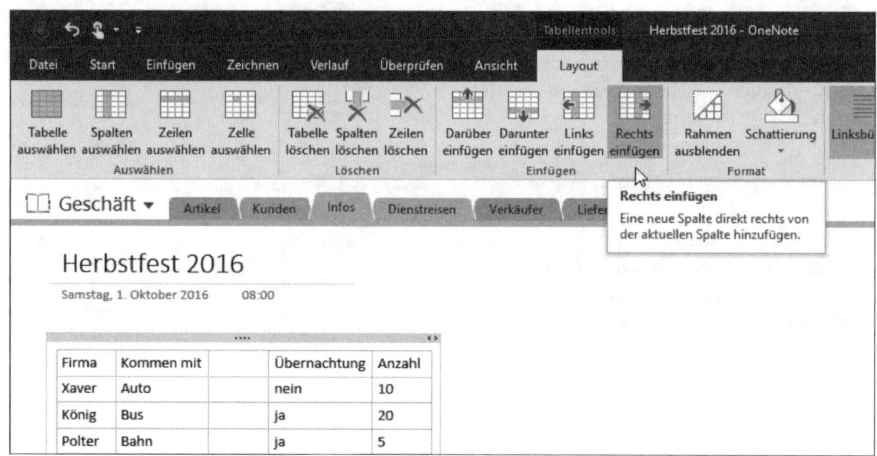

Abb. 3.35: Eine Spalte einfügen

Genauso verfahren Sie beim Löschen einer oder mehrerer Zeilen oder Spalten. Nachdem Sie die Zeile(n) oder Spalte(n) markiert haben, klicken Sie in der Symbolleiste TABELLE auf die Schaltfläche SPALTEN LÖSCHEN bzw. ZEILEN LÖSCHEN.

Abb. 3.36: Eine Spalte löschen

Tabellen formatieren

Auf markierten Zellentext können Sie alle Zeichenformate anwenden, die auch im normalen Text möglich sind.

Abb. 3.37: Für die allgemeinen Formatierungen gibt es keine Besonderheiten.

Zum Formatieren einer Tabelle gehört auch das Anpassen von Spaltenbreite und Zeilenhöhe sowie das Ausrichten der Zellinhalte.

Die Spaltenbreite können Sie direkt mit dem Mauszeiger verändern. In diesem Fall darf nichts markiert sein, sonst wird eventuell nicht die ganze Spalte verändert. Führen Sie den Mauszeiger auf die senkrechte Trennlinie, klicken Sie, halten Sie die Maustaste gedrückt und verschieben Sie die Linie.

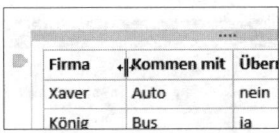

Abb. 3.38: Die Spaltenbreite verändern

Entsprechend verändern Sie die Zeilenhöhe.

Möchten Sie alle Rahmenlinien zu entfernen, klicken Sie auf die Schaltfläche RAHMEN AUSBLENDEN.

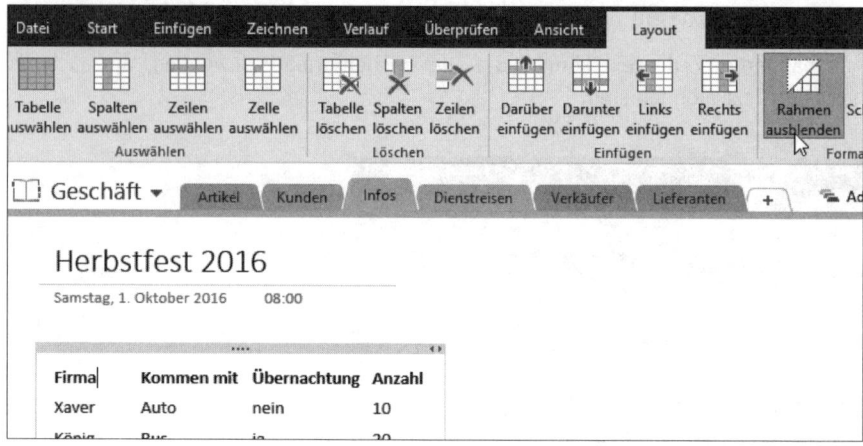

Abb. 3.39: Den Tabellenrahmen entfernen

HINWEIS

Die Linien, die dann auf dem Bildschirm noch sichtbar sind, werden *Gitternetzli-nien* genannt. Sie dienen zur Orientierung beim Bearbeiten der Tabelle und sind im Ausdruck nicht zu sehen.

Als weitere Hervorhebung können Sie innerhalb einer Tabelle eine oder mehrere Zel-len mit einer Schattierung, grau oder farbig, hinterlegen. Nach dem Markieren kli-cken Sie auf den Listenpfeil der Schaltfläche Schattierung und wählen die gewünschte Schattierungsfarbe aus.

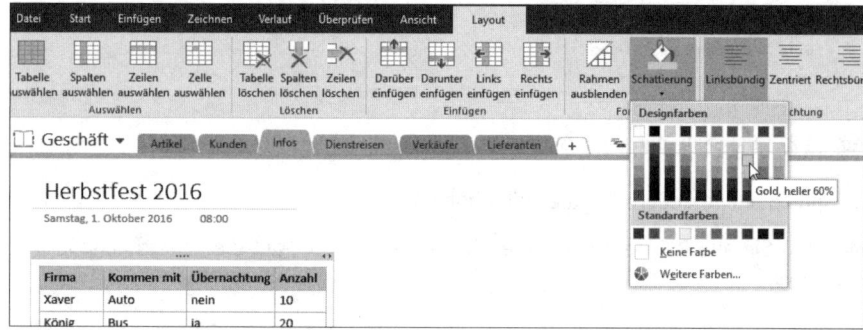

Abb. 3.40: Eine Schattierungsfarbe zuweisen

Hilfreich ist, dass Sie problemlos die Zelldaten auf- bzw. absteigend sortieren lassen können. Dazu klicken Sie in eine Zelle der Spalte, nach der Sie sortieren wollen, und führen einen Klick auf die Schaltfläche Sortieren aus. Im Untermenü wählen Sie dann die gewünschte Reihenfolge aus.

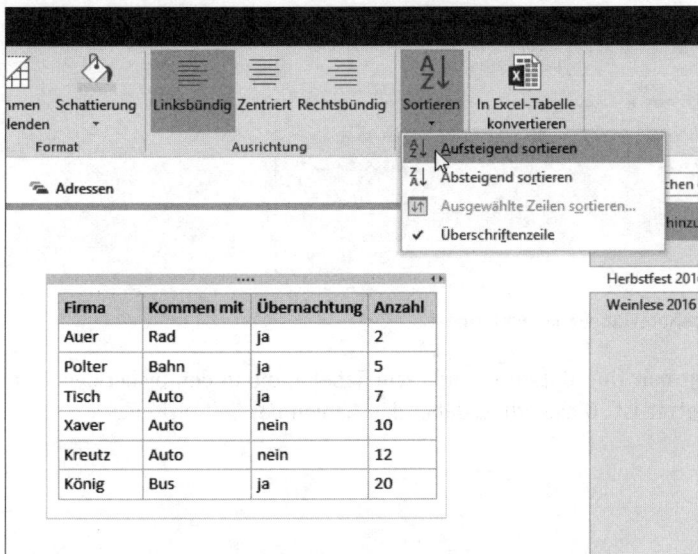

Abb. 3.41: Tabelleninhalte lassen sich leicht sortieren.

Belassen Sie beim Menüpunkt Überschriftenzeile den Haken, wird diese nicht mit in die Sortierung einbezogen.

Excel-Tabellen

Standardmäßig verfügt OneNote leider nicht über die Möglichkeit, innerhalb von Tabellen zu rechnen. Für umfangreiche Funktionen kann man aber eine OneNote-Tabelle in Excel konvertieren und alle Excel-Funktionen nutzen, eine Excel-Tabelle erstellen oder gleich eine vorhandene Excel-Tabelle einfügen.

OneNote-Tabelle in Excel-Tabelle übertragen

Bereits in einer OneNote-Tabelle erfasste Daten können in eine Excel-Tabelle übertragen und dort bearbeitet werden! Dazu müssen Sie lediglich den Cursor in besagter Tabelle platzieren und im Register Layout auf die Schaltfläche In Excel-Tabelle konvertieren klicken.

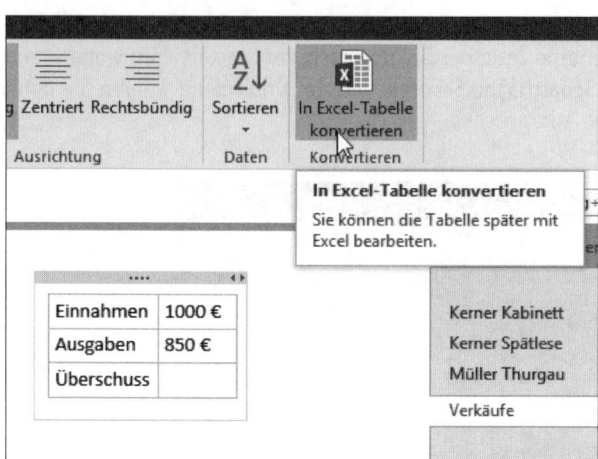

Abb. 3.42: Eine OneNote-Tabelle konvertieren

OneNote überträgt nun Ihre Daten in eine Excel-Tabelle, die in den bisherigen Textcontainer eingebettet ist. Diese erhält dabei den Namen des Seitentitels.

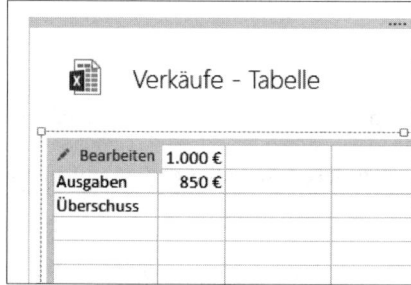

Abb. 3.43: Die konvertierte OneNote-Tabelle

Möchten Sie in dieser Tabelle Berechnungen oder Veränderungen vornehmen, dann klicken Sie auf die Schaltfläche BEARBEITEN. OneNote startet Excel und schon können Sie die Tabelle wie gewohnt in Excel bearbeiten.

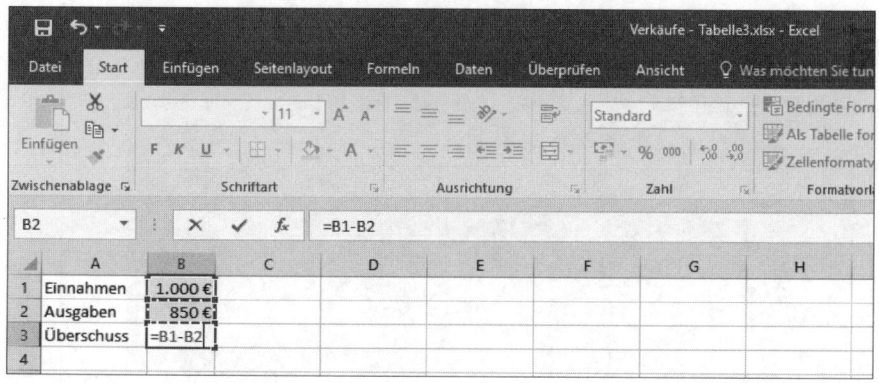

Abb. 3.44: Die Tabelle in Excel

Sind Sie damit fertig, beenden Sie Excel über das SCHLIESSEN-Feld oder schneller mit
[Alt] + [F4] und bestätigen noch die Frage nach dem Speichern. Augenblicklich
finden Sie die bearbeitete Tabelle in OneNote wieder.

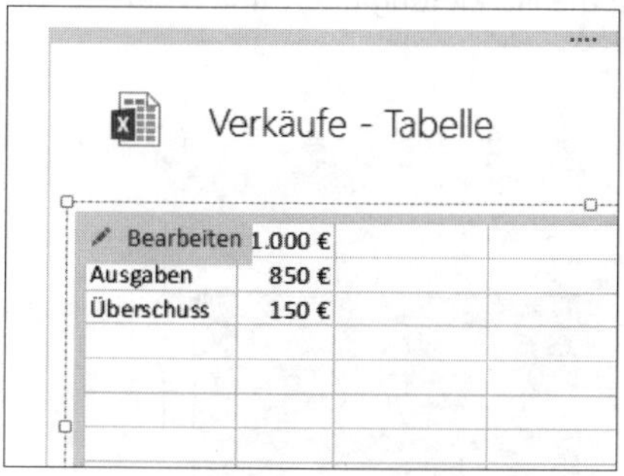

Abb. 3.45: Die bearbeitete Tabelle zurück aus Excel

Gewiss wird Ihnen auffallen, dass die Tabelle je nach Umfang einiges an Platz ein-
nimmt und einige leere Zellen anzeigt werden, die Sie gar nicht benötigen. Wenn
Sie das mithilfe der quadratischen Anfasser beheben wollen, werden Sie sehen, dass
dadurch auch der Text kleiner oder größer wird, je nachdem, in welche Richtung Sie
die Maus ziehen.

Die Lösung dieses Problems liegt in Excel. Hier müssen die überflüssigen Zeilen und
Spalten ausgeblendet werden. Dazu klicken Sie nochmals auf die Schaltfläche BEARBEI-
TEN, damit die Tabelle in Excel geladen wird. Innerhalb von Excel werden Ihnen nun
die Zellen, die Sie in OneNote sehen, markiert dargestellt.

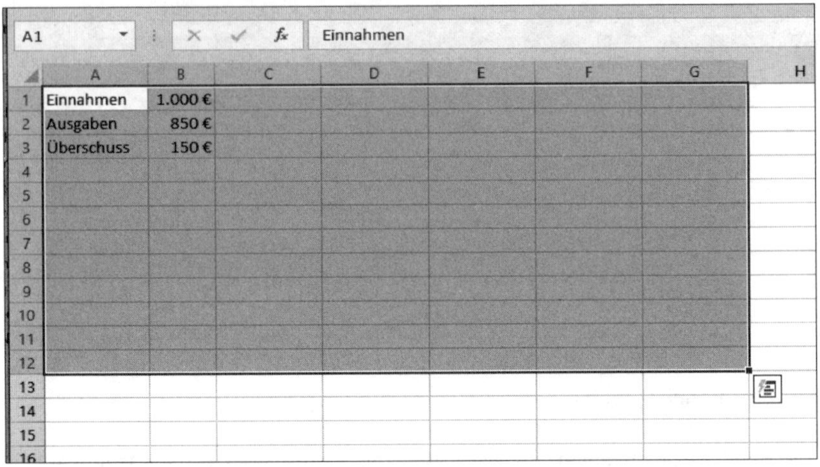

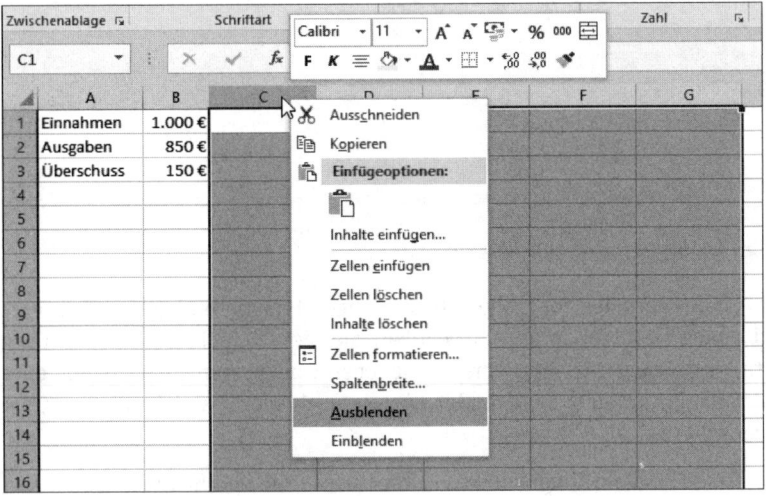

Abb. 3.46: Der markierte Bereich in Excel

Markieren Sie zunächst die Spalten, die Sie nicht benötigen, über die Spaltenköpfe. Klicken Sie dann mit der rechten Maustaste in die Markierung und wählen den Befehl AUSBLENDEN aus.

Abb. 3.47: Unnötige Spalten ausblenden

Verfahren Sie anschließend mit den Zeilen genauso und beenden Sie wie bereits gezeigt die Arbeiten in Excel. Anschließend sollte die Tabelle in OneNote die gewünschte Größe haben.

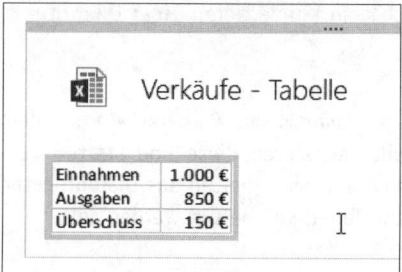

Abb. 3.48: Die korrigierte Tabelle

Vorhandene Excel-Tabelle einbinden

OneNote eignet sich auch hervorragend dazu, fertige Excel-Tabellen einzubinden. Dazu klicken Sie auf die Schaltfläche KALKULATIONSTABELLE, die Sie in der Gruppe DATEIEN der Registerkarte EINFÜGEN finden, und wählen den Eintrag VORHANDENE EXCEL-TABELLE.

Abb. 3.49: Eine Excel-Tabelle einfügen

TIPP

Wie Sie dem Untermenü entnehmen können, können Sie an dieser Stelle auch die Option Neue Excel-Tabelle wählen. In diesem Falle würde Ihnen OneNote eine leere Excel-Tabelle einfügen, so wie sie nach dem Konvertieren einer OneNote-Tabelle aussieht.

Durch Ihre Wahl erhalten Sie das Dialogfenster Einzufügendes Dokument wählen. Über dieses suchen Sie die betreffende Excel-Tabelle, markieren diese und starten den Vorgang mit einem Klick auf die Schaltfläche Einfügen. Sie erhalten das Dialogfenster Datei einfügen, in dem Sie wählen können, wie die Tabelle eingefügt werden soll.

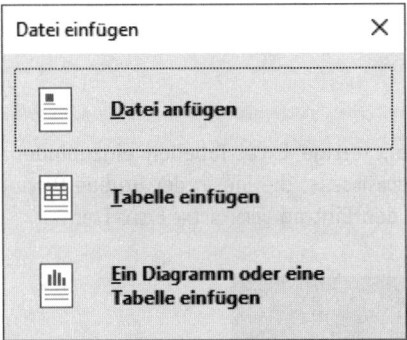

Abb. 3.50: Wie soll die Datei eingefügt werden?

Entscheiden Sie sich für die Option Datei anfügen, wird die Datei in Form eines Excel-Symbols mit Dateinamen eingeblendet.

Abb. 3.51: Eine angefügte Excel-Datei

Um diese Datei später zu bearbeiten, setzten Sie einen Doppelklick auf das Symbol. Da die Folgen eines Doppelklicks gefährlich sein können, erhalten Sie ein Warnfenster, das Sie darauf aufmerksam macht.

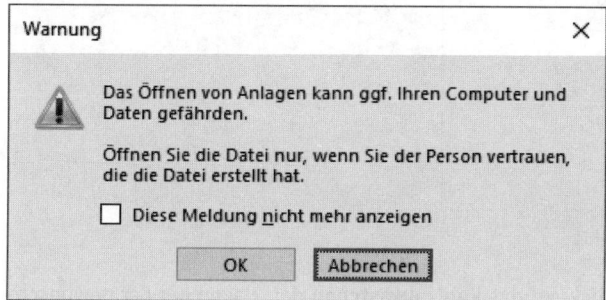

Warnung   ✕

⚠ Das Öffnen von Anlagen kann ggf. Ihren Computer und
    Daten gefährden.

    Öffnen Sie die Datei nur, wenn Sie der Person vertrauen,
    die die Datei erstellt hat.

☐ Diese Meldung nicht mehr anzeigen

            OK   Abbrechen

Abb. 3.52: Man sollte wissen, auf welche Datei man doppelt klickt!

Vertrauen Sie der Quelle, dann wird nach einem Bestätigungsklick auf OK die Mappe in Excel geöffnet.

Entscheiden Sie sich für die Option TABELLE EINFÜGEN, wird das Tabellenblatt sichtbar auf die Seite eingefügt und kann wieder durch Anklicken der Schaltfläche BEARBEITEN geändert werden.

tbl_Artikel

Artikelnummer	Artikel	Einzelpreis	Lieferantencode
BS-2015	Bacchus Spätlese	8,49 €	9705
KK-2013	Kerner Kabinett	4,99 €	9701
KS-2015	Kerner Spätlese	14,95 €	9702
MT-2015	Müller Thurgau	7,99 €	9701
RA-2015	Riesling Auslese	12,99 €	9705
RS-2015	Rivaner Spätlese	14,95 €	9702
SK-2014	Silvaner Kabinett	9,99 €	9701

Abb. 3.53: Die eingefügte Excel-Tabelle

Enthält die Tabelle ein Diagramm welches Sie vielleicht anzeigen wollen, wählen Sie die dritte Option EIN DIAGRAMM ODER EINE TABELLE EINFÜGEN. In diesem Fall können Sie im folgenden Dialogfenster BENUTZERDEFINIERTER EINFÜGEVORGANG entscheiden, welches Element eingefügt werden soll.

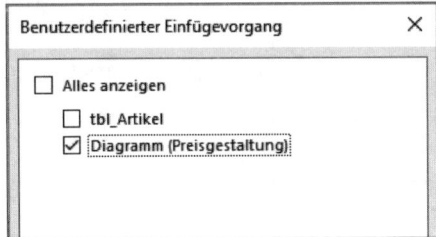

Abb. 3.54: Treffen Sie die Wahl!

Platzieren Sie mit einem Klick auf das Kontrollkästchen den Haken bei der gewünschten Option (im Beispiel DIAGRAMM) und bestätigen Sie mit OK. OneNote zeigt Ihnen sofort das Diagramm aus der Excel-Tabelle an.

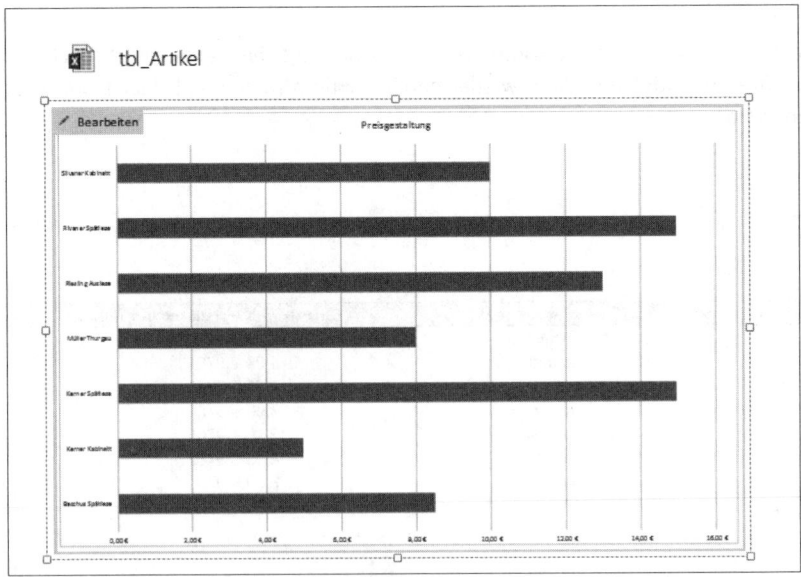

Abb. 3.55: Ein eingefügtes Excel-Diagramm

3.3 Bildschirmausschnitte, Bilder und Grafiken

Früher sagte man oft, dass ein Bild mehr als tausend Worte sagt. Im Zeitalter der Bildbearbeitung mag das ein bisschen anders aussehen, aber oft ist es hilfreich, wenn man Notizen mit Bildausschnitten, Bildern und Grafiken näher erläutern und illustrieren kann.

Bildschirmausschnitte

Möchten Sie von dem einen oder anderen Programm ein bestimmtes Fenster oder einen bestimmten Ausschnitt dokumentieren, dann haben Sie schon gesehen, wie Sie über die Schaltfläche im Infobereich bzw. über die Tastenkombination Win + ⇧ + S einen Screenshot erstellen können. Nachteilig ist an dieser Vorgehensweise vielleicht nur, dass Sie nach der Aufnahme das Dialogfenster SPEICHERORT IN ONENOTE AUSWÄHLEN erhalten, in dem Sie denselben auswählen müssen.

Möchten Sie die Informationen einer Internetrecherche direkt in einem geöffneten Notizbuch auf einer Seite als aktuellen Bildschirmausschnitt platzieren, dann ist der folgende Weg über das Menüband der Schnellere. Hierbei müssen Sie nur auf die Schaltfläche BILDSCHIRMAUSSCHNITT klicken, die Sie in der Gruppe BILDER der Registerkarte EINFÜGEN finden. Oder Sie verwenden alternativ die Tastenkombination Win + ⇧ + S, die das gleiche bewirkt.

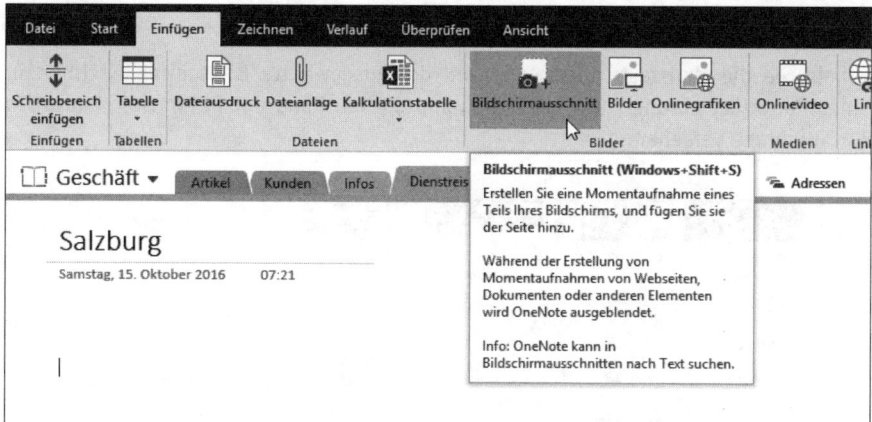

Abb. 3.56: Einen Bildschirmausschnitt anlegen

Dadurch wird OneNote ausgeblendet und gibt den abgegrauten Bildschirm frei. So können Sie nun mit dem Mauszeiger, der die Form eines Fadenkreuzes angenommen hat, einen Rahmen um den Ausschnitt ziehen, denn Sie aufnehmen möchten.

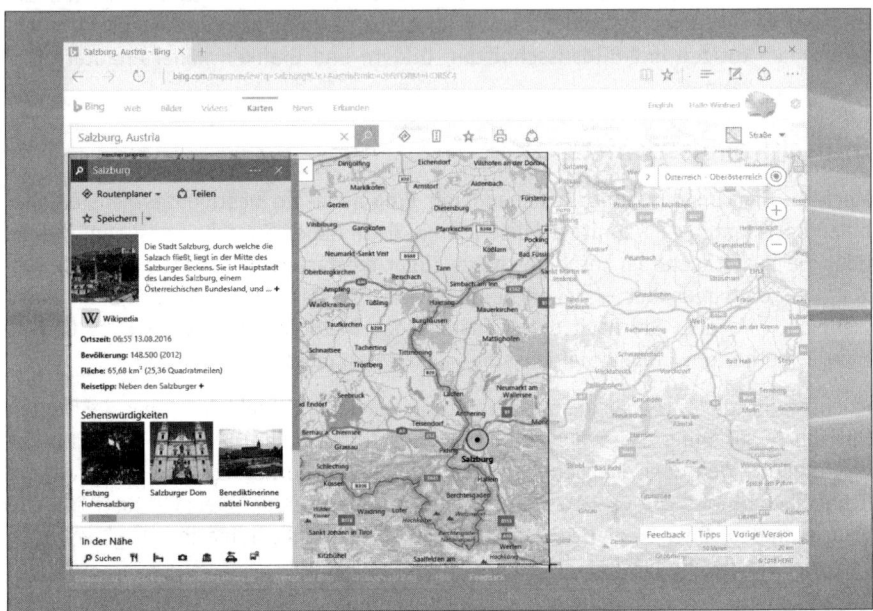

Abb. 3.57: Einen Screenshot anfertigen

Sobald Sie die Maustaste loslassen, wird der ausgewählte Bildschirmausschnitt in einen Container platziert und zusätzlich am unteren Rand mit Datumsinformationen zur Aufnahme versehen.

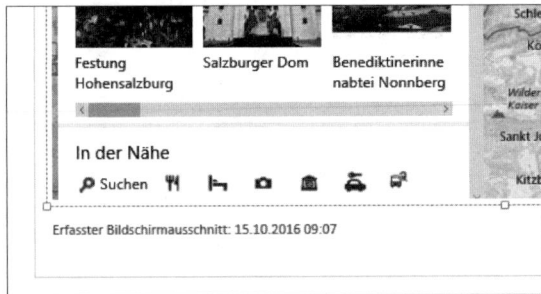

Abb. 3.58: Der Screenshot wird dokumentiert

Auf diese Weise können Sie jederzeit nachvollziehen, wann Sie die Aufnahme gemacht haben.

Bilder

Vorhandene Bilder auf Ihrer Festplatte oder Ihrer NAS können Sie gleichfalls ohne Problem zu Ihren Notizen hinzufügen.

Auf der Registerkarte Einfügen finden Sie in der Gruppe Bilder die dazu benötigte Schaltfläche Grafik einfügen. Ein Klick darauf bringt Sie in das gleichnamige Dialogfenster, in dem Sie den Speicherort der Bilder aufsuchen.

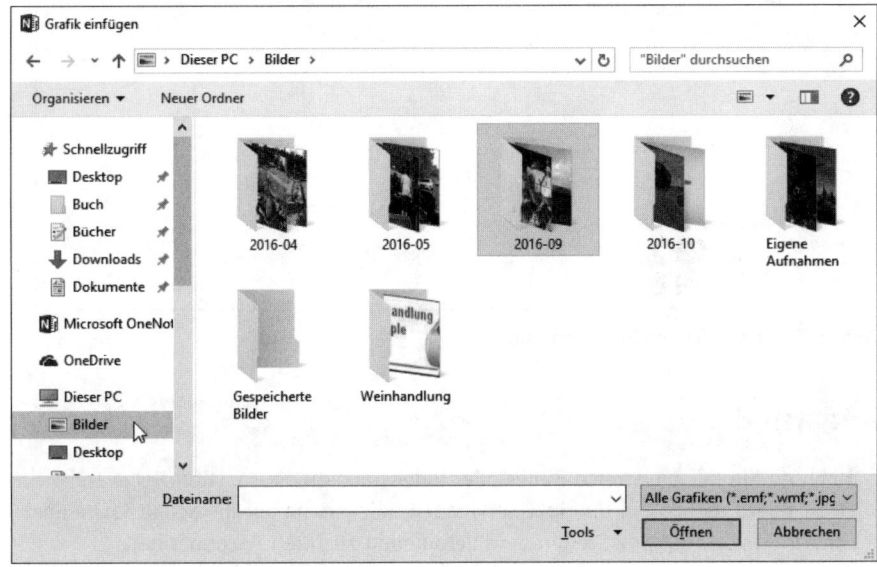

Abb. 3.59: Bilder auf der Festplatte suchen

Nachdem Sie in den Ordner gewechselt sind, markieren Sie das gewünschte Bild und bestätigen mit einem Klick auf die Schaltfläche Einfügen. Das Bild wird auf der Seite eingefügt und mit dem entsprechenden Datumshinweis versehen.

Onlinegrafiken

Nicht immer hat man ein Bild oder eine Grafik zu einem bestimmten Thema parat. Was liegt da näher, als das riesige Angebot des Internets zu nutzen?

In einem solchen Fall klicken Sie auf die Schaltfläche ONLINEGRAFIKEN (Gruppe BILDER, Registerkarte EINFÜGEN) und tragen in das Suchfeld des folgenden Dialogfensters BILDER EINFÜGEN ein entsprechendes Stichwort ein.

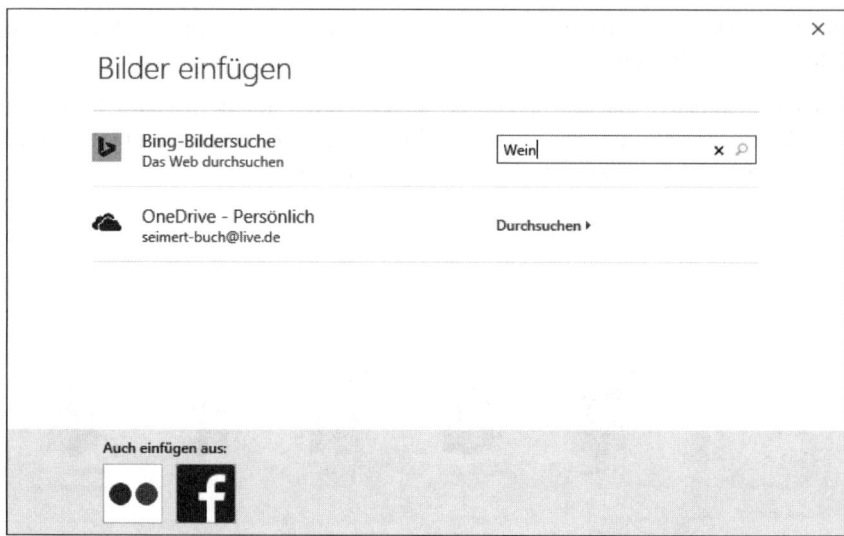

Abb. 3.60: Geben Sie ein Stichwort ein.

HINWEIS

Möchten Sie beispielsweise Bilder oder Videos aus einem sozialen Netzwerk wie Flickr oder Facebook in OneNote verwenden, klicken Sie auf die Schaltfläche unter AUCH EINFÜGEN AUS und stellen eine Verbindung zu Ihren Accounts her.

Anschließend klicken Sie noch auf die kleine Lupe am rechten Rand des Eingabefeldes oder betätigen einfach die ⏎-Taste. Die Suchmaschine *Bing* macht sich mit ihrer Bildersuche auf den Weg und zeigt Ihnen kurz danach das Ergebnis an. Zunächst werden Ihnen dabei Bilder angezeigt, die mit *Creative-Commons-Lizenzen* belegt sind. Diese Bilder unterliegen sozusagen AGBs nach deutschem Recht und dürfen also beispielsweise keine überraschenden Klauseln enthalten. Trotzdem sollten Sie die Lizenz lesen, um sicherzustellen, dass Sie die Bilder für Ihre Zwecke verwenden dürfen.

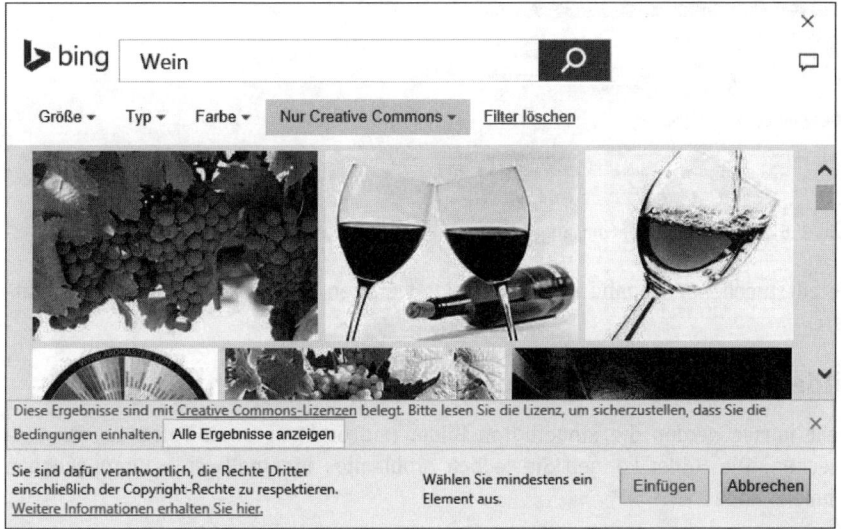

Abb. 3.61: Achten Sie auf das Copyright.

Aktivieren Sie die Schaltfläche ALLE ERGEBNISSE ANZEIGEN, so erhalten Sie unabhängig davon alle Bilder, die dem Stichwort entsprechen. In diesem Fall sollten Sie ein besonderes Augenmerk auf das Urheberrecht der einzelnen Bilder haben, denn Sie sind in diesem Fall verantwortlich, dass die Rechte Dritter einschließlich der Copyright-Rechte respektiert werden.

Haben Sie ein Bild zu Ihrem Thema ausgemacht, müssen Sie es nur noch markieren und über die die Schaltfläche EINFÜGEN auf die Seite platzieren.

TIPP

Möchten Sie mehrere Bilder des gleichen Themas einfügen, können Sie die Grafiken über das Kontrollkästchen am linken oberen Bildrand aktivieren und in einem Rutsch mit einem Klick auf die Schaltfläche EINFÜGEN platzieren.

Die so platzierten Bilder werden nicht mit einem Einfügedatum versehen. Möchten Sie das Einfügedatum dokumentieren, dann achten Sie darauf, dass das Bild markiert ist und klicken auf eine der Schaltflächen in der Gruppe ZEITSTEMPEL (Registerkarte EINFÜGEN).

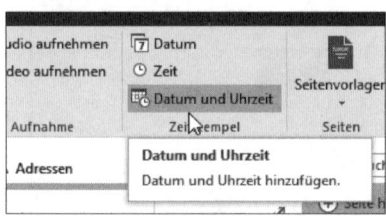

Abb. 3.62: Objekte mit Datumsangaben versehen

Die entsprechende Angabe wird dann ohne weiteren Text unterhalb des Bildes platziert.

Bilderausschnitte, Bilder und Grafiken anpassen

Nicht immer werden die eingefügten Bilder und Grafiken Ihren Vorstellungen entsprechen. Die Bilder können Sie jedoch problemlos innerhalb eines vorgegebenen Rahmens anpassen.

Um die Größe eines Bildes zu ändern, bringen Sie es durch Ziehen an den quadratischen Ziehpunkten in die gewünschte Form.

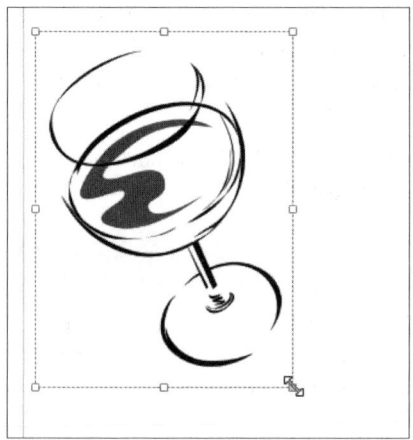

Abb. 3.63: Die Größe eines Bildes anpassen

Ebenso lassen sich Bilder beliebig auf der Seite verschieben, wenn Sie nach Platzieren des Mauszeigers auf den Markierungsrahmen den Vierfachpfeil sehen.

Das Bild drehen oder spiegeln können Sie über die Optionen der Schaltfläche Drehen, die Sie auf der Registerkarte Zeichnen in der Gruppe Bearbeiten finden. Beispielsweise lassen sich Bilder, die im Hochformat aufgenommen wurden, problemlos um 90° drehen oder durch Spiegeln in die gewünschte Blickrichtung platzieren.

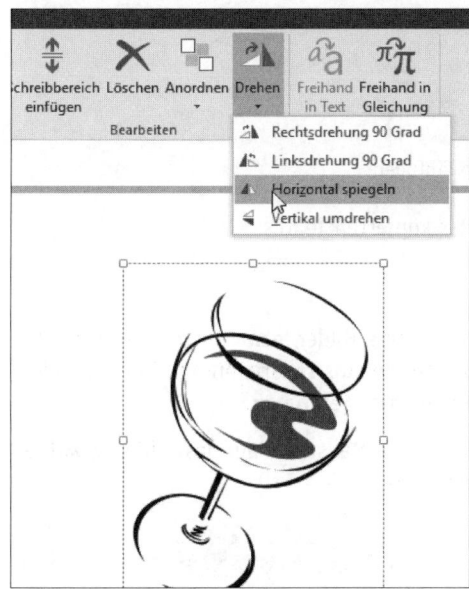

Abb. 3.64: Ein Bild spiegeln

TIPP

Haben Sie das Add-in *OneTastic* installiert, können Sie über die Registerkarte Makros weitere Bearbeitungsschritte an einem Bild vornehmen. Weitere Informationen dazu finden Sie im letzten Kapitel.

Kopierten Text als Grafik einfügen

Haben Sie einen Text kopiert (beispielsweise aus einer Website) und möchten diesen nun unter Beibehaltung des optischen Erscheinungsbildes in OneNote festhalten, dann fügen Sie ihn als Grafik ein. Dazu müssen Sie die Option Grafik wählen, die Sie nach Anklicken des Listenpfeils der Schaltfläche Einfügen vorfinden.

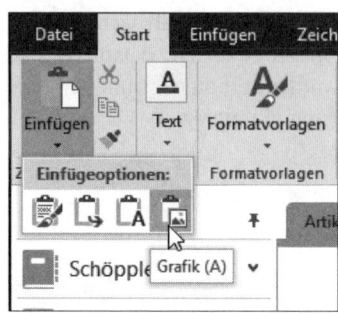

Abb. 3.65: Achten Sie auf die Optionen beim Einfügen.

Danach finden Sie in OneNote ein Foto des kopierten Textes.

Text aus Bildern kopieren

Screenshots aus dem Internet oder auch sonstige Bilder, etwa eingescannte Seiten, können Text enthalten. Diesen können Sie problemlos separieren und in eine andere Anwendung – unter Beachtung des Urheberrechts – einfügen.

In einem solchen Fall klicken Sie mit der rechten Maustaste auf das Bild und wählen im Kontextmenü den Eintrag TEXT AUS BILD KOPIEREN.

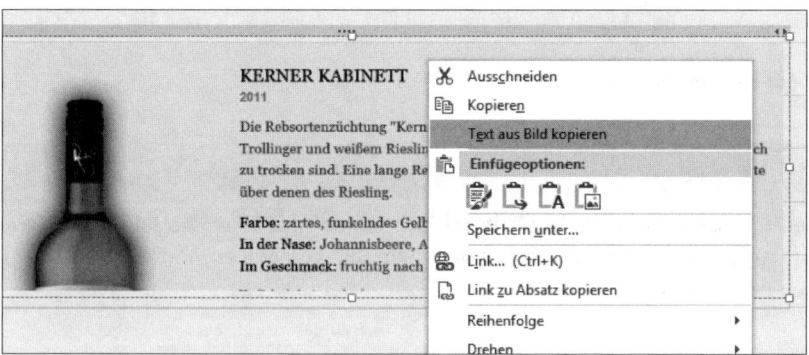

Abb. 3.66: Text aus einem Bild kopieren

HINWEIS

Je nach Ursprungsquelle finden Sie gegebenenfalls den Menüeintrag ALTERNATIV-TEXT. Dabei handelt es sich um Text, der von Webbrowsern angezeigt wird, während Bilder geladen werden oder wenn diese fehlen. Diesen Text können Sie gleichfalls kopieren und dann in eine andere Anwendung einfügen.

Anschließend klicken Sie an die Stelle, an der Sie den Text einfügen wollen, und betätigen dort die Tastenkombination ⌜Strg⌟ + ⌜V⌟. Schon wird der reine Text eingefügt und kann entsprechend bearbeitet werden.

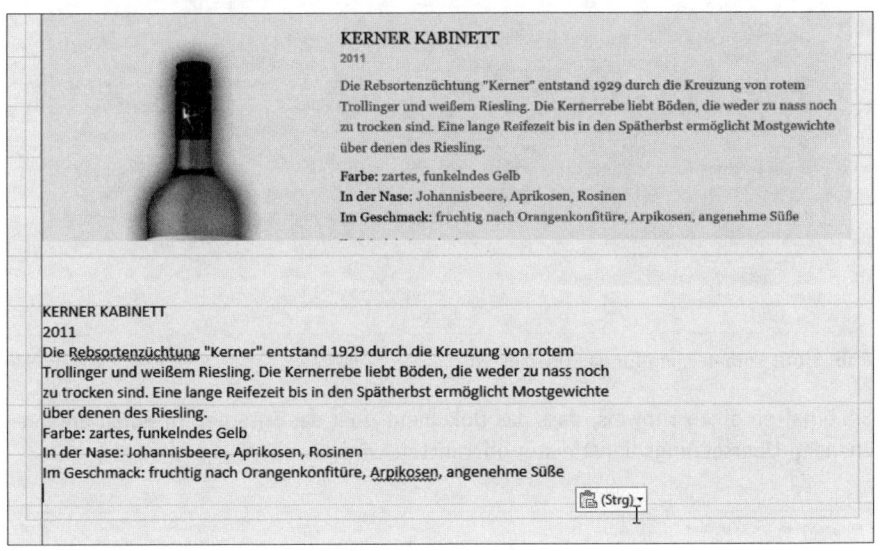

Abb. 3.67: Der eingefügte Text (nebst Tippfehler!)

Texte übersetzen

Haben Sie fremdsprachliche Texte archiviert und möchten diese lesen, aber Ihre englischen (oder sonstige) Sprachkenntnisse sind ein bisschen eingerostet, dann können Sie sich von OneNote helfen lassen.

Markieren Sie den Textcontainer und rufen Sie über die Registerkarte ÜBERPRÜFEN durch Anklicken in der Gruppe SPRACHE des Listenpfeils der Schaltfläche ÜBERSETZEN die Option AUSGEWÄHLTEN TEXT ÜBERSETZEN auf.

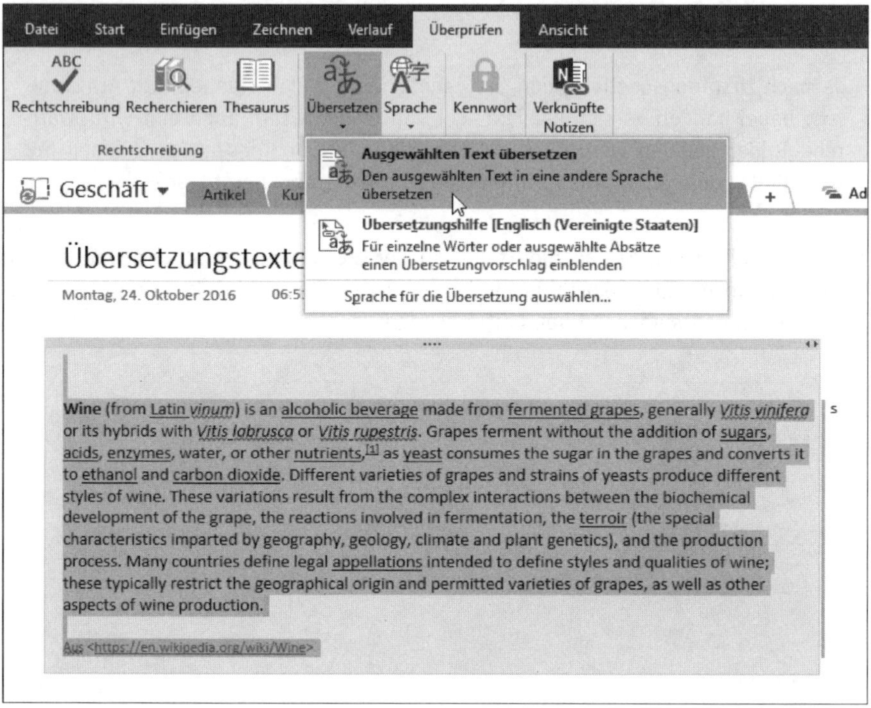

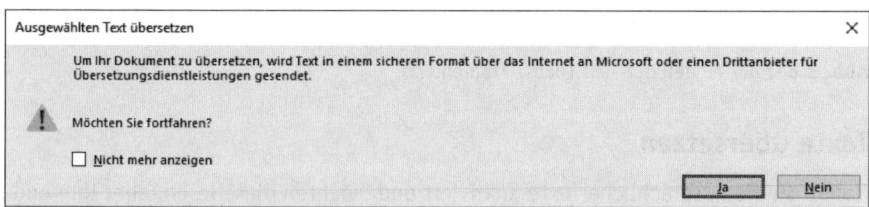

Abb. 3.68: Vorbereitung für das Übersetzen

Sie erhalten einen Hinweis, dass das Dokument über das Internet an einen entsprechenden Übersetzungsdienstleister übermittelt wird.

Abb. 3.69: Sind Sie damit einverstanden?

Wenn Sie damit einverstanden sind, bestätigen mit Ja. Daraufhin blendet OneNote den Aufgabenbereich Recherchieren ein. Hier können Sie in den Listenfeldern Von bzw. Nach die benötigten Spracheinstellungen vornehmen. Im darunterliegenden Bereich finden Sie die Übersetzung des markierten Textes.

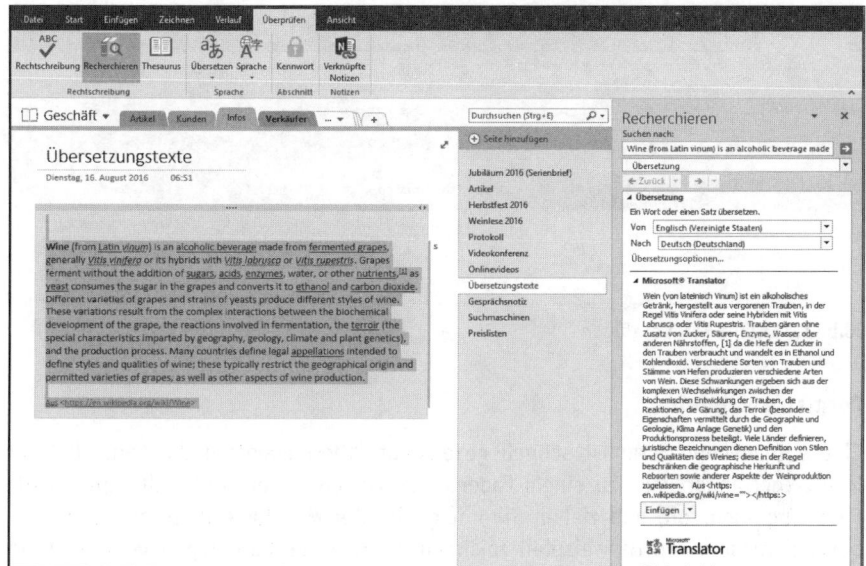

Abb. 3.70: Der Text wurde im Aufgabebereich Recherchen übersetzt.

Möchten Sie diesen Text unter dem fremdsprachigen Original einfügen, klicken Sie auf die gewünschte Stelle in den Textcontainer und führen einen Klick auf den Listeneintrag Einfügen aus. Falls Sie den Text in ein anderes Programm übernehmen wollen, nehmen Sie den Listeneintrag Kopieren, wonach der Text in die Zwischenablage kopiert wird.

3.4 Zeichnungen

Wie in einem Notizbuch aus Papier sind in OneNote kleinere Zeichnungen, Skizzen oder handschriftliche Anmerkungen ebenfalls rasch erstellt. Diese Funktion ist ideal, wenn Sie über einen Touchscreen oder ein Tablet verfügen.

Formen

Wenn Sie für eine Darstellung grafische Unterstützung benötigen, sollten Sie sich bei den sogenannten Formen umsehen. Damit sind kleinere Zeichnungen oder Erläuterungspfeile schnell erstellt.

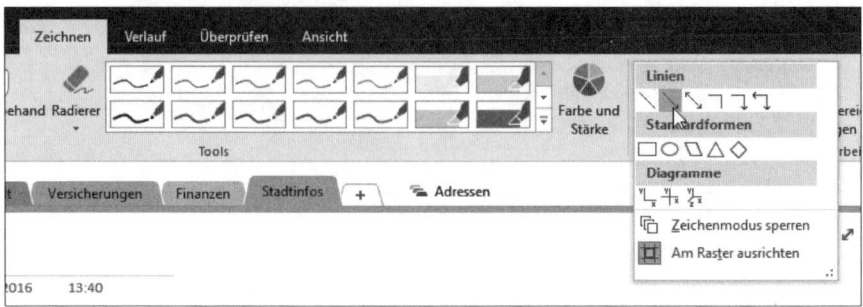

Abb. 3.71: Eine Form einfügen

Formen zeichnen

Eine vorgegebene Form ist schnell gezeichnet. Klicken Sie auf die Form und der Mauszeiger ändert sich zu einem Fadenkreuz. Zeigen Sie auf die Stelle, an der die Form beginnen soll, und ziehen Sie mit gedrückter Maustaste diese auf. Wenn Sie beispielsweise einen Hinweispfeil zeichnen, wählen Sie die entsprechende Form in der Gruppe LINIE aus und ziehen dann vom Ende zur Spitze.

Abb. 3.72: Einen Hinweispfeil zeichnen

Wenn Sie eine Standardform wie einen Kreis oder ein Rechteck anlegen, ziehen Sie das Objekt diagonal bis zur gewünschten Größe auf.

Abb. 3.73: Einen Kreis aufziehen

Möchten Sie eine Standardform in der Standardgröße einfügen, klicken Sie unmittelbar nach deren Auswählen an die entsprechende Stelle der Seite.

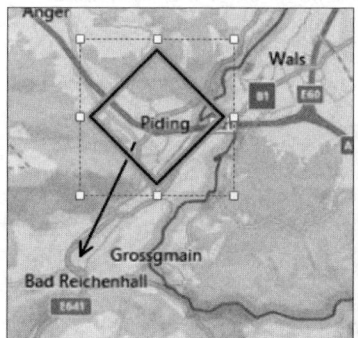

Abb. 3.74: Eine Standardform einfügen

Formen bearbeiten

Die Formen können Sie nach Ihren Vorstellungen verändern. Dazu genügt es, wenn Sie eine Form anklicken. Dadurch erscheint ein Schnellauswahlmenü. Hier klicken Sie auf die Schaltfläche STIFTEIGENSCHAFTEN.

Abb. 3.75: Die Formeigenschaften aufrufen

Dadurch erhalten Sie das Dialogfenster FARBE UND STÄRKE, das Sie übrigens auch mit einem Klick auf die gleichnamige Schaltfläche in der Gruppe TOOLS der Registerkarte ZEICHNEN aufrufen können. In diesem Dialogfenster wählen Sie unter der Option STIFT die benötigte Linienstärke aus und klicken anschließend im Bereich LINIENFARBE auf die gewünschte Farbfläche.

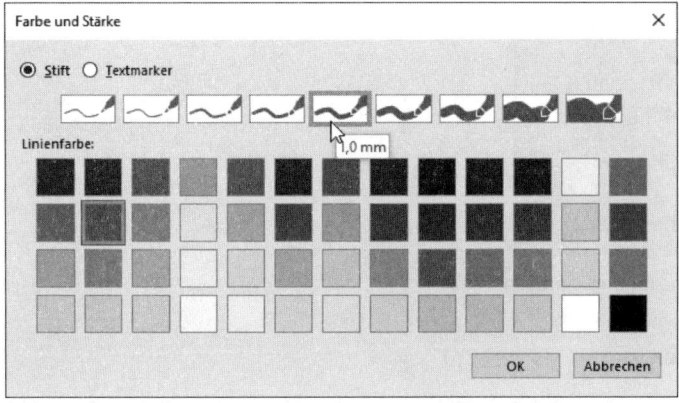

Abb. 3.76: Die Eigenschaften der Linien festlegen

Um die geänderten Eigenschaften zu übernehmen, klicken Sie abschließend auf die Schaltfläche OK.

HINWEIS

Wenn Sie anschließend weitere Formen zeichnen, werden Sie bemerken, dass OneNote diese Einstellungen für die neuen Formen übernommen hat.

Möchten Sie Einfluss auf die Größe einer Form nehmen, zeigen Sie auf einen der quadratischen Anfasser und ziehen mit gedrückter linker Maustaste in die entsprechende Richtung. Wenn Sie einen der Eckanfasser nehmen, wird dabei die Form proportional in zwei Richtungen verändert.

Abb. 3.77: Die Größe einer Form ändern

Formen wie beispielsweise der Doppelpfeil haben am Anfang und Ende einen runden Anfasser, mit dem Sie die Richtung verändern können.

Möchten Sie eine Form verschieben, zeigen Sie mit dem Mauszeiger in die Form bzw. auf deren Linie. Wenn der Mauszeiger die Form des Verschiebepfeils annimmt, können Sie die Form in die gewünschte Richtung verschieben.

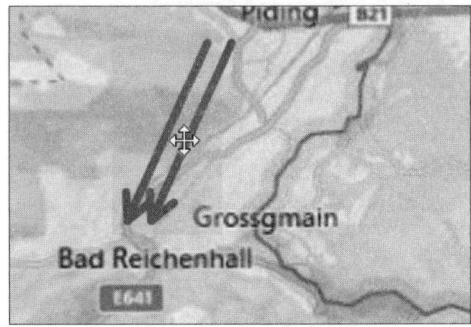

Abb. 3.78: Eine Form verschieben

Möchten Sie eine Form entfernen, klicken Sie darauf und wählen aus der Minisymbolleiste den Eintrag LÖSCHEN oder betätigen einfach die Taste ⌞Entf⌟.

Abb. 3.79: Eine Form löschen

Wie Sie beim Löschen bemerken, bestehen Formen wie beispielsweise ein Linienpfeil aus zwei oder mehreren Objekten. Das führt zu der unschönen Erscheinung, dass die Pfeilspitze zurückbleibt. Möchten Sie das verhindern, dann sollten Sie solche Formen in eine Zeichnung umwandeln. OneNote sieht solche Formen nämlich als Freihandelemente an. Dazu klicken Sie mit der rechten Maustaste auf den Linienpfeil und wählen den Menüpunkt AUSGEWÄHLTES FREIHANDELEMENT BEHANDELN ALS an. In dessen Untermenü finden Sie den benötigten Eintrag ZEICHNUNG.

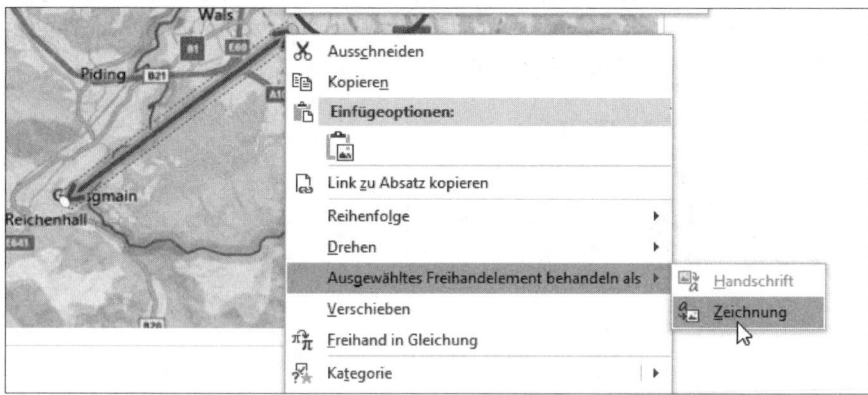

Abb. 3.80: Eine Form als eine Zeichnung behandeln

OneNote fasst nun die Objekte zu einem einzigen zusammen und Sie können dieses über die quadratischen Anfasser wie gewohnt anpassen.

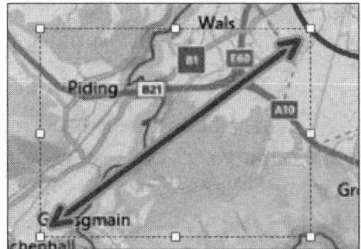

Abb. 3.81: Nun ist ein Anpassen über die quadratischen Anfasser möglich.

Formen markieren

Wie Sie beim Markieren des Doppelpfeils vielleicht bemerkt haben, ist das nicht immer ganz einfach zu handhaben. Möchten Sie mehrere Formen markieren, dann können Sie dies zunächst auf die klassische Art und Weise tun. Achten Sie zunächst darauf, dass in der Registerkarte ZEICHNEN in der Gruppe TOOLS die Schaltfläche EINGABE aktiviert ist. Anschließend ziehen Sie mit der Maus einen Auswahlrahmen um die betreffenden Objekte.

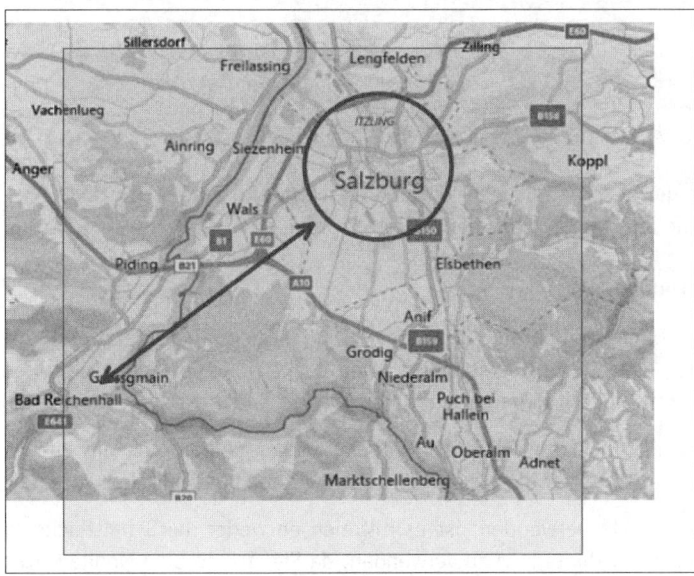

Abb. 3.82: Einen Auswahlrahmen um mehrere Objekte ziehen

Befinden sich die zu markierenden Objekte auf einem weiteren Objekt, so wie in Abbildung 3.82 auf einer Karte, dann müssen Sie außerhalb dieses weiteren Objekts beginnen, da es anderenfalls mit markiert wird.

In einem solchen Fall und wenn Sie mehrere nicht direkt nebeneinander liegende oder unsymmetrische Objekte markieren wollen, ist es jedoch hilfreicher die LASSOAUSWAHL zu nehmen. Nachdem Sie in der Registerkarte ZEICHNEN auf die Schaltfläche des Tools angeklickt haben, umfahren Sie einfach mit gedrückter Maustaste die gewünschten Objekte und lassen zum Schluss los.

Abb. 3.83: Mit der Lassoauswahl Objekte markieren

OneNote fängt die gewünschten Objekte ein und fasst diese in eine rechteckige Auswahl zusammen, die Sie wie gewohnt bearbeiten können.

Reihenfolge verändern

Die Objekte werden in der Reihenfolge ihrer Erstellung platziert. Das zuletzt erstellte Objekt befindet sich deshalb an oberster Stelle und deckt vielleicht andere ab. Dies können Sie jedoch rasch durch Neuanordnung der Objekte ändern.

Markieren Sie zunächst die Form, deren Anordnung in der Reihenfolge Sie ändern wollen, und rufen Sie dann über die Schaltfläche ANORDNEN die benötigte Variante auf.

Wenn Sie mehrere Objekte verwenden, ist es hilfreich entweder die Schaltfläche IN DEN VORDERGRUND oder IN DEN HINTERGRUND zu verwenden, da Sie sich so eine Menge Klicks sparen.

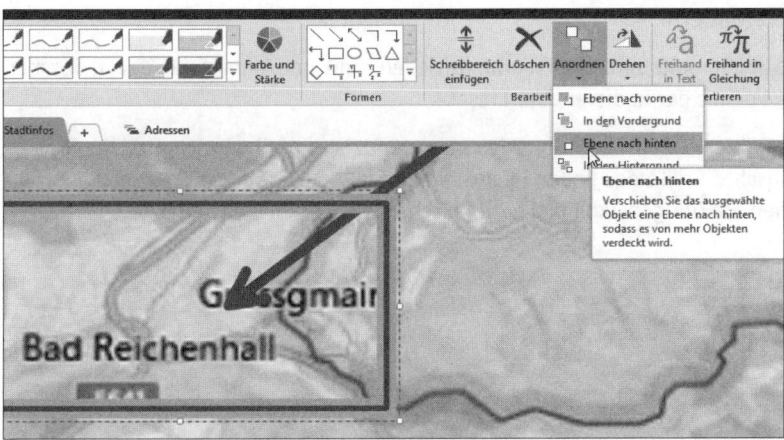

Abb. 3.84: Die Reihenfolge von Objekte ändern

Formen drehen oder spiegeln

Gefällt Ihnen die Lage einer Form nicht, so können Sie diese leicht drehen oder spiegeln.

Markieren Sie dazu die Form und wählen Sie aus dem Listenpfeilmenü der Schaltfläche DREHEN die gewünschte Option aus.

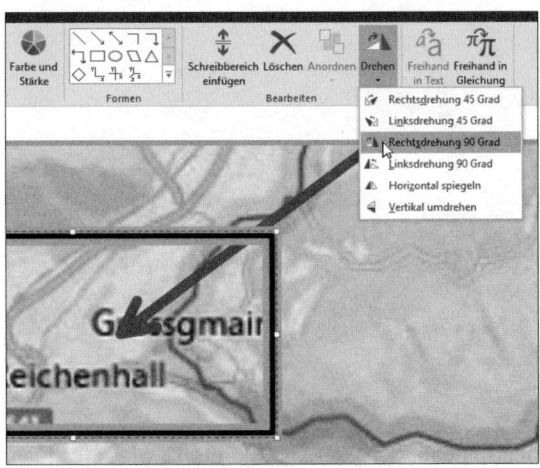

Abb. 3.85: Eine Form lässt sich problemlos drehen

Formen verändern

Wenn Sie nicht ganz mit einer Form zufrieden sind und/oder Teile davon löschen möchten, kommt der Radierer zum Einsatz.

Zunächst wählen Sie in der Gruppe Tools aus dem Listenpfeil der Schaltfläche Radierer die gewünschte Größe des Radierers aus. Wenn Sie die Option Pinselstrichradierer wählen, können Sie übrigens komplette Objekte mit einem Klick entfernen.

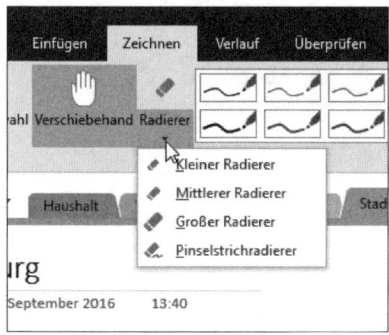

Abb. 3.86: Die Größe des Radierers einstellen

Radieren Sie anschließend mit dem Radierer die Stellen des Objekts weg, die Sie nicht mehr benötigen.

Abb. 3.87: Eine Form mithilfe des Radierers verändern

Stifte

Verwenden Sie ein Tablet mit einem Eingabestift, können Sie direkt wie mit einem normalen Stift Eingaben tätigen. Aber auch mit der Maus oder dem Finger (wenn Sie etwa über einen Touchscreen verfügen) können Sie direkt Zeichnungen vornehmen oder gar Texte schreiben.

Texte schreiben

Bevor Sie mit dem Schreiben bzw. Zeichnen beginnen, sollten Sie die Eigenschaften des Stifts festlegen. Klicken Sie dazu auf eine der Vorgaben der Gruppe Tools (Registerkarte Zeichnen) und stellen Sie so beispielsweise einen schwarzen Stift mit einer Linienstärke von 0,5 mm ein.

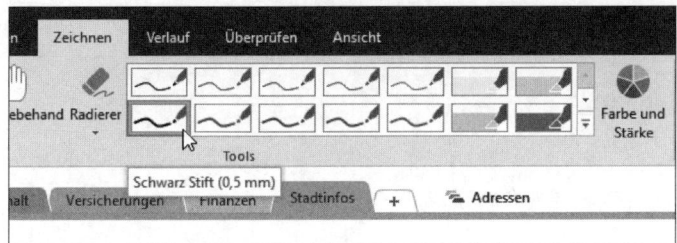

Abb. 3.88: Die Eigenschaften des Stifts auswählen

Wenn Sie mögen, finden Sie nach Anklicken der Schaltfläche Farbe und Stärke im Dialogfenster Eigenschaften weitere Einstellungsmöglichkeiten.

Zum Schreiben platzieren Sie dann den Stift auf der Seite und fangen an zu schreiben. Dabei agieren Sie wie beim Schreiben auf einem herkömmlichen Papier.

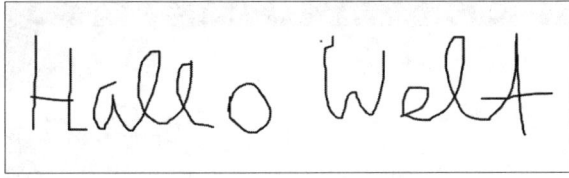

Abb. 3.89: Na, da muss ich noch ein bisschen üben.

Keine Sorge übrigens, wenn Ihre Schreibkünste auf Anhieb nicht so toll aussehen. Gerade, wenn Sie das erste Mal mit der Maus oder dem Finger schreiben, benötigen Sie ein bisschen Übung.

Der Clou ist aber, dass Sie nun eine Texterkennung über den so geschriebenen Text laufen lassen können und dieser dann »wie getippt« vorliegt. Konkret wandelt One-Note das Geschriebene, das als Grafik vorliegt, in Text um. Dazu müssen Sie lediglich das Geschriebene markieren, was am besten mit der LASSOAUSWAHL geht. Klicken Sie also auf die Schaltfläche LASSOAUSWAHL und umfahren Sie mit dem veränderten Mauszeiger den zu erkennenden Text.

Abb. 3.90: Den geschriebenen Text mit der Lassoauswahl markieren

Im letzten Schritt führen Sie noch einen Klick auf die Schaltfläche FREIHAND IN TEXT, die Sie in der Gruppe KONVERTIEREN der Registerkarte ZEICHNEN finden. Augenblicklich wandelt OneNote wandelt den Text um, den Sie nun wie gewöhnlichen Text ver- und bearbeiten können.

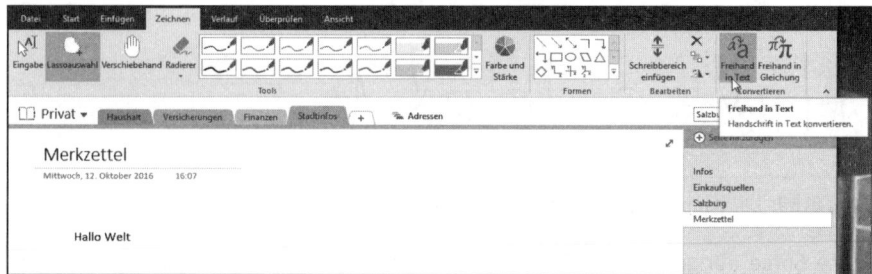

Abb. 3.91: Kaum zu glauben: der umgewandelte Text

Schreibbereich einfügen

Gerade beim Erfassen von Texten mit dem Stift kann es vorkommen, dass die Seite bereits ganz gefüllt ist, Sie aber weiteren Platz benötigen. Oder es ist nicht mehr genügend Platz unter dem Text, weil eine Grafik oder ein sonstiges Objekt den Platz versperrt.

In diesem Fall können Sie zusätzlichen Platz einfügen, indem Sie in der Gruppe BE-ARBEITEN der Registerkarte ZEICHNEN die Schaltfläche SCHREIBBEREICH EINFÜGEN aktivieren und mit dem veränderten Cursor den Platz nach unten erweitern.

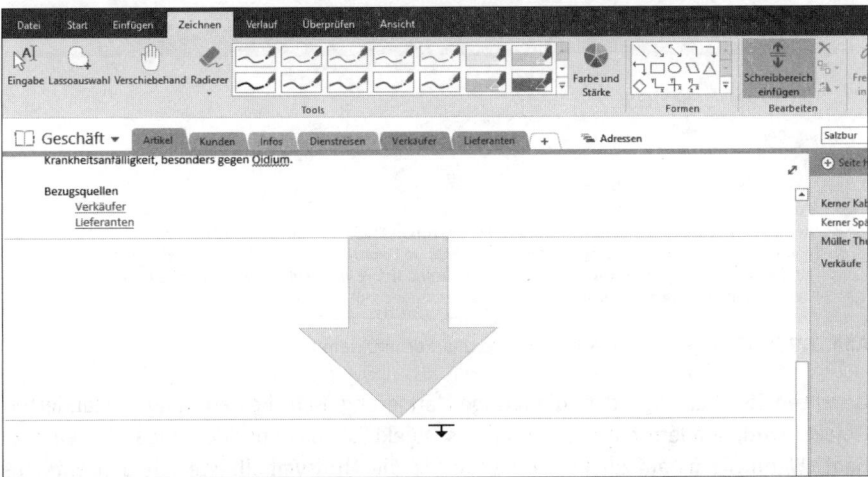

Abb. 3.92: Weiteren Platz einfügen

TIPP

Sie können diese Aktion beliebig wiederholen, bis der benötigte Platz vorhanden ist. Falls Sie zuviel Platz geschaffen haben, können Sie diesen durch Ziehen nach oben wieder verringern.

Texte bzw. Textstellen markieren

Wichtige Textstellen lassen sich in OneNote problemlos wie mit einem Farbmarkierer (auch als Textmarker oder Overliner bekannt) markieren und so optisch hervorheben.

Vier grundlegende Farben wie gelb oder grün finden Sie als Schaltfläche in der Gruppe TOOLS. Weitere Farben können Sie nach Anklicken der Schaltfläche FARBE UND STÄRKE auswählen. Haben Sie das getan, streichen Sie mit dem veränderten Mauszeiger über die Textstellen, die Sie markieren wollen.

Abb. 3.93: Wichtige Stellen mit einem Textmarker markieren

Beachten Sie allerdings, dass die farbige Markierung nicht Bestandteil des markierten Objekts wird, sondern ein eigenständiges Objekt ist, das über dem eigentlichen Text liegt. Wenn Sie darauf klicken, erhalten Sie die Minisymbolleiste mit den entsprechenden Optionen. Beispielsweise können Sie so die STIFTEIGENSCHAFTEN ändern oder die Markierung löschen.

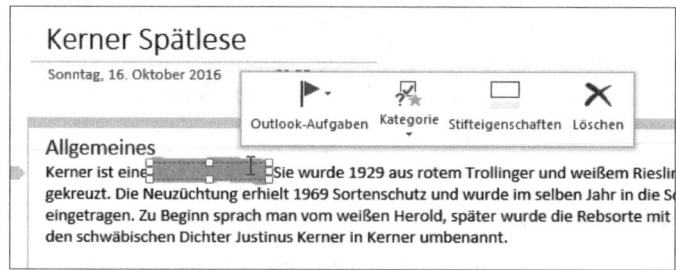

Abb. 3.94: Die Markierung lässt sich individuell bearbeiten.

HINWEIS

Beachten Sie, dass bei einem Verschieben des Textcontainers die Markierung nicht mit verschoben wird.

3.5 Dateien

Neben Excel-Dateien lassen sich auch weitere Dateien einfügen, und zwar als Dateiausdruck oder als Anlage.

Dateiausdruck

Wenn Sie eine Datei als Dateiausdruck einfügen, die mit einem anderen Programm erstellt wurde, beispielsweise Word, kann diese Datei mit der Volltextsuche von OneNote durchsucht werden. Deshalb eignet sich diese Art des Einfügens hervorragend zur Archivierung wichtiger Dokumente, weil man diese später problemlos wieder auffindet. Darüber hinaus kann sie zwar inhaltlich nicht bearbeitet werden, aber sie verhält sich wie eine Grafik und kann mit Markierungen und Anmerkungen versehen werden.

Zunächst klicken Sie auf die Schaltfläche DATEIAUSDRUCK, die Sie auf der Registerkarte EINFÜGEN in der Gruppe DATEIEN finden.

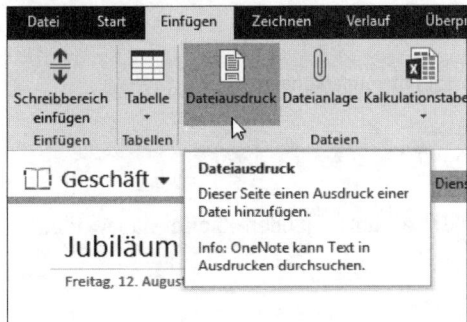

Abb. 3.95: Einen Dateiausdruck hinzufügen

Im folgenden Dialogfenster wählen Sie die gewünschte Datei aus und bestätigen mit einem Klick auf die Schaltfläche EINFÜGEN.

Sie können die Datei nun mithilfe der Suchfunktion durchsuchen und mit den Tools der Registerkarte ZEICHNEN um Anmerkungen oder handschriftliche Informationen ergänzen.

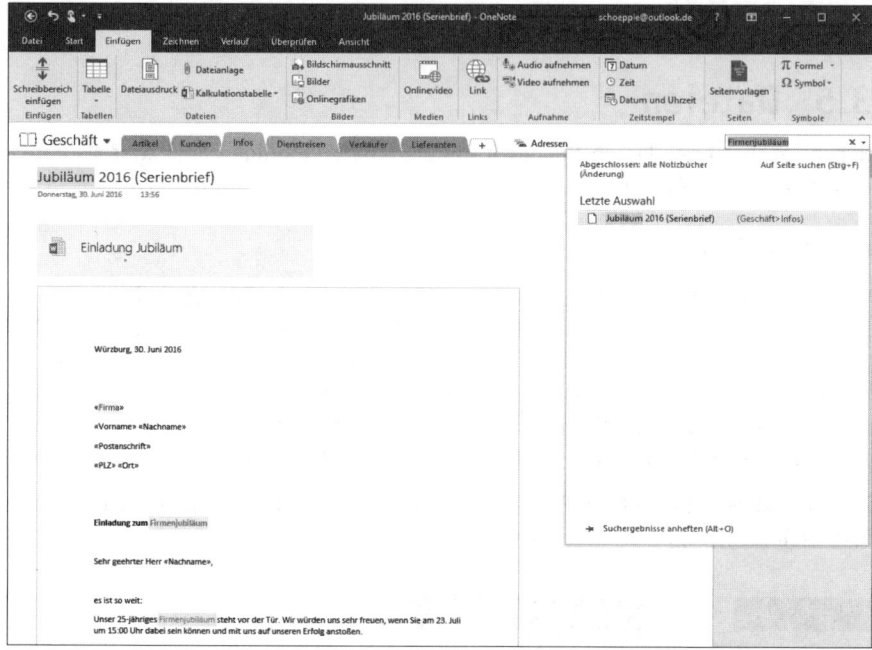

Abb. 3.96: Ein Worddokument als Dateiausdruck mit Anmerkungen

---

HINWEIS

Die einzelnen Suchfunktionen werden Ihnen im folgenden Kapitel näher erläutert.

Dateianlage

Alternativ kann man eine Datei auch als Anhang in OneNote integrieren. Durch einen Klick auf das Symbol wird diese geöffnet und kann in Ursprungsprogramm bearbeitet werden. Dazu müssen Sie zunächst an die betreffenden Stelle der Seite auf die Schaltfläche DATEIABLAGE (Registerkarte EINFÜGEN, Gruppe DATEIEN) klicken, an der Sie die Datei einfügen möchten.

Abb. 3.97: Eine Datei als Anlage hinzufügen

Im daraufhin eingeblendeten Dialogfenster suchen Sie die Datei aus, die Sie als Anlage hinzufügen möchten, und bestätigen mit einem Klick auf die Schaltfläche EINFÜGEN. Dadurch wird das Dialogfenster DATEI EINFÜGEN eingeblendet, in dem Sie Ihre Wahl treffen können.

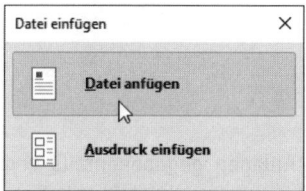

Abb. 3.98: Treffen Sie Ihre Wahl.

Klicken Sie auf den Menüpunkt DATEI EINFÜGEN, damit die Datei auf die Seite eingefügt wird. OneNote zeigt Ihnen dann an dieser Stelle ein Symbol an.

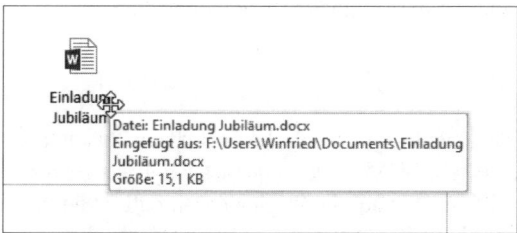

Abb. 3.99: Die als Anhang eingefügte Datei

Wenn Sie später einmal wissen wollen, woher Sie diese Datei eingefügt haben, dann bewegen Sie den Mauszeiger auf dieses Symbol. Nach zwei Sekunden wird Ihnen die Speicherangabe in einer kleinen Quickinfo angezeigt.

Möchten Sie die Datei mit der Ursprungsanwendung, im Beispiel Word, bearbeiten, dann führen Sie an dieser Stelle einen Rechtsklick auf das Symbol und wählen den Menüeintrag ÖFFNEN.

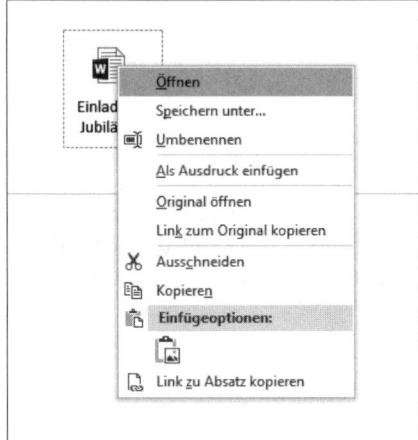

Abb. 3.100: Die Dateianlage öffnen

Sie erhalten nun den Hinweis, dass das Öffnen von Anlagen gegebenenfalls den Computer und Ihre Daten gefährden kann. Da Sie selbst die Anlage eingefügt haben, können Sie dieser vertrauen und den Befehl mit einem Klick auf OK ausführen.

Die Datei wird nun in der Ursprungsanwendung geöffnet und kann dort bearbeitet werden. Beachten Sie dabei allerdings, dass Sie nicht die Ursprungsdatei bearbeiten, sondern die eingefügte Kopie. Wenn Sie Änderungen vornehmen und speichern, werden diese nur an der Kopie, nicht aber an der Originaldatei vorgenommen.

> **TIPP**
>
> Ganz rasch können Sie Originaldokumente, gleich ob Arbeitsblätter, Kalkulationsdateien, PowerPoint-Präsentationen, MP3s, Videosequenzen und so weiter, wie folgt in OneNote einzufügen: Klicken Sie auf die Originaldatei, halten Sie die Maustaste gedrückt und ziehen Sie sie in OneNote auf eine freie Fläche.

Link

Die beiden zuvor gezeigten Möglichkeiten fügen jeweils eine Kopie auf der Seite ein, die von der Originaldatei unabhängig ist. Möchten Sie jedoch die Originaldatei bearbeiten und Änderungen vornehmen, dann müssen Sie die Datei verlinken. In diesem Fall können Sie mit nur einem Mausklick zu der Datei wechseln, dort die Veränderungen vornehmen und diese abspeichern. Im Prinzip haben Sie es immer mit zwei Dateien zu tun.

Um beispielsweise einen Link auf eine Word-Datei auf Ihrem Computer anzulegen, klicken Sie zunächst an die Stelle, an der der Link erscheinen soll, und dort dann auf die Schaltfläche LINK, die Sie auf dem Register EINFÜGEN in der Gruppe LINK finden. Schneller geht das übrigens, wenn Sie die Tastenkombination [Strg] + [K] verwenden.

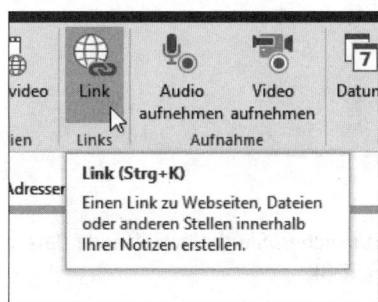

Abb. 3.101: Einen Link zu einer Datei anlegen

Sie erhalten das gleichnamige Dialogfenster, in dem Sie unter anderen auch Links auf Webseiten oder andere Stellen innerhalb eines Notizbuches setzen können. Um wie gewünscht eine Datei einzubinden, klicken Sie auf die Schaltfläche NACH DATEI SUCHEN.

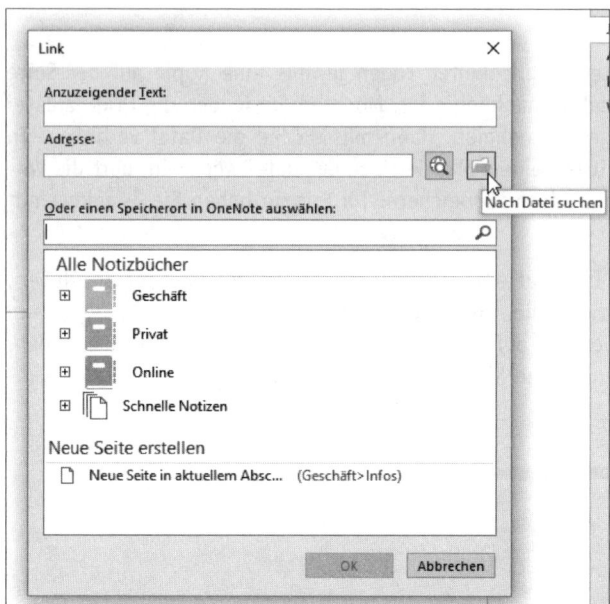

Abb. 3.102: Einen Link auf eine Datei setzen

Im erscheinenden Dialogfenster MIT DATEI VERKNÜPFEN suchen Sie die betreffende Datei, markieren diese und bestätigen mit einem Klick auf OK.

Der Pfad wird nun im Feld ADRESSE des Dialogfensters LINK angezeigt. Schließen Sie dieses Dialogfenster mit einem Klick auf OK und Sie finden den Link auf Ihrer Seite.

Wenn Sie den Mauszeiger darauf bewegen, erscheint die Hyperlink-Hand und Sie können mit einem Klick das Öffnen der verknüpften Daten herbeiführen.

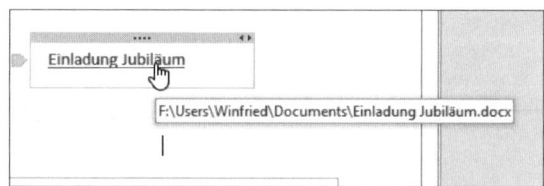

Abb. 3.103: Der Link auf eine Datei

HINWEIS

Beim Anklicken erscheint ein *Sicherheitshinweis für Microsoft OneNote.* Da Sie auf eine Datei außerhalb des Programms zugreifen, kann dieser Ort möglicherweise nicht sicher sein. Damit Sie nicht allzu unbedarft auf solche Links klicken, möchte Microsoft Sie ein wenig dafür sensibilisieren, dass man nur auf vertrauenswürdige Quellen zugreifen sollte.

Wenn Sie den Hinweis mit einem Klick auf JA bestätigen, wird die Datei in der Anwendung geöffnet. Nun können Sie diese dort bearbeiten, und wenn Sie speichern, wird die Originaldatei entsprechenden abgeändert.

Andere Office-Anwendungen

Sie können völlig problemlos auch Information aus anderen Anwendungen wie beispielsweise Word oder Excel per Drag&Drop übernehmen. Zu den Elementen, die Sie dabei übernehmen können, gehören Bilder oder Texte aus Word-Dokumenten oder PowerPoint-Folien oder Zeilen und Spalten aus Excel-Arbeitsmappen.

In diesen Fällen müssen Sie lediglich die gewünschten Informationen in der anderen Anwendung markieren und diese dann einfach an ein beliebige Seite Ihres Notizbuches ziehen.

Der umgekehrte Transfer ist übrigens genauso einfach, so dass sich OneNote beispielsweise wunderbar als Sammelbecken zum Vorbereiten größerer Projekte eignet.

3.6 Audio

Die meisten Notebooks oder Tablets verfügen heutzutage über ein Mikrofon. Was liegt da näher, als Audioaufnahmen vorzunehmen? Haben Sie ein Mikrofon an Ihren gewöhnlichen Computer angeschlossen, können Sie gleichfalls Audioaufnahmen tätigen.

Um eine Aufnahme abzulegen, platzieren Sie den Cursor an die Stelle auf der Seite, an der Sie die Audioaufnahme einfügen möchten, und klicken in der Gruppe AUFNAHME der Registerkarte EINFÜGEN auf die Schaltfläche AUDIO AUFNEHMEN.

Abb. 3.104: Bitte Ruhe! Aufnahme startet!

Haben Sie kein Mikrofon angeschlossen bzw. ist es nicht eingeschaltet, dann erhalten Sie eine entsprechende Fehlermeldung.

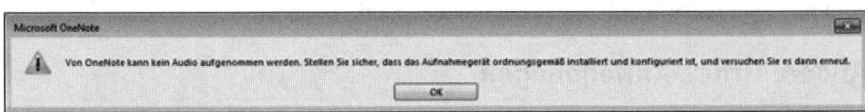

Abb. 3.105: Da lief etwas schief

Anderenfalls startet die Audioaufzeichnung sofort und Sie können gleich lossprechen. Die Aufnahme läuft so lange, bis Sie auf die Schaltfläche Beenden klicken oder die Tastenkombination Strg + Alt + S eingeben. Die Schaltfläche Beenden finden Sie auf der eingeblendeten Unterregisterkarte Aufzeichnung der Registerkarte Audio und Video.

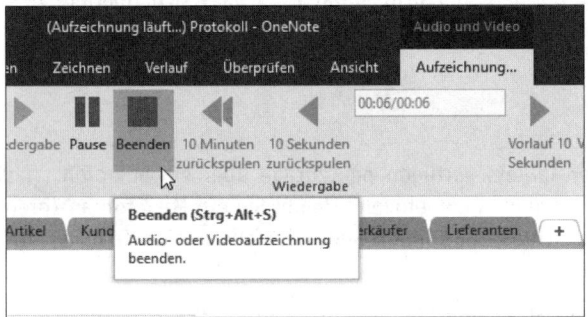

Abb. 3.106: Die Aufnahme beenden

Wenn Sie fertig sind, werden Ihre Notizen mit dem Zeitpunkt ihrer Erstellung in der Aufzeichnung und dem Seitentitel als Dateiname verknüpft. Nun können Sie die Notiz jederzeit abhören. Zeigen Sie dazu auf das Symbol der Aufnahme. In der dadurch eingeblendeten Minisymbolleiste klicken Sie auf die erste Schaltfläche Wiedergabe und schon wird die Aufnahme abgespielt. Alternativ können Sie die Aufnahme auch durch die Tastenkombination [Strg] + [Alt] + [P] starten.

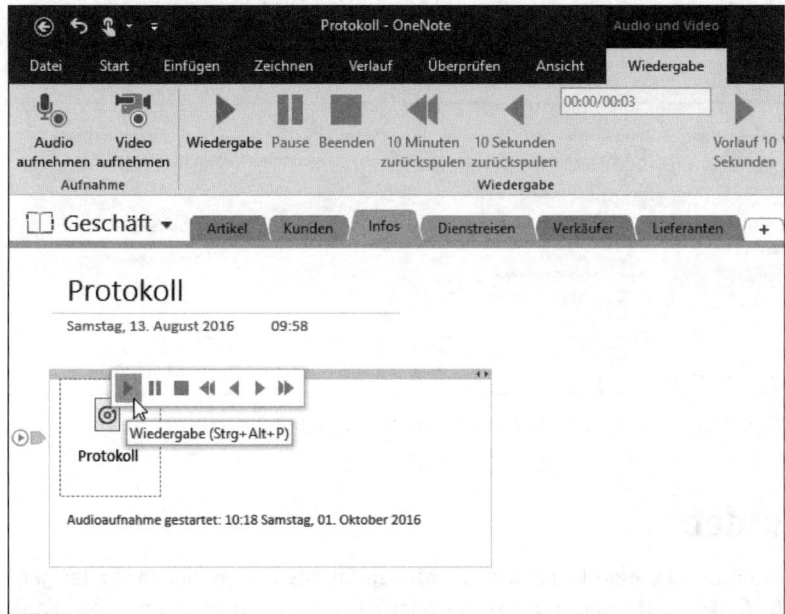

Abb. 3.107: Eine eingebettete Aufnahme abhören

Auf dieser Leiste und insbesondere auf der Registerkarte WIEDERGABE finden Sie zudem Schaltflächen, mit denen Sie sich in der Aufnahme bewegen können. Insbesondere bei langen Aufnahmen ist es hilfreich, wenn Sie zehn Minuten überspringen oder sich in 10-Sekunden-Intervallen bewegen können. Dazu verwenden Sie einfach die entsprechenden Schaltflächen. Darüber hinaus finden Sie auch Angaben zur Länge der gesamten Aufnahme und dem aktuellen Abspielstand.

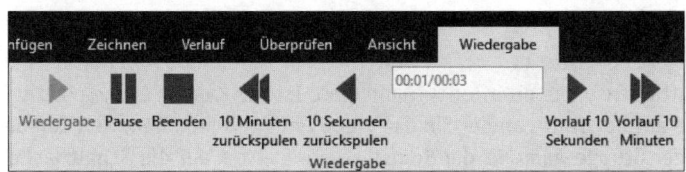

Abb. 3.108: Die Schaltflächen für die Navigation in der Aufnahme

Haben Sie Probleme mit Ihrem Mikrofon oder möchten Sie Einfluss auf die Qualität der Aufnahme nehmen, klicken Sie auf die Schaltfläche Audio- und Videoeinstellungen. Im folgenden Dialogfenster OneNote-Optionen können Sie im Bereich Audio und Video unter anderem das Abspulverhalten einstellen, das Gerät (sprich Mikrofon) auswählen und Einfluss auf das zu verwendende Format nehmen.

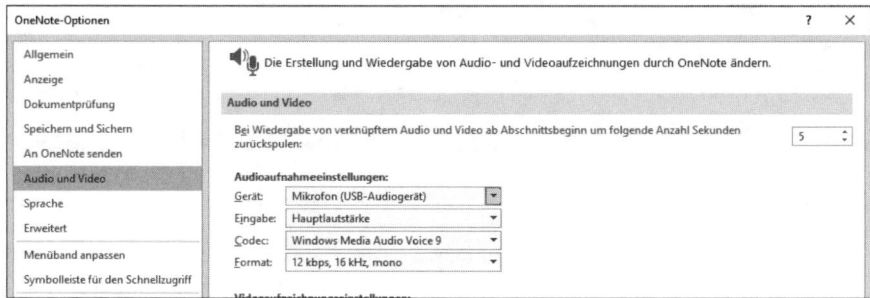

Abb. 3.109: Die Einstellungen für die Audioaufnahmen anpassen

3.7 Video

Verfügt Ihr Gerät über eine Kamera, dann können Sie rasch eine Videonotiz tätigen. Verfügt Ihr Gerät nicht über eine Kamera oder ist diese nicht angeschlossen, dann erhalten Sie eine entsprechende Fehlermeldung.

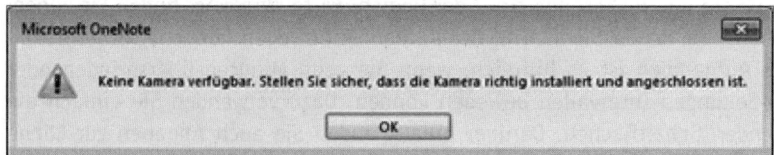

Abb. 3.110: Es ist keine Videoaufnahme möglich.

Video aufnehmen

Das Aufnehmen läuft ebenso wie eine Tonaufnahme ab. Ist die Kamera aktiv, platzieren Sie an die Stelle auf der Seite, an der Sie das Video einfügen möchten, den Cursor und klicken Sie in der Gruppe Aufnahme der Registerkarte Einfügen auf die Schaltfläche Video aufnehmen.

Abb. 3.111: Die Videoaufnahme starten

Die Registerkarte Audio und Video nebst Unterregisterkarte Aufzeichnung wird eingeblendet und die Aufzeichnung startet sofort.

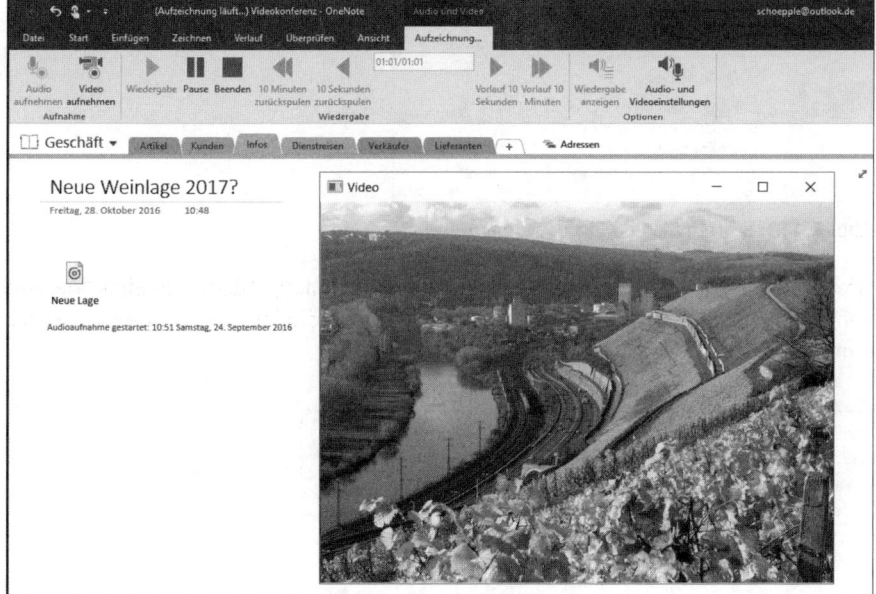

Abb. 3.112: Die Videoaufnahme läuft.

Möchten Sie die Aufnahme beenden, klicken Sie entweder auf die Schaltfläche Beenden oder betätigen die Tastenkombination [Strg] + [Alt] + [S].

TIPP

Wie bei einer Audioaufnahme können Sie sich über die Schaltflächen in der Registerkarte Wiedergabe innerhalb der Aufnahme bewegen.

Onlinevideo

In OneNote können Sie auch Onlinevideos, beispielsweise Erklärvideos, einbetten und so bei Bedarf aufrufen.

Klicken Sie zunächst auf die Schaltfläche ONLINEVIDEO, die Sie in der Gruppe MEDIEN auf der Registerkarte EINFÜGEN finden.

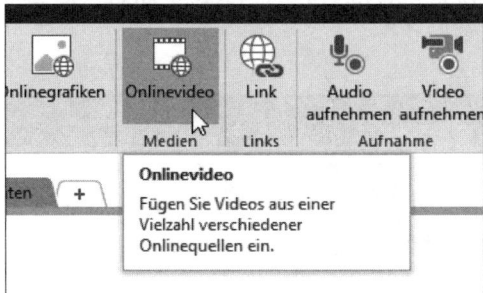

Abb. 3.113: Starten Sie den Einfügevorgang.

Wie Sie der Erklärung entnehmen können, ist es möglich, Videos aus einer Vielzahl von Onlinequellen einzufügen. Dazu benötigen Sie lediglich die VIDEOADRESSE, die Sie einfügen müssen.

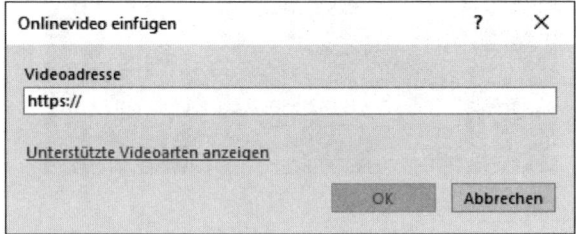

Abb. 3.114: Wie lautet die Adresse des Anbieters?

Surfen Sie mit Ihrem Browser in dem Videoportal zu dem gewünschten Video und kopieren Sie sich mit [Strg] + [C] aus der Adressleiste die Videoadresse. Anschließend klicken Sie in das Feld VIDEOADRESSE und fügen diese mit [Strg] + [V] ein.

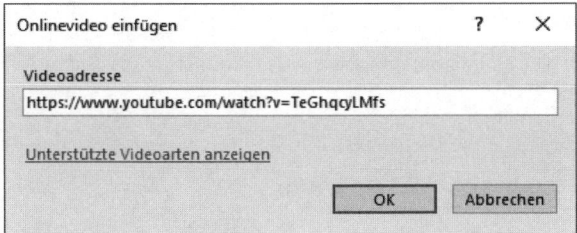

Abb. 3.115: Die kopierte Videozeile

Abschließend müssen Sie nur noch mit OK bestätigen und OneNote fügt das Video mit ein paar Informationen in einen Container ein. Über die große Pfeilschaltfläche in der Mitte des Videos können Sie das Video nun abspielen.

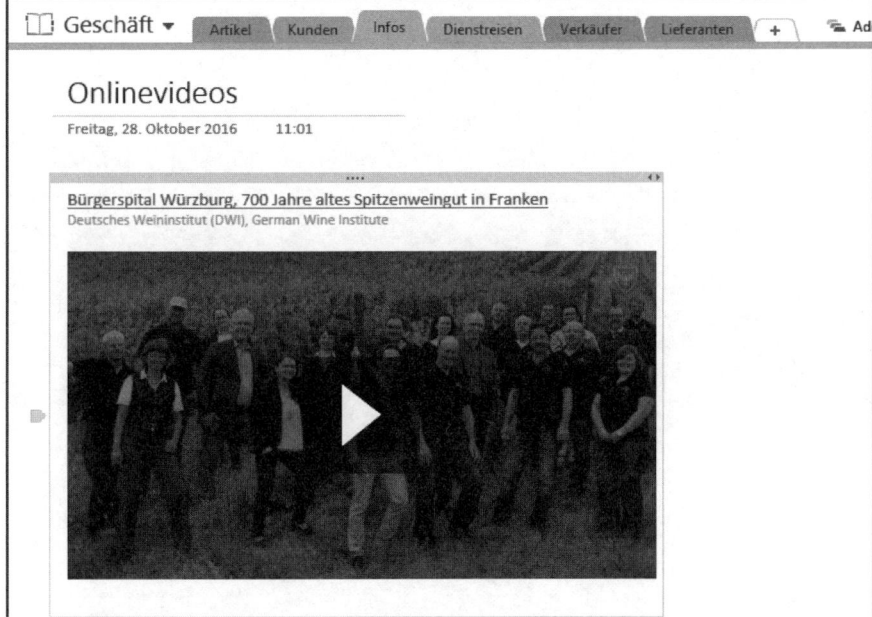

Abb. 3.116: Das Video steht bereit zum Abspielen.

Kapitel 4

Inhalte verwalten

Nachdem Sie im vorherigen Kapitel gesehen haben, auf welche Weise es möglich ist, Informationen zu erfassen, lernen Sie in diesem Kapitel, wie man die Informationen besser aufbereitet, pfiffig und effizient durchsuchen und so mehr Gewinn aus seinen Notizen erzielen kann.

4.1 Verlauf

Gewiss haben Sie sich schon einmal geärgert, weil Sie einen wichtigen Notizzettel verloren haben und nun nicht mehr wissen, was darauf vermerkt war. Mit OneNote kann Ihnen das nicht passieren, denn es protokolliert sozusagen Ihre gesamte Notiztätigkeit und Sie können so manches Malheur – zumindest innerhalb eines gewissen Zeitraums – rückgängig machen. Diese Optionen, die Ihnen zudem helfen, Ihre Informationen besser zu strukturieren und zu verwerten, finden Sie im Register VERLAUF in drei Gruppen aufgelistet.

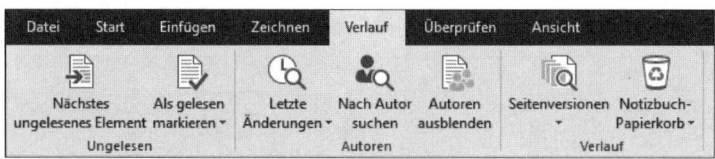

Abb. 4.1: Die Optionen der Registerkarte VERLAUF

Autoren

Spätestens wenn mehrere Menschen an einem Notizbuch arbeiten, ist es hilfreich, die Optionen der Gruppe AUTOREN einzusetzen. Wenn nämlich mehrere Personen an einem Notizbuch arbeiten, dann werden die Einträge der einzelnen Nutzer mit deren Kürzel gekennzeichnet.

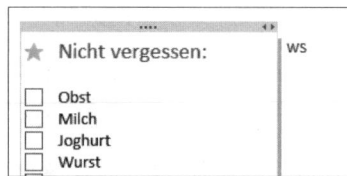

Abb. 4.2: An dem Kürzel erkennt man einen Autor.

Autoreninformationen

Wie die einzelnen Autoren angezeigt werden, kann man beeinflussen. Welche Kürzel für die Kennzeichnung verwendet werden, können Sie nämlich über die OPTIONEN einstellen. Rufen Sie die Menüfolge DATEI / OPTIONEN auf und wählen Sie die Kategorie ALLGEMEIN an. Dort können Sie im Bereich MICROSOFT OFFICE-KOPIE PERSONALISIEREN in die Felder BENUTZERNAME und INITIALEN eintragen, mit welchen Angaben Ihre Informationen versehen werden sollen.

Microsoft Office-Kopie personalisieren	
Benutzername:	Xaver Schöpple
Initialen:	XS
☐ Immer diese Werte verwenden, unabhängig von der Anmeldung bei Office	

Abb. 4.3: Die Angaben für den Autor

Autoren ausblenden

Sind viele Autoren an einer Notiz beteiligt, dann kann es rasch unübersichtlich werden. In diesem Fall ist es hilfreich, dass Sie die Autorenangaben mit einem Klick auf die Schaltfläche AUTOREN AUSBLENDEN einfach verschwinden lassen können.

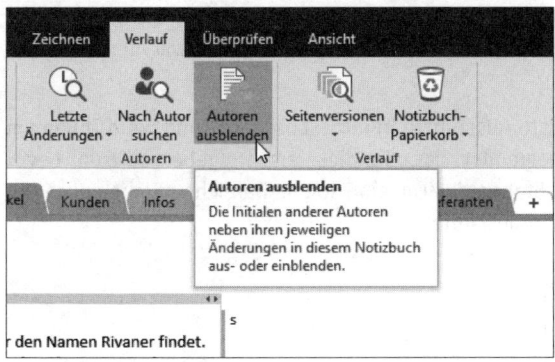

Abb. 4.4: Die Autoreninitialien einfach ausblenden

Autorensuche

Um gekehrt kann die Autorenangabe aber helfen, wenn man wissen will, welcher Autor welche Änderung vorgenommen hat und wo man diese findet. In diesem Fall führen Sie einen Klick auf die Schaltfläche NACH AUTOR suchen aus.

OneNote blendet Ihnen auf der rechten Seite den Aufgabenbereich SUCHERGEBNISSE ein und zeigt Ihnen die Änderungen aller gefundenen Autoren sortiert an.

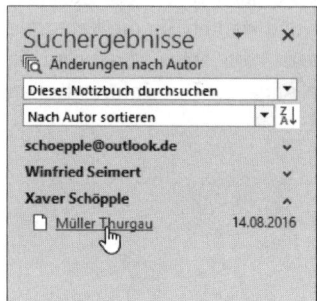

Abb. 4.5: Die Autorensuche

Über das obere Listenfeld können Sie Einfluss darauf nehmen, wo Sie suchen möchten. Hier haben Sie die Wahl zwischen den Optionen DIESEN ABSCHNITT DURCHSUCHEN, DIESE ABSCHNITTSGRUPPE DURCHSUCHEN, DIESES NOTIZBUCH DURCHSUCHEN oder sogar ALLE NOTIZBÜCHER DURCHSUCHEN. Auf diese Weise können Sie die Suche verkürzen oder erweitern, wenn Sie beispielsweise wissen wollen, wie aktiv ein Autor war.

Im zweiten Listenfeld stellen Sie die Sortierreihenfolge ein. Entweder nehmen Sie die Option NACH AUTOR SORTIEREN oder NACH ÄNDERUNGSDATUM SORTIEREN. Über die Schaltfläche am rechten Rand nehmen Sie Einfluss, ob das Suchergebnis AUFSTEIGEND oder ABSTEIGEND angezeigt werden soll.

Befinden sich kennwortgeschützte Abschnitte in der Suchanforderung, wird Ihnen am unteren Rand der Hinweis eingeblendet, dass Sie diese erst freigeben müssen, bevor sie durchsucht werden können. Standardmäßig sind solche Bereiche nämlich auch bei der Suche vor neugierigen Augen geschützt.

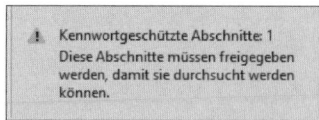

Abb. 4.6: Es wurde ein kennwortgeschützter Abschnitt gefunden.

Letzte Änderung

Häufig weiß man nicht mehr, wo man eine bestimmte Änderung vorgenommen hat, aber immerhin, dass das erst vor ein paar Tagen war. Oder Sie möchten nachvollziehen, wie lang eine Änderung her ist. In diesen Fällen ist die Option Letzte Änderungen hilfreich. Klicken Sie auf den Listenpfeil der Schaltfläche, können Sie den Zeitraum auswählen, der Ihnen gezeigt werden soll.

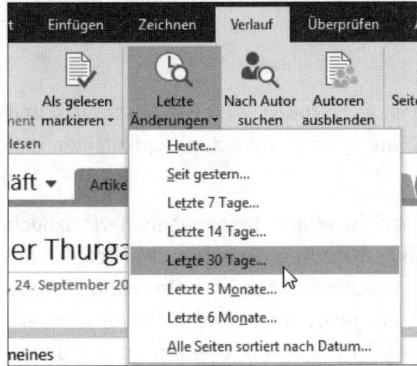

Abb. 4.7: Welchen Zeitraum wünschen Sie?

Nach Auswahl der gewünschten Option wird der Aufgabenbereich Suchergebnisse eingeblendet und präsentiert Ihnen die gewünschte Auflistung der Änderungen. Zugleich werden diese farbig markiert und mit den Initialen des Autors versehen.

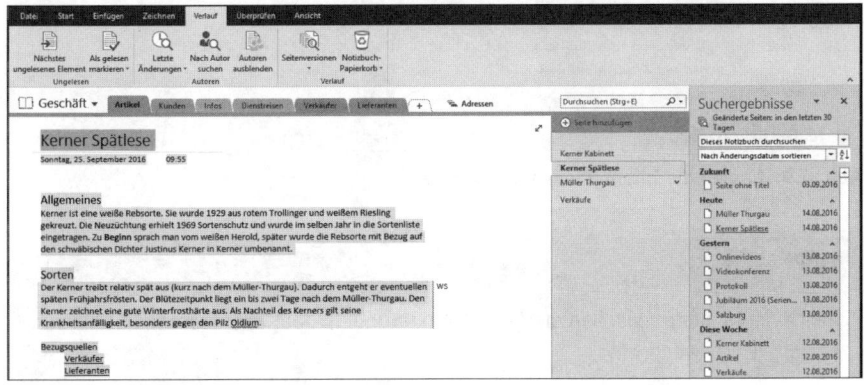

Abb. 4.8: Die gewünschte Änderungsliste

Möchten Sie eine bestimmte Seite sehen, dann klicken Sie einfach auf den Link in der Liste der Suchergebnisse.

TIPP

Möchten Sie die chronologische Reihenfolge Ihres Notizbuchs nachvollziehen, dann wählen Sie die letzte Option ALLE SEITEN SORTIERT NACH DATUM.

Ungelesen

Gerade in einem umfangreicheren Notizbuch ist es hilfreich, dass Sie Abschnitte und Notizbücher als ungelesen markieren können, um später darauf zurückzukommen und die Informationen dann zu verinnerlichen.

Eigentlich ist diese Funktion für das Arbeiten in einem freigegebenen Notizbuch gedacht. Wenn dort eine andere Person Inhalte hinzufügt, werden die Titel der Arbeitsmappen, Abschnitte und Seiten, die sich geändert haben, in fetter Formatierung dargestellt, und die neu eingefügten Inhalte auf jeder Seite werden hervorgehoben. Diese Formatierung informiert Sie, dass Aktualisierungen zum Überprüfen vorhanden sind, und erleichtert das Auffinden der Änderungen. Ein Klick auf die Schaltfläche ALS GELESEN MARKIEREN in der Gruppe UNGELESEN zeigt die Fettformatierungen und die Hervorhebungen zugleich, sodass Sie über die Änderungen informiert sind.

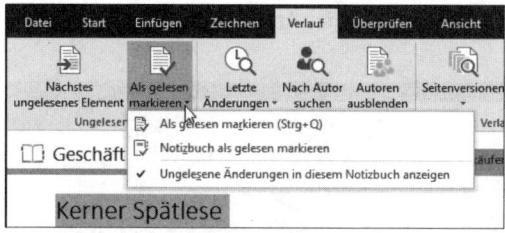

Abb. 4.9: Wurden die Informationen schon gelesen?

TIPP

Rasch kann man zwischen den Lesemarkierungen über die Tastenkombination Strg + Q wechseln.

Die ungelesenen Stellen werden farbig hervorgehoben und – falls sie von einem anderen Autor stammen – mit den Initialen versehen. Die Markierung verschwindet, wenn Sie zu einer anderen Seite wechseln. Bei mehreren ungelesenen Elmenten ist es hilfreich, wenn Sie über die Schaltfläche NÄCHSTES UNGELESENES ELEMENT zur nächsten Seite wechseln und so den Leserückstand aufarbeiten.

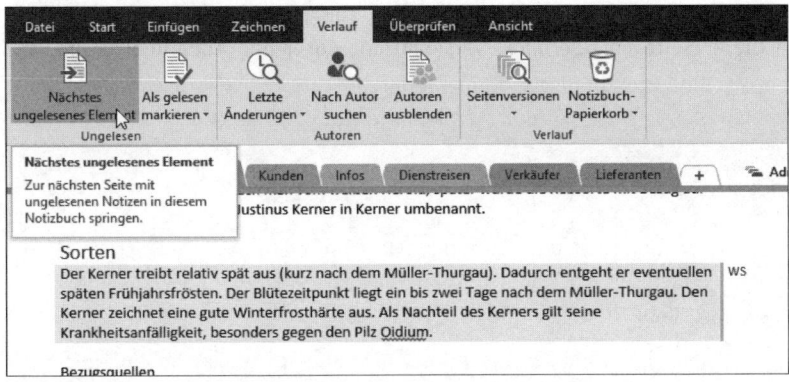

Abb. 4.10: Zum nächsten ungelesenen Element wechseln

HINWEIS

Ist diese Schaltfläche nicht aktiviert, dann existiert in dem aktuellen Notizbuch kein Eintrag (mehr), der von einem anderen Benutzer bearbeitet wurde.

Seitenversionen

Notizen unterliegen vielfältigen Änderungen, sei es durch einen selbst oder durch andere. Möchten Sie nachvollziehen, welcher Autor welche Änderung an welcher Seite vorgenommen hat, hilft Ihnen die Funktion SEITENVERSIONEN gewiss weiter.

Klicken Sie auf den Listenpfeil der Schaltfläche und wählen Sie den Menüeintrag SEITENVERSIONEN aus, damit Ihnen alle Versionen der aktuellen Seite angezeigt werden.

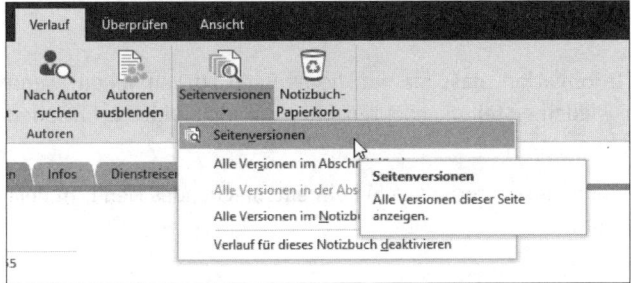

Abb. 4.11: Die Seitenversionen einer Seite anzeigen lassen

Im Seitenregister auf der rechten Seite werden Ihnen nun alle bislang erstellten Versionen dieser Seite im Überblick, versehen mit Autor und Änderungsdatum, angezeigt.

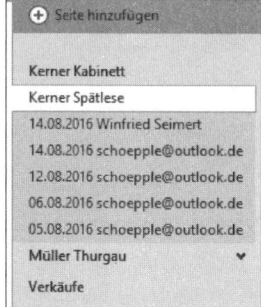

Abb. 4.12: Die Versionen einer einzelnen Seite im Überblick

Möchten Sie sich eine ältere Version anzeigen lassen, klicken Sie einfach auf die entsprechende Version. OneNote zeigt Ihnen daraufhin die ältere Version dieser Seite und fügt am oberen Rand den Hinweis ein, dass diese im Lauf der Zeit gelöscht wurde.

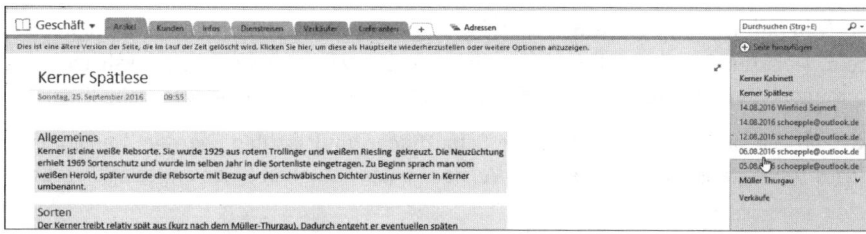

Abb. 4.13: Eine ältere Version anzeigen

Zudem erhalten Sie die Information, dass Sie auf dieses Band klicken sollen, wenn Sie diese ältere Version wiederherstellen möchten bzw. um sich weitere Optionen anzeigen zu lassen.

Kommen Sie der Aufforderungen nach, erhalten Sie ein entsprechendes Menü, in dem Sie Ihre Wahl treffen können.

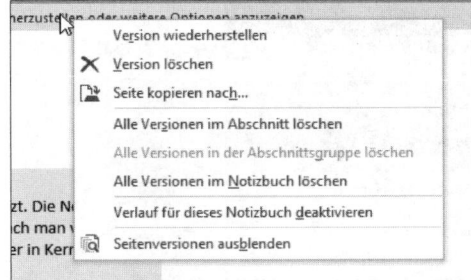

Abb. 4.14: Die Optionen für eine ältere Seite aus dem Seitenverlauf

Wie Sie sehen, können Sie diese VERSION WIEDERHERSTELLEN. In diesem Fall wird sie einfach die bisher angezeigte ersetzen. Möchten Sie das vielleicht nicht, dann wäre unter Umständen die Option SEITE KOPIEREN NACH die bessere Wahl, da Sie so beide Seitenversionen behalten.

Möchten Sie – etwa aus Datenschutzgründen – nicht, das OneNote Versionen Ihrer Seite anlegt, dann wählen Sie die Option VERLAUF FÜR DIESES NOTIZBUCH DEAKTIVIEREN. Alternativ können Sie auch einzelne Verlaufsversionen mithilfe der Option VERSION LÖSCHEN aus der Verlaufsauflistung entfernen.

Notizbuch-Papierkorb

Haben Sie eine Seite oder gar einen Abschnitt gelöscht und möchten das ungeschehen machen, dann kommt der Papierkorb zum Einsatz. Gelöschte Seiten und Abschnitte werden nämlich im NOTIZBUCH-PAPIERKORB abgelegt und dort erst nach weiteren 60 Tagen gelöscht. Innerhalb dieses Zeitraums sind die Informationen somit nicht unwiderruflich verschwunden.

Sind Sie also auf der Suche nach etwas Gelöschtem, dann klicken Sie auf die Schaltfläche NOTIZBUCH-PAPIERKORB und wählen aus dem Listeneintrag abermals NOTIZBUCH-PAPIERKORB.

HINWEIS

Sie können mit einem Klick auf den Eintrag PAPIERKORB LEEREN diesen komplett säubern. Allerdings müssen Sie dazu eine Nachfrage mit JA beantworten.

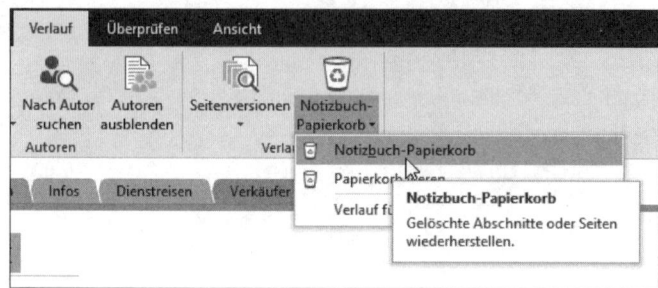

Abb. 4.15: Der Weg zu gelöschten Seiten und Abschnitten

Sie gelangen in den Papierkorb des aktuellen Notizbuchs, der von OneNote als *One-Note_RecycleBin* bezeichnet wird. Hier finden Sie unter Gelöschte Seiten dieselben und dahinter die Registerkarten der gelöschten Abschnitte.

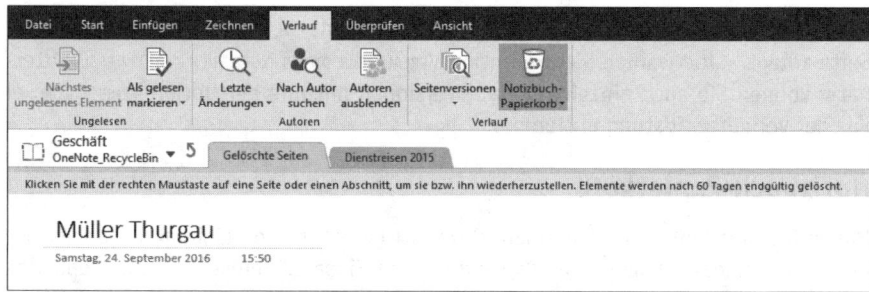

Abb. 4.16: Der Notizbuch-Papierkorb

Um nun eine Seite oder einen Abschnitt wiederherzustellen, führen Sie einen Rechtsklick darauf aus und wählen im Kontextmenüpunkt den Eintrag Verschieben oder Kopieren. Im folgenden Dialogfenster stellen Sie den gewünschten Ort ein und bestätigen Ihre Wahl mit einem Klick auf die Schaltfläche Verschieben oder Kopieren.

Dazu haben Sie – wie bereits erwähnt – 60 Tage Zeit. Wenn Sie diesen Zeitraum einmal verpasst haben, sollten Sie den nächsten Abschnitt lesen.

Sicherungsordner

OneNote legt zu Ihrer Sicherheit automatisch einmal pro Woche von allen Notizbücher Sicherungskopien an. Diese können Sie verwalten und gegebenenfalls öffnen.

Sicherungseinstellungen

Zunächst sollten Sie Ihre Sicherungsoptionen an Ihre Bedürfnisse anpassen. Dazu klicken Sie auf die Schaltfläche Datei und wählen den Menüpunkt Optionen aus. Dort rufen Sie die Kategorie Speichern und Sichern auf, die alle Einstellungsmöglichkeiten enthält.

Im dem Bereich Speichern können Sie den Ort für den Sicherungsordner einstellen, wenn er nicht Ihren Vorstellungen entspricht. In diesem Fall klicken Sie auf die Schaltfläche Ändern und stellen den gewünschten Ort ein.

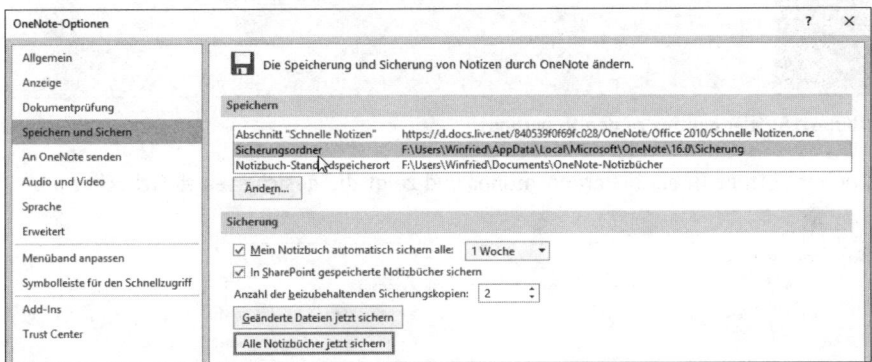

Abb. 4.17: Die Optionen für die Sicherungen

Das Verhalten der Sicherungen nehmen Sie im Bereich Sicherung vor. Belassen Sie das Kontrollkästchen Mein Notizbuch automatisch sichern alle aktiviert, sodass Sie nicht selbst Hand anlegen müssen, und stellen Sie gegebenenfalls im Listenfeld ein anderes Intervall ein. Gewiss sind die aktuellen Notizen immer die wichtigsten. Wenn Sie jedoch die Sicherungsfunktionen nutzen möchten, um wichtige Notizen über einen längeren Zeitraum zu archivieren, stellen Sie sicher, dass die älteren Sicherungssätze nicht durch die neueren überschrieben werden. Standardmäßig gibt OneNote zwei Sicherungskopien vor. Wenn Sie das ändern wollen, dann tragen Sie die gewünschte Anzahl in das Feld Anzahl der beizubehaltenden Sicherungskopien ein.

Mit den darunterliegenden Schaltflächen Geänderte Dateien jetzt sichern und Alle Notizbücher jetzt sichern können Sie sofort eine Sicherung durchführen.

Wenn Sie anschließend das Dialogfenster mit einem Klick auf OK verlassen, kommt gegebenenfalls der Hinweis, dass mindestens eine der von Ihnen getätigten Einstellungen erst beim nächsten Start von OneNote wirksam wird.

Sicherungskopien

Möchten Sie im Fall der Fälle eine Sicherungskopie öffnen, dann rufen Sie über die Schaltfläche Datei das Menü Informationen auf. Hier finden Sie auf der rechten Seite die Schaltfläche Sicherungen öffnen.

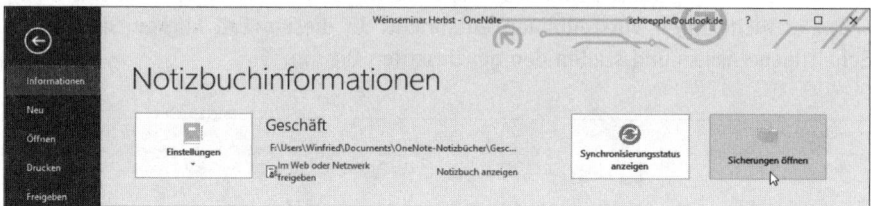

Abb. 4.18: Hier geht es zu den Sicherungen.

OneNote öffnet Ihren Sicherungsordner und zeigt die gesicherten Notizbücher an.

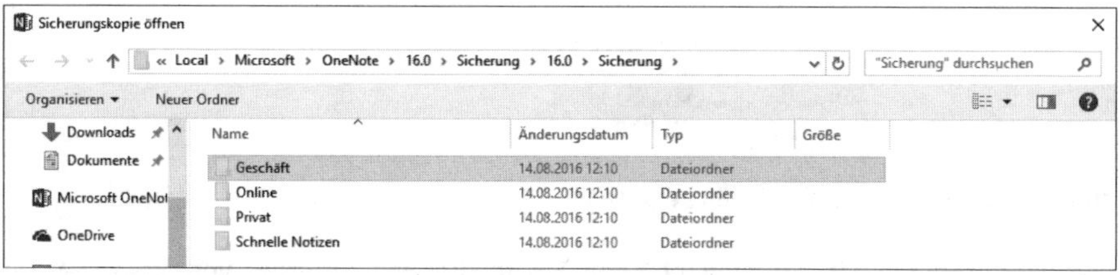

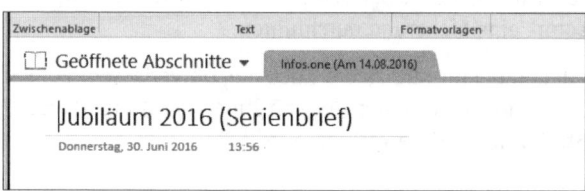

Abb. 4.19: Die gesicherten Notizbuchordner im Sicherungsordner

Markieren Sie den Ordner, der das gesicherte Notizbuch enthält, und bestätigen Sie mit einem Klick auf die Schaltfläche Öffnen.

OneNote zeigt Ihnen daraufhin die gesicherten Abschnitte mit Datum an. Markieren Sie den Abschnitt, den Sie wiederherstellen möchten, und klicken Sie erneut auf die Schaltfläche Öffnen. Der Abschnitt wird nun (inklusive Datumsangabe im Register) geöffnet und kann wie gewohnt bearbeitet werden.

Abb. 4.20: Ein wiederhergestellter Abschnitt

4.2 Suchen

Wo war das noch mal? Jeder, der schon mal etwas auf einen Notizzettel geschrieben hat, kennt das. Das Unglücklichste am Aufbewahren von Notizen ist, dass man sie oft nicht wiederfindet. Bei OneNote ist das anders. Mithilfe ausgefeilter Suchoptionen kann man die aufbereiteten Daten durchforsten und findet selbst mit nur wenigen Erinnerungen seine Notizen wieder.

Einfache Suche

Die schnellste Art der Suche ist die einfache Suche, die Sie immer dann einsetzen, wenn Sie nach einem bestimmten Wort oder nur nach Teilen eines Begriffs suchen. Bei dieser Suche werden alle Notizbücher durchsucht; Sie müssen sich also keine Gedanken machen, in welchem Buch Sie die Notiz abgelegt hatten. Die Ergebnisse werden Ihnen getrennt nach den Kriterien LETZTE AUSWAHL, IN (Seiten-)TITEL und AUF SEITE aufgelistet.

Beginnen Sie einfach mit der Eingabe des Suchbegriffes in das Suchfeld auf der rechten Seite neben der Auflistung der Abschnitte.

TIPP

Das Suchfenster können Sie rasch mit `Strg` + `F` aufrufen. In diesem Fall werden Ihnen die letzten Auswahlen präsentiert. Das ist hilfreich, wenn man die letzte Suche noch einmal nachvollziehen will.

Wie Sie bemerken, werden Ihnen schon nach wenigen Buchstaben die ersten Ergebnisse eingeblendet und der gesuchte Textstring farbig markiert. An je mehr Buchstaben des Begriffs Sie sich erinnern, desto genauer wird das Ergebnis sein.

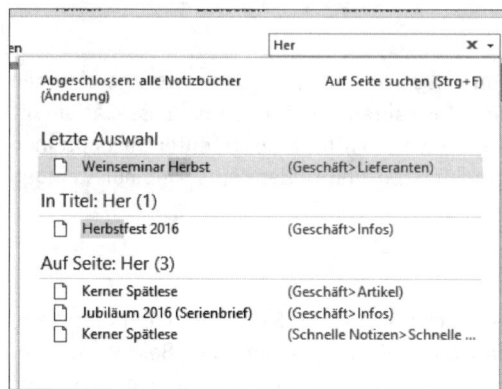

Abb. 4.21: Die Suche beginnt ...

Neben den Fundstellen finden Sie in Klammer die Angabe der Fundstelle. Der erste Wert bezeichnet dabei das Notizbuch, die Angabe nach dem Pfeil den Abschnitt, in dem sich der Begriff befindet.

Nähere Informationen über die Fundstelle erhalten Sie in einer QuickInfo, wenn Sie mit der Maus auf einen Eintrag in der Suchliste zeigen.

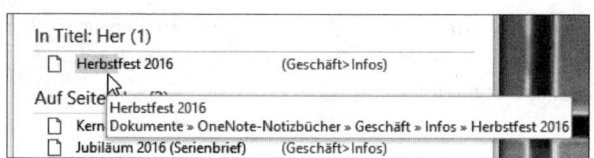

Abb. 4.22: Nähere Informationen in der QuickInfo

Klicken Sie auf einen solchen Fundlink, wechselt OneNote direkt zu der betreffenden Seite.

Wenn Sie auf eine solche Seite gelangt sind und den Treffer nicht sofort ausmachen können, ist es hilfreich, mit der Seitensuche weiterzumachen. Betätigen Sie dazu die Tastenkombination ⌨Strg + ⌨F. OneNote zeigt Ihnen nun die Übereinstimmungen mit dem Suchbegriff an und Sie können über die kleinen Pfeile (oder durch Betätigen von ⌨F3) zur nächsten Übereinstimmung gelangen.

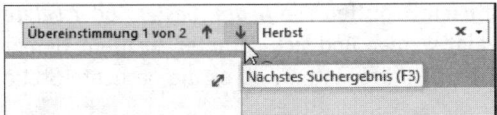

Abb. 4.23: Die Seitensuche

Diese Option – sowie weitere interessante Möglichkeiten – können Sie über das Kontextmenü der Suchleiste aufrufen. Klicken Sie auf den kleinen nach unten weisenden Pfeil, um an die entsprechenden Optionen zu gelangen.

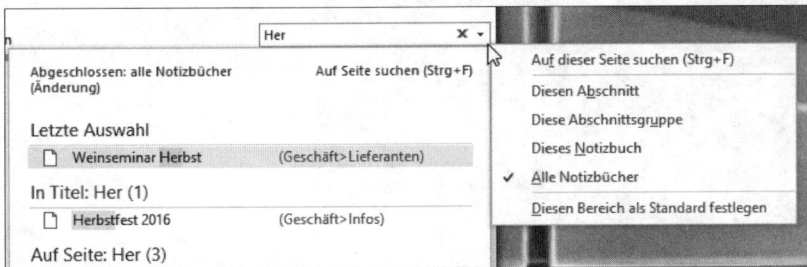

Abb. 4.24: Die weiteren Suchoptionen

An dieser Stelle können Sie die Gesamtsuche auf alle Notizbücher entfernen und beispielsweise nur auf das aktuelle Notizbuch oder den aktuellen Abschnitt beschränken.

Um die Suche zu beenden, klicken Sie einfach einmal außerhalb des Suchfensters.

Um ein unbeabsichtigtes Schließen zu verhindern oder falls Sie eine umfangreiche Liste mit Fundstücken erhalten haben, ist es hilfreich, wenn Sie sich die Suchergebnisse an die rechte Seite anheften. Unten auf der Auflistung finden Sie eine Schaltfläche, die genau das bewirkt.

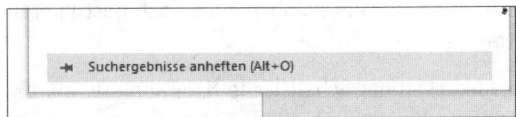

Abb. 4.25: Die Suchergebnisliste an die rechte Seite anheften

Ein Klick auf die Schaltfläche oder Betätigen von $\boxed{\text{Alt}}$ + $\boxed{\text{O}}$ pinnt die Suchergebnisse an die rechte Seite. Wie Sie sehen, hat diese Darstellungsform des Weiteren den Vorteil, dass die Ergebnisse auch nach Begriffen wie *Heute, Gestern* oder *Letzte Woche* nebst konkretem Datum angezeigt werden und sich darunter auch ein kleiner Textausschnitt befindet, sodass man gleich prüfen, kann, ob es die gesuchte Stelle sein könnte.

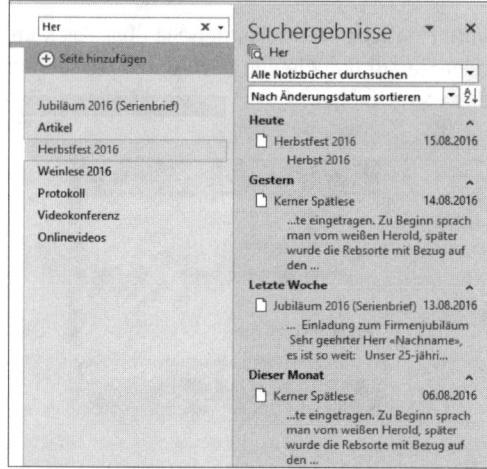

Abb. 4.26: Die angeheftete Suchliste

Spezielle Suche

Neben der eben gezeigten schnellen, einfachen Suche können Sie die Suche in One-Note verfeinern, etwa, wenn Sie nach einem bestimmten Autor suchen oder in Bild- oder Audiodateien fündig werden wollen.

Nach Autoren suchen

Wenn Sie mit mehreren Menschen an einem Notizbuch arbeiten, werden Sie gewiss die Autorensuche zu schätzen wissen. OneNote kann nämlich auch nach bestimmten Autoren suchen und sich deren Beiträge anzeigen lassen.

Die Suche starten Sie einfach durch Anklicken der Schaltfläche NACH AUTOR SUCHEN, die Sie in der Gruppe AUTOREN der Registerkarte VERLAUF finden.

Auf der rechten Seite werden Ihnen die Suchergebnisse nach Autoren sortiert ange-zeigt. Klicken Sie auf den kleinen nach unten weisenden Pfeil am rechten Rand des Autors, um alle Fundstellen einzusehen.

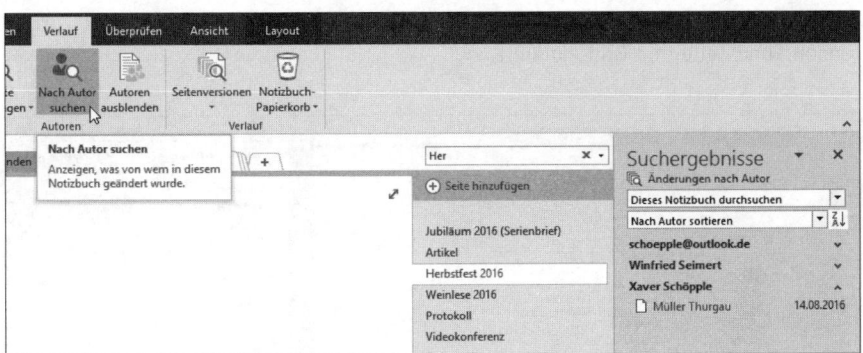

Abb. 4.27: Nach Autoren suchen

Text im Bild als durchsuchbar definieren

Bilder, Bildschirmausschnitte oder Screenshots aus dem Internet in denen sich Text befindet, kann ebenfalls über die Suchfunktion durchsucht werden, sofern es als durchsuchbar definiert wurde.

Überprüfen Sie, ob die Funktion eingeschaltet ist. Klicken Sie dazu mit der rechten Maustaste auf das Bild und schauen Sie, ob die Option DEUTSCH im Menüpunkt TEXT IM BILD ALS DURCHSUCHBAR DEFINIEREN aktiviert ist.

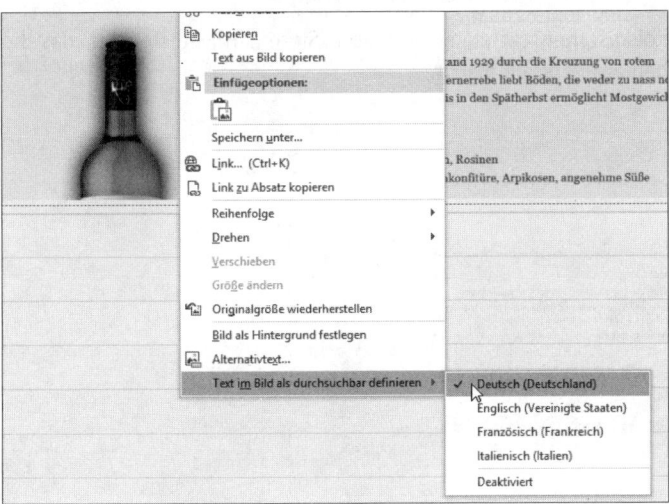

Abb. 4.28: Die Suchfunktion ist aktiviert.

Wenn Sie anschließend die Suchfunktion verwenden, werden Ihnen auch die zutreffenden Fundstellen im Bild markiert.

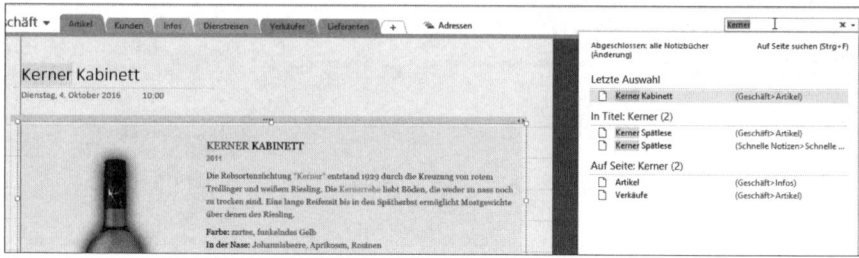

Abb. 4.29: Gesucht? Gefunden!

Audio- und Videodateien nach Wörtern durchsuchen

Auch Audioaufzeichnungen können Sie nach bestimmten gesprochenen Wörtern durchsuchen, sofern Sie die Datei indiziert haben. Dazu müssen Sie die AUDIO-SUCHE aktivieren. Da diese Option die allgemeine Suchleistung von OneNote etwas verlangsamt, ist sie nämlich deaktiviert.

Um sie zu aktivieren, wählen Sie in den OPTIONEN (Klick auf Schaltfläche DATEI) die Kategorie AUDIO UND VIDEO an. Dort finden Sie im Bereich AUDIO-SUCHE das Kontrollkästchen SUCHE NACH WÖRTERN IN AUDIO- UND VIDEOAUFZEICHNUNGEN AKTIVIEREN.

Wenn Sie das Kontrollkästchen aktivieren, erhalten Sie ein Hinweisfenster, das Sie auf die Anforderungen aufmerksam macht.

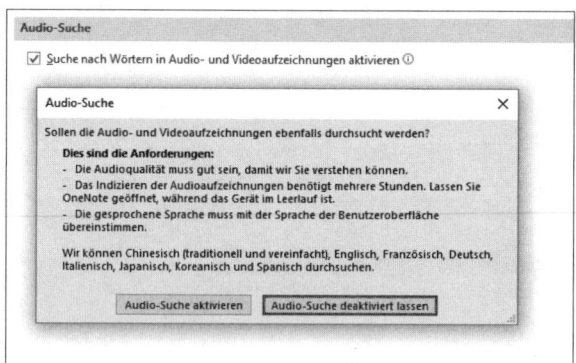

Abb. 4.30: Die Audio-Suche aktivieren oder nicht?

Wenn Sie mit den Bedingungen einverstanden sind, klicken Sie auf die Schaltfläche AUDIO-SUCHE AKTIVIEREN.

Nun müssen Sie ein bisschen Geduld aufbringen, was kein Problem ist, denn Sie haben ja die Hinweise gelesen, dass das Indizieren schon mal ein paar Stunden dauern kann.

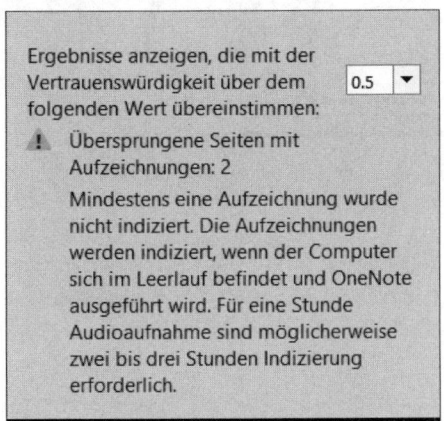

Abb. 4.31: Die Audiosuche erfordert zunächst Geduld.

Wenn Sie nach Ende der Indizierung, die Ihnen leider nicht optisch angezeigt wird, die Suche starten, wird Ihnen das Ergebnis im Suchfenster angezeigt.

Kategorien

Mithilfe der Kategorien kann man Notizen mit zwei Klicks gewichten, markieren und für spätere Suchen auffindbar machen. Hierbei gibt es einige mehr oder weniger hilfreich vordefinierte Tags, etwa WICHTIG oder FÜR SPÄTER VORMERKEN. Richtig nützlich wird das Ganze mit selbst definierten Kategorien (in früheren Versionen hießen diese Tags), da man damit eine weitere Ebene der Strukturierung ansetzen kann.

Informationen mit Kategorien versehen

Um mit Kategorien zu arbeiten, müssen Sie die entsprechenden Informationen zunächst mit einer entsprechenden Kategorie versehen. So sind beispielsweise einige Notizen von besonderer Wichtigkeit und Sie wollen diese schnell wiederfinden. In diesem Fall versehen Sie sie einfach mit der Kategorie WICHTIG.

Belassen Sie dazu den Cursor im Text bzw. platzieren Sie ihn an die Stelle, die Sie markieren wollen. In der Gruppe KATEGORIEN der Registerkarte START finden Sie in der Liste der Kategorien an zweiter Stelle die gewünschte Kategorie WICHTIG und klicken darauf. Im Text wird daraufhin das Symbol, der Stern, vor den Text eingefügt.

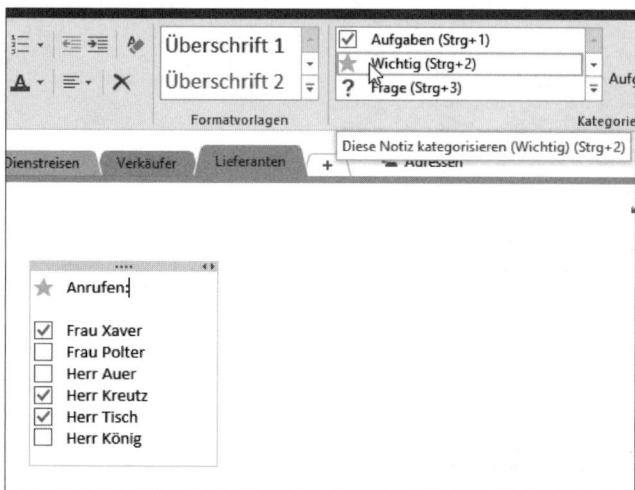

Abb. 4.32: Eine Notiz mit der Kategorie WICHTIG markieren

Möchten Sie alle Kategorien einsehen, dann klicken Sie einmal auf den Listenpfeil am rechten unteren Rand.

TIPP

Die ersten neun Kategorien lassen sich per Tastenkombination zuweisen. Für die Kategorie WICHTIG beispielsweise wäre das Strg + 2 .

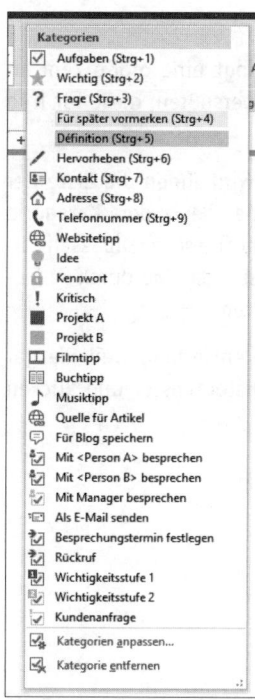

Abb. 4.33: Alle Kategorien auf einem Blick

Möchten Sie eine gesetzte Kategorie löschen, platzieren Sie den Cursor erneut in den Absatz mit der Kategorie und klicken ein weiteres Mal auf die Schaltfläche.

Alternativ – insbesondere, wenn die Registerkarte nicht gleich zur Verfügung steht oder es sich um eine Kategorie aus dem unteren Teil der Liste handelt – ist es praktischer, den Weg über die rechte Maustaste zu gehen. Zeigen Sie mit der Maus auf das Symbol und führen Sie einen Rechtsklick aus. Im folgenden Kontextmenü finden Sie den Eintrag TAG ENTFERNEN, der das bewirkt.

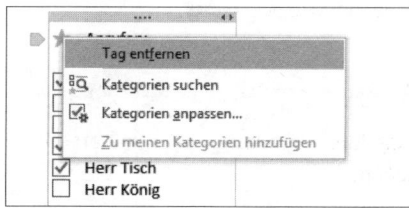

Abb. 4.34: Eine Kategorie entfernen

Kategorien anpassen

Das Arbeiten mit Kategorien ist praktisch und OneNote bringt eine große Zahl an Kategorien mit. Trotzdem werden Sie ab und an den Wunsch verspüren, diese für Ihre Zwecke anzupassen.

Spätestens wenn Sie OneNote im täglichen Einsatz haben, wird Ihnen die Liste der Kategorien zu lang sein oder Sie stellen fest, dass Sie die eine oder andere Kategorie gar nicht benötigen oder Sie wünschen diese an Ihre Bedürfnisse anzupassen. In allen Fällen benötigen Sie das Dialogfenster KATEGORIEN ANPASSEN, das Sie durch Aufruf des gleichnamigen Menüs am Ende der Kategorienliste erhalten.

Möchten Sie beispielsweise die Kategorie FÜR BLOG SPEICHERN entfernen, weil Sie gar keinen Blog schreiben, dann markieren Sie diese in dem Dialogfenster und klicken auf die Schaltfläche ENTFERNEN am rechten Rand.

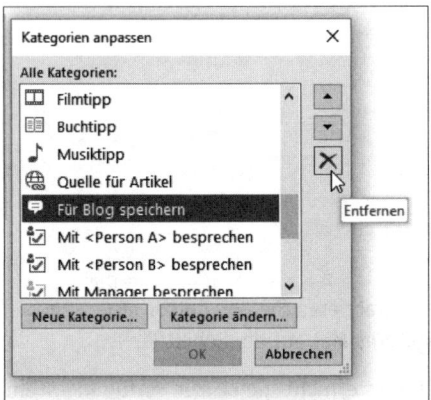

Abb. 4.35: Eine Kategorie entfernen

Die Kategorie wird ohne weitere Rückmeldung aus der Liste entfernt und gelöscht.

Möchten Sie eine Kategorie ändern, beispielsweise Telefonnummer in Mobil, dann klicken Sie nach dem Markieren auf die Schaltfläche KATEGORIE ÄNDERN.

HINWEIS

Bedenken Sie beim Arbeiten mit anderen, dass die veränderten oder neu erstellten Kategorien nur Ihnen zur Verfügung stehen.

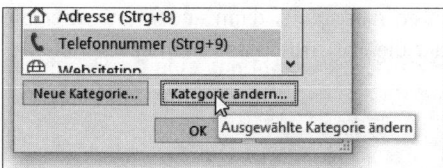

Abb. 4.36: Eine vorhandene Kategorie ändern

Im folgenden Dialogfenster können Sie im Feld Anzeigename den gewünschten eintragen. Das Symbol ändern Sie durch Auswahl eines der Vorgaben, die Ihnen nach Anklicken des Listenpfeils angezeigt werden.

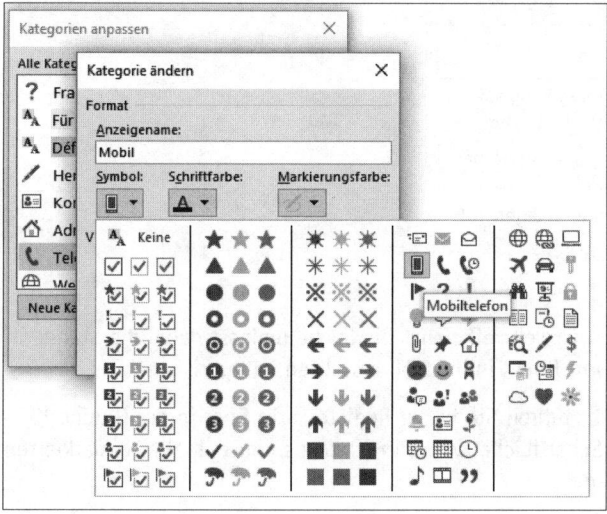

Abb. 4.37: Eine Kategorie ändern

Wenn Sie mögen, können Sie auch die Schriftfarbe und die Markierungsfarbe ändern. In der darunterliegenden Vorschau können Sie gleich das Ergebnis begutachten. Sind Sie zufrieden, bestätigen Sie mit OK.

Falls Sie sich jetzt wundern, warum bereits mit der Kategorie versehene Notizen nicht das neue Aussehen haben, sollten Sie wissen, dass die eben vorgenommenen Anpassungen keine Auswirkung auf bereits kategorisierte Notizen haben.

Möchten Sie eine Kategorie anlegen, die es bislang nicht gibt, dann können Sie auch den Weg über die Schaltfläche Neue Kategorie gehen. Im folgenden gleichnamigen

Dialogfenster vergeben Sie den gewünschten ANZEIGENAME, dann ändern Sie über die Schaltfläche das SYMBOL, die SCHRIFTFARBE oder die MARKIERUNGSFARBE und beenden die Arbeiten mit zweimaligen Klick auf OK.

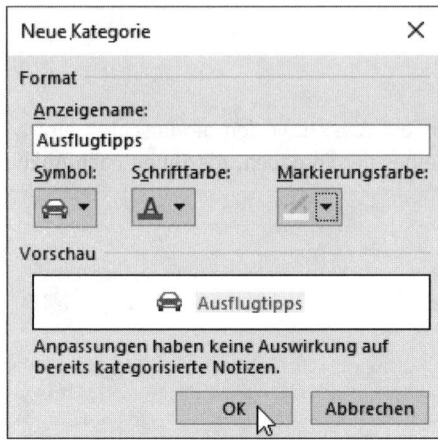

Abb. 4.38: Eine neue Kategorie anlegen

Kategoriensuche

Die Suche nach Kategorien ist sehr effizient! Die Suche umfasst dabei die Standardkategorien und auch die von Ihnen individuell erstellten Kategorisieren.

Um die Suche zu beginnen, führen Sie in der Registerkarte START in der Gruppe KATEGORIEN einen Klick auf die Schaltfläche KATEGORIEN SUCHENaus, um sich alle so markierten Notizen anzeigen zu lassen.

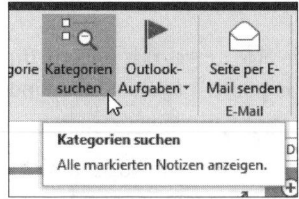

Abb. 4.39: Die Kategoriensuche starten

Auf der rechten Seite wird der Aufgabenbereich KATEGORIENZUSAMMENFASSUNG eingeblendet und zeigt Ihnen die Ergebnisse gruppiert auf.

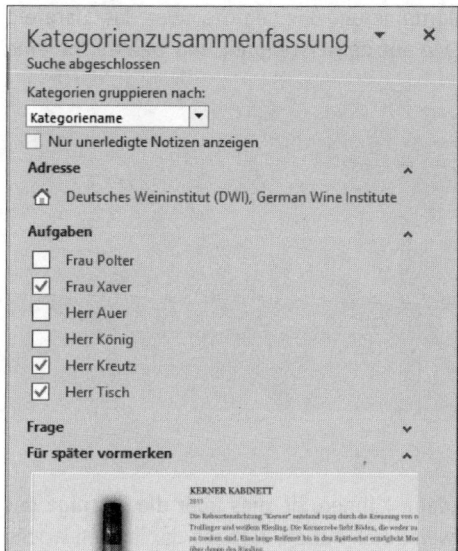

Abb. 4.40: Diese Kategorien hat OneNote aufgelistet.

Um ein bisschen Übersicht in der gegebenenfalls sehr langen Liste zu bekommen, können Sie sich mithilfe der kleinen Pfeile am rechten Rand des Kategorienamens die Einträge aus- und auch wieder einblenden.

Möchten Sie nur die unerledigten Notizen sehen, dann aktivieren Sie das Kontrollkästchen NUR UNERLEDIGTE NOTIZEN ANZEIGEN.

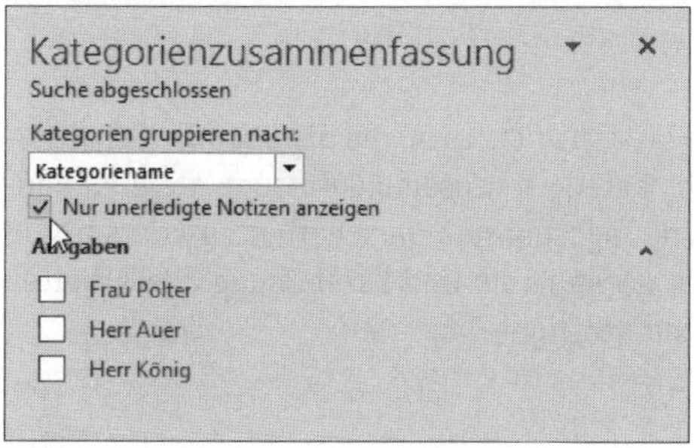

Abb. 4.41: Überblick, was noch zu tun ist

Einfluss auf die Anzeige der Kategoriengruppierung können Sie über das Listefeld KATEGORIE GRUPPIEREN NACH nehmen. Klicken Sie auf den Listenpfeil und wählen Sie eine der Vorgaben aus.

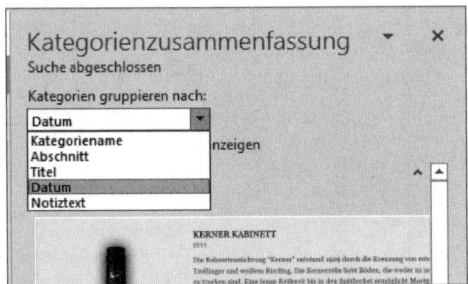

Abb. 4.42: Die Gruppierungsart ändern

Möchten Sie die Anzeige einschränken, dann können Sie dies über die Einträge des Listenfelds DURCHSUCHEN tun und beispielsweise sich nur die Notizen der letzten Woche anzeigen lassen.

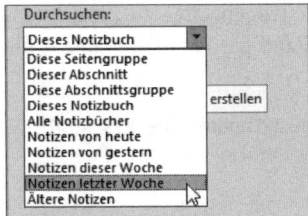

Abb. 4.43: Die Anzeige einschränken

Sehr praktisch ist die Funktion ZUSAMMENFASSUNGSSEITE ERSTELLEN, die Sie über die Schaltfläche am unteren Rand des Arbeitsbereichs Kategorienzusammenfassung kreieren können, um sich so einen Überblick über Ihr Tagespensum verschaffen zu können. Ein Klick darauf legt eine neue Seite (NOTIZEN VON HEUTE) an und listet Ihnen alle Arbeiten an den Kategorienseiten des heutigen und gestrigen Tages auf.

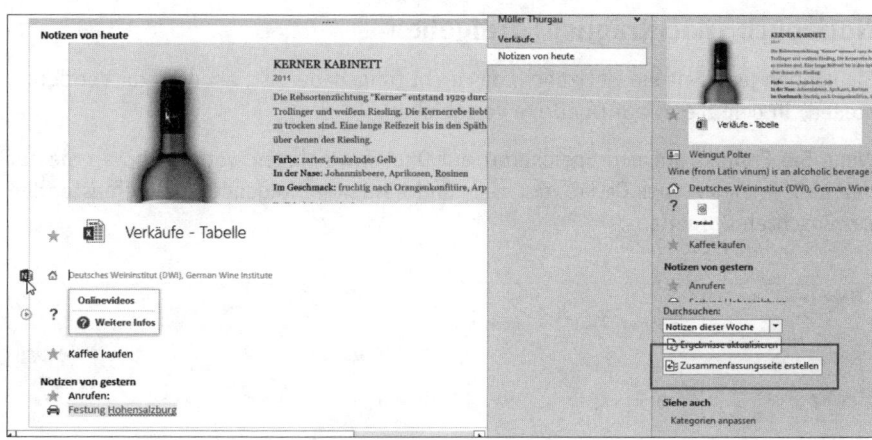

Abb. 4.44: Sehr praktisch: Eine Zusammenfassungsseite

4.3 Freigeben

Wenn Sie Ihre Notizen anderen zur Verfügung und Einsicht stellen wollen, dann müssen Sie sie an einem zentralen Ort wie OneDrive oder in SharePoint speichern.

Nachdem Sie das betreffende Notizbuch aufgerufen haben, können Sie nach Anklicken von DATEI und Anwahl des Menüpunkts FREIGEBEN den aktuellen Stand des Notizbuchs einsehen. Ist das Notizbuch nicht freigegeben, dann wird Ihnen dies durch einen gelben Balken mit entsprechenden Hinweisen kund getan.

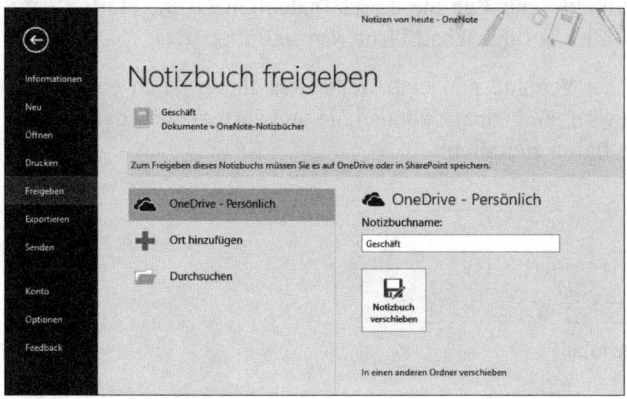

Abb. 4.45: Dieses Notizbuch soll zentral gespeichert werden.

Notizbuch (nachträglich) freigeben

Sie können jederzeit ein Notizbuch, das nicht freigegeben ist, anderen zur Verfügung stellen, in dem Sie es auf OneDrive verschieben.

Wenn Sie Einfluss auf den Speicherort auf OneDrive nehmen wollen, klicken Sie auf den Link IN EINEN ANDEREN ORDNER VERSCHIEBEN und wählen im folgenden Dialogfenster den gewünschten Ordner aus.

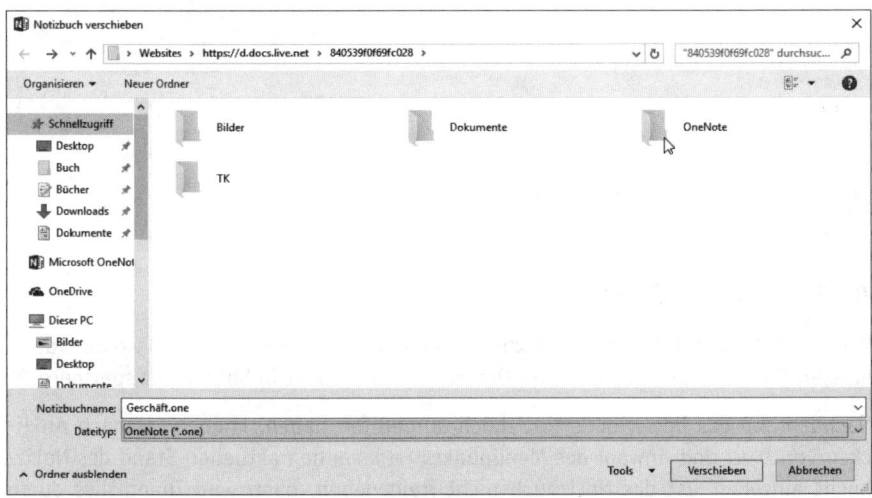

Abb. 4.46: Wählen Sie den Speicherort auf OneDrive aus.

Mit einem Klick auf VERSCHIEBEN schließen Sie dieses Dialogfenster und starten dann denn Vorgang mit einem Klick auf die Schaltfläche NOTIZBUCH VERSCHIEBEN.

Je nach Umfang dauert der Vorgang nun eine Weile, was Ihnen durch einen Fortschrittsbalken angezeigt wird, und danach können Sie und auch andere, die Sie dazu einladen werden, auf die Daten zugreifen.

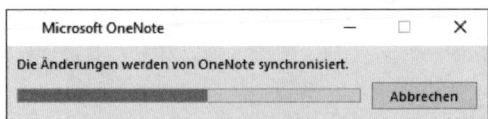

Abb. 4.47: OneNote bei der Arbeit

Für Personen freigeben

Befindet sich das Notizbuch an zentraler Stelle, können Sie nun die Berechtigungen für einzelne Personen erteilen, die auf die Informationen zugreifen dürfen und gleichfalls über ein Microsoft-Konto verfügen.

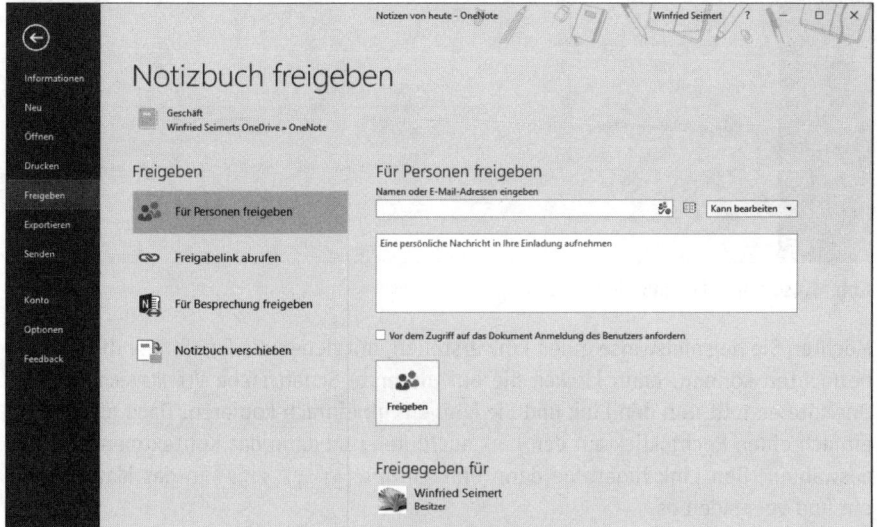

Abb. 4.48: Das Notizbuch für bestimmte Personen freigeben

Machen Sie im Feld NAMEN ODER E-MAIL-ADRESSEN EINGEBEN die entsprechenden Angaben. Wenn sich der Empfänger in Ihrem Adressbuch befindet, können Sie ihn bequem nach Anklicken der Schaltfläche DAS ADRESSBUCH NACH KONTAKTEN DURCHSUCHEN aufnehmen. Anschließend legen Sie noch die Rechte fest, also ob der Empfänger die Notizen bearbeiten oder nur betrachten kann.

Falls Sie mögen, können Sie noch eine persönliche Nachricht eingeben und festlegen, ob sich der Empfänger vor dem Zugriff anmelden muss(dann Kontrollkästchen VOR DEM ZUGRIFF AUF DAS DOKUMENT ANMELDUNG DES BENUTZERS EINFORDERN aktivieren). Mit einem Klick auf die Schaltfläche FREIGEBEN führen Sie die Aktion dann durch.

Freigabelink abrufen

Möchten Sie jemandem Zugriff auf Ihr Notizbuch verschaffen, der über kein Microsoft-Konto verfügt, dann können Sie ihm einen Freigabelink erteilen. Dabei handelt es sich um einen Link, den Sie kopieren und dann beispielsweise per E-Mail an den

Empfänger versenden. Dieser klickt dann einfach auf den Link in der Mail und kann sich – je nach zugewiesenen Rechten – in Ihrem Notizbuch tummeln.

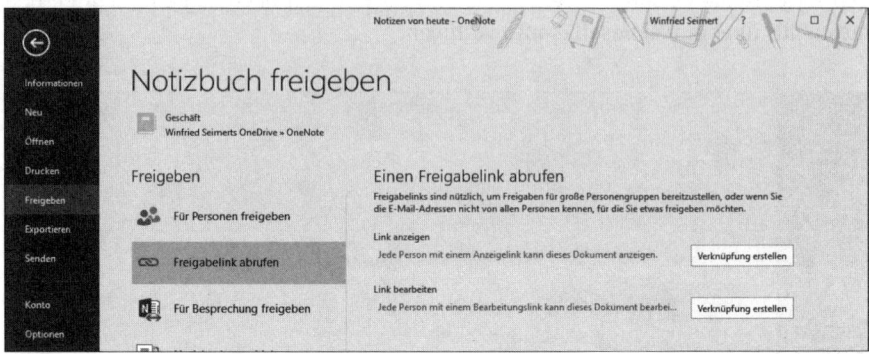

Abb. 4.49: Einen Freigabelink abrufen

Möchten Sie beispielsweise einen Link erstellen, mit denen die Empfänger die Notizen betrachten können, dann klicken Sie auf die erste Schaltfläche Verknüpfung erstellen. OneNote erstellt nun den Link und Sie können ihn einfach kopieren. Dazu müssen Sie einfach einen Rechtsklick auf den Link ausführen und dann das Kontextmenü Kopieren auswählen. Den Link fügen Sie dann einfach mit Strg + V in das Mailformular ein und versenden es.

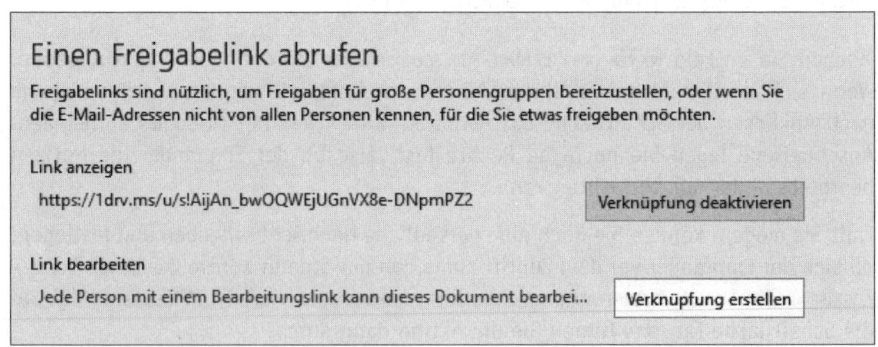

Abb. 4.50: Der Freigabelink wird angezeigt.

Möchten Sie zu einem späteren Zeitpunkt den Zugriff entziehen, dann klicken Sie auf die Schaltfläche Verknüpfung deaktivieren. Die Empfänger des Link haben dann keinen Zugriff mehr.

4.4   Exportieren

Möchten Sie Inhalte aus Ihren Notizbüchern in anderen Programmen verwenden, dann können Sie auf die vielfältigen Exportoptionen von OneNote zurückgreifen. Dabei ist es gleich, ob Sie eine Seite, einen ganzen Abschnitt oder das gesamte Notizbuch exportieren wollen. Letztere Option ist beispielsweise eine gute Möglichkeit, von Zeit zu Zeit eine Sicherungskopie eine Notizbuch zu erstellen, um diese an einen sicheren Ort zu verwahren.

An die Optionen gelangen Sie über die Schaltfläche Datei. Dort klicken Sie auf den Befehl Exportieren. Wie Sie sehen, werden Sie hierbei sozusagen an die Hand genommen und müssen nur die beiden Schritte abarbeiten.

Möchten Sie beispielsweise eine Seite exportieren, rufen Sie diese zunächst wie gewöhnlich auf. Nachdem Sie die Menüfolge Datei / Exportieren gewählt haben, müssen Sie im ersten Schritt nichts weiter tun, denn das Element Seite ist bereits ausgewählt.

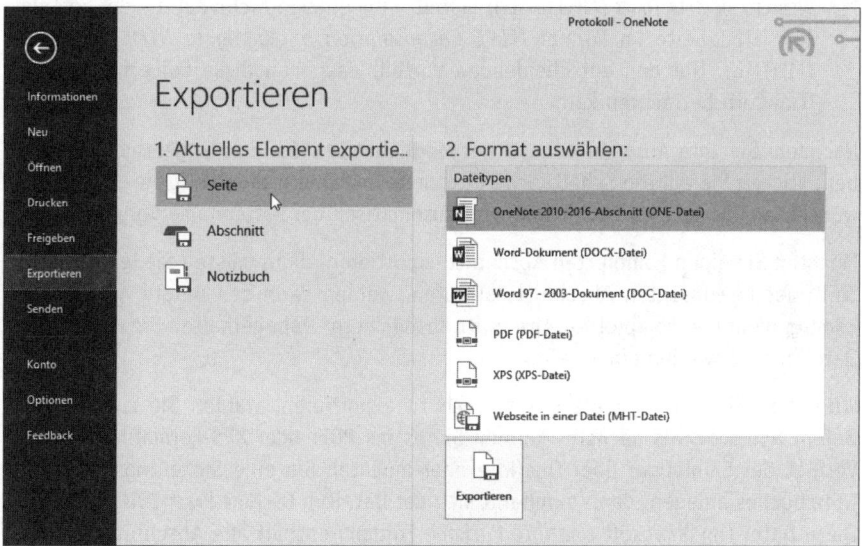

Abb. 4.51: Eine Seite exportieren

Im zweiten Schritt wählen Sie das Format und nehmen eine Auswahl aus folgenden Dateitypen vor:

■ ONENOTE 2010-2016-ABSCHNITT (ONE-DATEI): Erstellt eine Microsoft-OneNote-Document-Datei (OneNote-Abschnitt), die direkt mit OneNote geöffnet werden kann.

■ WORD-DOKUMENT (DOCX-DATEI): Eine Datei im neuen Format für Word der Versionen ab 2007

■ WORD 97 - 2003-DOKUMENT (DOC-DATEI): Eine Word-Datei im Format für die Versionen 97 bis einschließlich 2003

■ PDF (PDF-DATEI): Eine Datei im plattformunabhängigen *Portable Document Format* für Dokumente, das wohl bekannteste ein plattformunabhängiges Dateiformat für Dokumente

■ XPS (XPS-DATEI): Eine Datei im *XML Paper Specification*-Dateiformat für Dokumente, das von der Firma Microsoft als direktes Konkurrenzprodukt zum PDF-Format entwickelt wurde

■ WEBSEITE IN EINER DATEI (MHT-DATEI): Erstellt eine einzige Archivdatei einer kompletten HTML-Seite im Format *MIME Encapsulation of Aggregate HTML Documents* (MHTML). Hat den entscheidenden Vorteil, dass man diese Seite in fast allen Browsern betrachten kann.

Nachdem Sie Ihre Auswahl anhand der Möglichkeiten des Empfängers getroffen haben, klicken Sie auf die Schaltfläche EXPORTIEREN und OneNote erstellt die Datei im gewünschten Format. Als Dateiname wird automatisch der Seitenname vorgeschlagen.

Möchten Sie einen kompletten Abschnitt exportieren, dann müssen Sie lediglich eine Seite des gewünschten Abschnitts aufrufen, wählen dann den Befehl ABSCHNITT und können dann den kompletten Abschnitt abspeichern. Dabei erhalten Sie die gleichen Dateiformate wie bei einer Seite.

Wünschen Sie ein komplettes Notizbuch zu exportieren, wählen Sie zunächst den Befehl NOTIZBUCH. Als nächstes können Sie es ins PDF- oder XPS-Format exportieren. Verfügt der Empfänger über OneNote oder möchten Sie eine Sicherungsdatei Ihres Notizbuches anlegen, dann empfiehlt sich der Dateityp ONENOTE-PAKET (ONEPKG-DATEI). Diese Datei (im *Microsoft OneNote Package*-Format) enthält alle Abschnitte und Seiten in einem einzigen Archiv verpackt und ermöglicht so, auf einem anderen Computer das komplette Notizbuch zu implementieren.

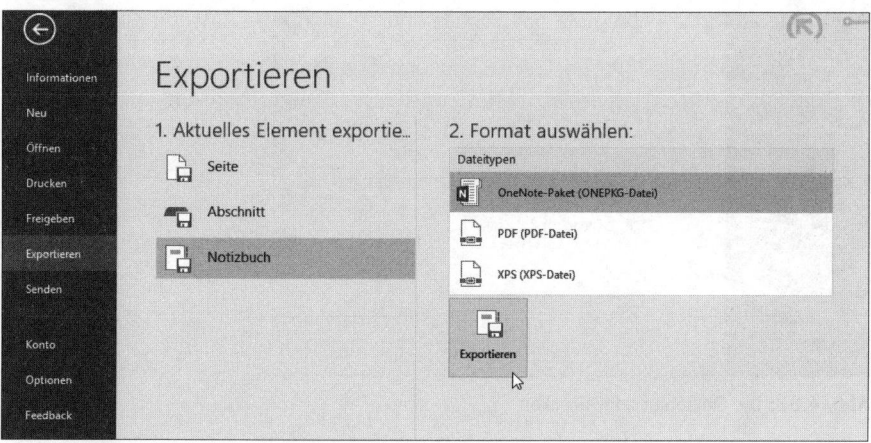

Abb. 4.52: Ein komplettes Notizbuch exportieren

TIPP

Befindet sich auf dem Rechner ein installiertes OneNote 2016, kann man die Datei eines solchen Formats anhand eines Doppelklicks mit der Maus öffnen und sofort mit dem Notizbuch arbeiten.

4.5 Drucken

Selbstverständlich können Sie die Seiten Ihres Notizbuchs auch ausdrucken. Den entsprechenden Druckbefehl finden Sie nach Anklicken der Schaltfläche Datei und Auswählen des Befehls Drucken.

Gerade weil Sie vermutlich nicht immer die OneNote-Seiten im DIN-A4-Format führen, ist es hilfreich, wenn Sie zunächst die Schaltfläche Seitenansicht wählen.

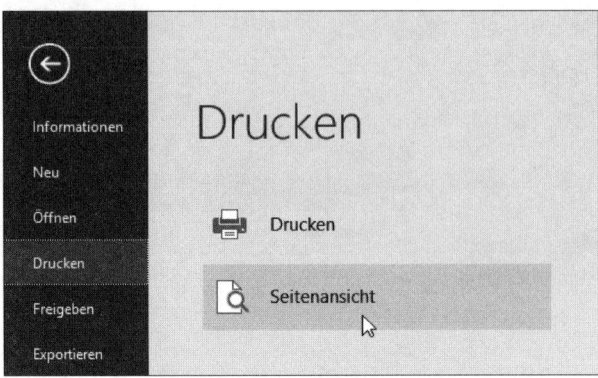

Abb. 4.53: Die Optionen zum Drucken

Sie gelangen in das Dialogfenster Seitenansicht und -einstellungen, das Ihnen hilft, die richtigen Druckeinstellungen zu finden.

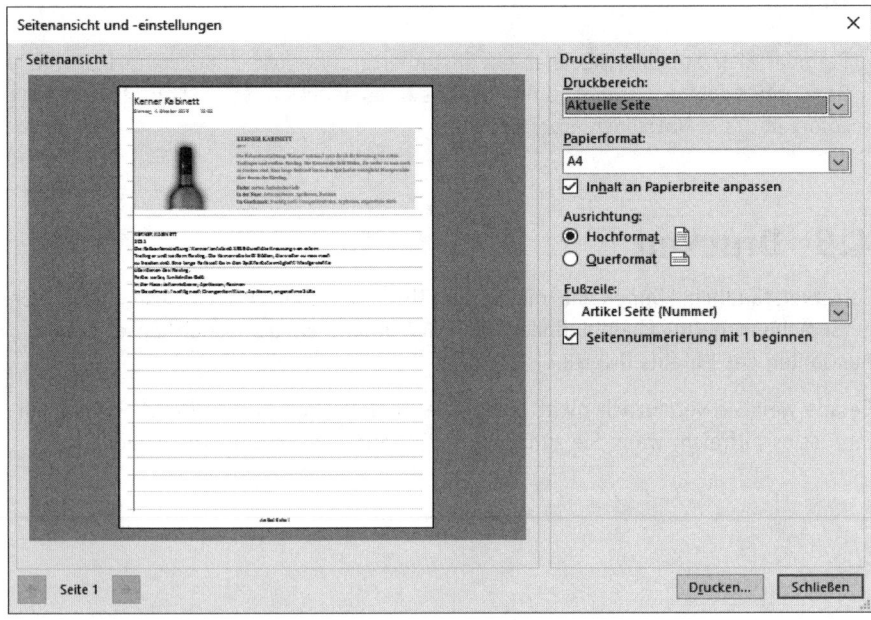

Abb. 4.54: Die Druckvorschau von OneNote

Im Bereich DRUCKEINSTELLUNGEN können Sie zunächst den Druckbereich festlegen. Hierbei stehen Ihnen die Optionen SEITENGRUPPE, AKTUELLE SEITE und AKTUELLER ABSCHNITT zur Auswahl. Anschließend sollten Sie einen Augenmerk auf das Papierformat werfen. Verwenden Sie einen Standard-A4-Drucker, müssen Sie nichts tun. Anderenfalls können Sie aus dem Listenfeld das benötigte Format auswählen oder auch gegebenenfalls selbst einstellen. Haben Sie kein Papierformat in OneNote für Ihre Notizen eingestellt und nutzen Sie die Endlospapiereinstellung, dann ist es hilfreich, dass Sie das Kontrollkästchen INHALT AN PAPIERBREITE ANPASSEN aktiviert lassen, um sicher zu stellen, dass auch alle Informationen ausgedruckt werden.

TIPP

Möchten Sie Ihre Notizen optimal aufbereitet ausdrucken, ist es überlegenswert, dieses mit der Textverarbeitung Word zu erledigen.

Über die beiden Optionsschaltflächen können Sie zwischen HOCHFORMAT und QUERFORMAT wählen.

TIPP

Gerade, wenn Sie kein Format innerhalb OneNote benutzen, ist hierbei QUERFORMAT die bessere Wahl.

Über die Einstellung FUSSZEILE können Sie die Art der Dokumentierung auf den Seiten festlegen. Falls Sie das nicht möchten, dann wählen Sie den Eintrag (KEINE). Möchten Sie nicht, dass Sie Seitennummerierung mit der ersten Seite beginnt, dann deaktivieren Sie das Kontrollkästchen SEITENNUMMERIERUNG MIT 1 BEGINNEN.

Haben Sie alle Einstellungen wunschgemäß vorgenommen, klicken Sie auf die Schaltfläche DRUCKEN. Dadurch gelangen Sie noch in das Dialogfenster DRUCKEN, dessen Optionen Ihnen die druckerspezifischen Einstellungen ermöglichen. Hier sollten Sie insbesondere darauf achten, ob Sie mit dem Standarddrucker oder einem anderen Modell drucken wollen, und dann gegebenenfalls Ihre Wahl treffen.

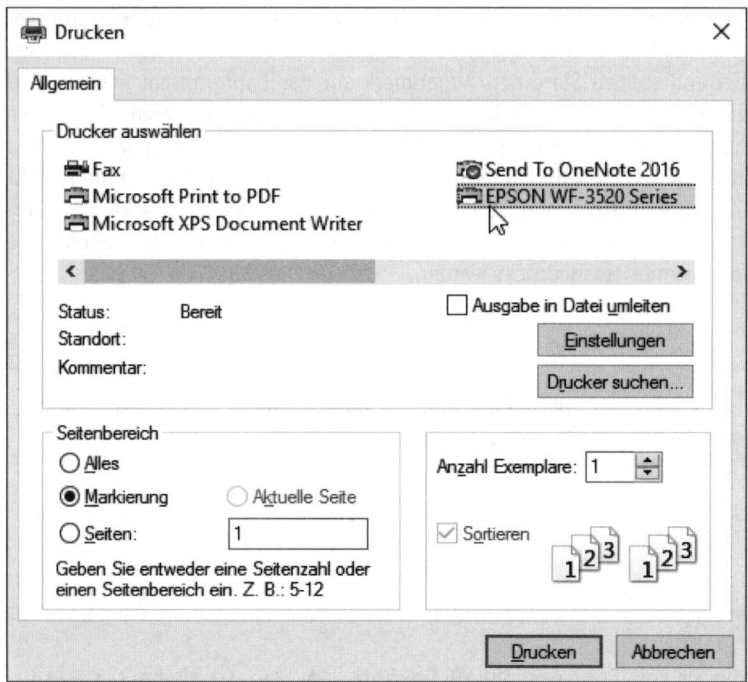

Abb. 4.55: Die druckerspezifischen Einstellungen

Ein Klick auf die Schaltfläche DRUCKEN in diesem Dialogfenster startet dann den Druck-vorgang.

4.6 Zusammenarbeit mit Office-Anwendungen

Anwender des kompletten Office-2016- oder Office-365-Pakets können sich über die gelungene Integration in die anderen Office-Apps freuen. So gibt es einige Ver-bindungen, über die man OneNote auch von anderen Office-Apps aus aufrufen und einsetzen kann.

Alle Apps

Im Prinzip können Sie OneNote von allen Office-Anwendungen aus einsetzen. Zum einen können Sie nämlich direkt aus der Applikation über den DRUCKEN-Befehl Infor-mationen an OneNote senden und zum anderen lassen sich im angedockten Zustand von OneNote leicht Informationen in die jeweilige Applikation übernehmen.

Drucken

Aus allen Office-Apps können Sie Inhalte an OneNote senden, indem Sie die Druckfunktion verwenden. OneNote wird bei der Installation nämlich als virtueller Standarddrucker installiert und kann dementsprechend wie ein gewöhnlicher Drucker verwendet werden.

Möchten Sie beispielsweise eine PowerPoint-Präsentation in OneNote ablegen, dann müssen Sie lediglich über die Schaltfläche DATEI in den Backstagebereich wechseln und den Befehl DRUCKEN wählen. Im Bereich DRUCKEN ist unter DRUCKER bereits der virtuelle OneNote-Drucker SENT TO ONENOTE 2016 eingestellt. Ist das nicht der Fall, dann finden Sie diesen Eintrag in der Liste, die Sie nach Anklicken des Listenpfeils einsehen können.

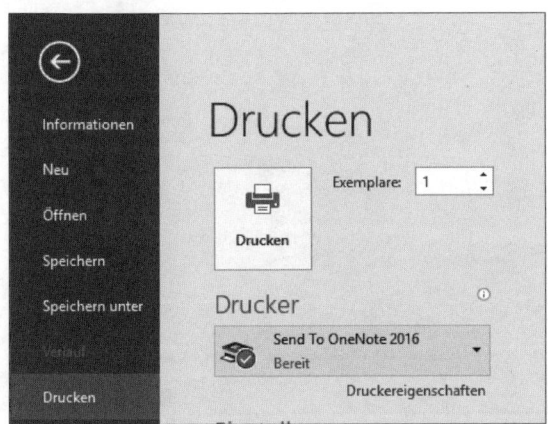

Abb. 4.56: Direkt eine PowerPoint-Präsentation in OneNote ablegen

Klicken Sie auf die Schaltfläche DRUCKEN, um die Übergabe an OneNote einzuleiten.

Falls Sie jetzt meinen, dass nichts passiert ist, werfen Sie einmal einen Blick in Ihre Taskleiste. Dort dürfte die Schaltfläche ONENOTE blinkend auf sich aufmerksam machen.

Abb. 4.57: Die Schaltfläche OneNote macht in der Taskleiste auf sich aufmerksam.

Klicken Sie darauf und augenblicklich wird das OneNote-Dialogfenster zum Auswählen des Speicherorts in den Vordergrund gebracht. Stellen Sie hier im Bereich LETZTE AUSWAHL oder ALLE NOTIZBÜCHER den gewünschten Zielort ein, indem Sie auf den entsprechenden Abschnitt klicken.

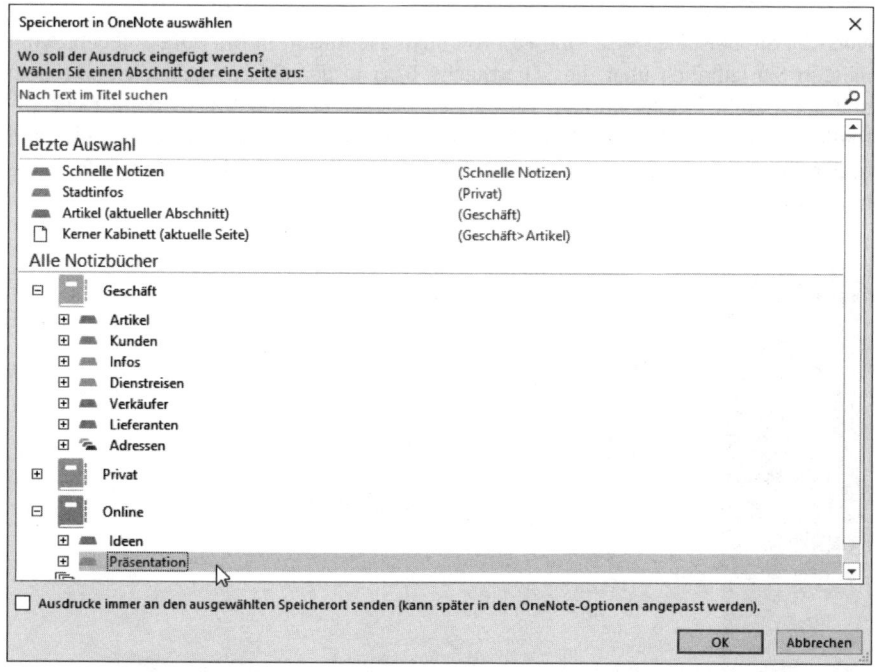

Abb. 4.58: Den Zielort in OneNote festlegen

Möchten Sie diesen Speicherort zu Ihrem standardmäßigen Speicherort machen, dann aktivieren Sie das Kontrollkästchen AUSDRUCKE IMMER AN DEN AUSGEWÄHLTEN SPEICHERORT SENDEN. Wie Sie lesen können, ist das keine Entscheidung fürs Leben, sondern kann in den OPTIONEN (Kategorie SPEICHER UND SICHERN im Bereich SPEICHERN) später angepasst werden.

Mit einem Klick auf OK leiten Sie dann die Übergabe ein. Die Folien werden auf eine neue Seite abgelegt und können nun mit allen OneNote-Features bearbeitet werden.

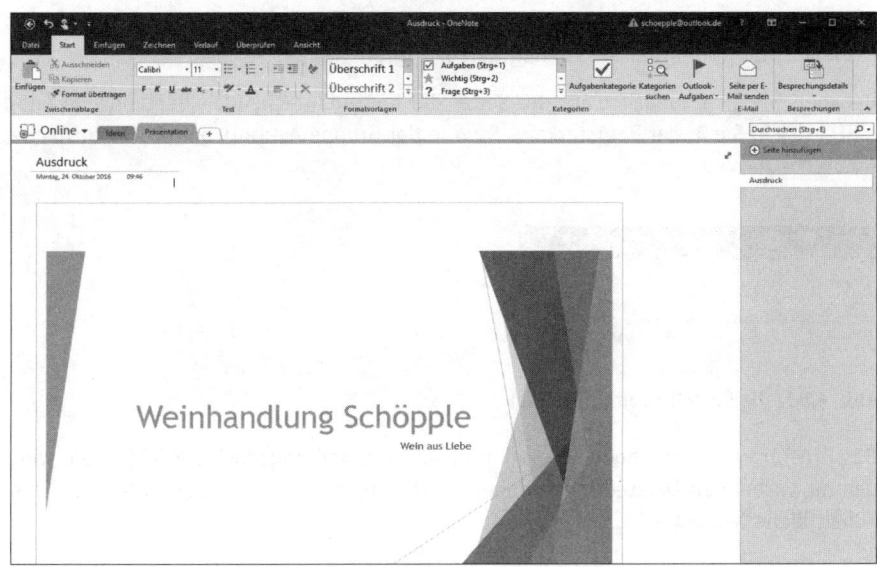

Abb. 4.59: Die übertragene PowerPoint-Präsentation auf einer OneNote-Seite

Recht lange Ausdrucke werden von OneNote auf mehrere OneNote-Seiten verteilt. Möchten Sie das aus Übersichtlichkeitsgründen nicht, sollten Sie in den Optionen in der Kategorie ERWEITERT den Bereich AUSDRUCKE aufsuchen und das Kontrollkästchen bei LANGE AUSDRUCKE AUF MEHRERE SEITEN EINFÜGEN deaktivieren.

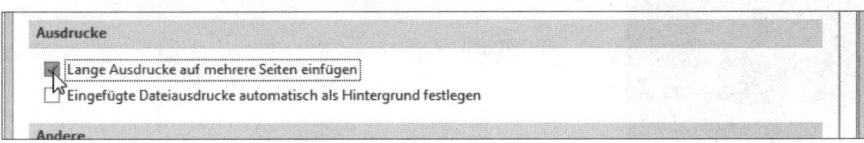

Abb. 4.60: Das Verhalten langer Ausdrucke regeln

Vorlagen für andere Programme

OneNote kann man hervorragend als zentrales Notizbuch verwenden, in dem man standardisierten Texten bis hin zu Standardformularen für die Beantwortung von Anfragen oder den Einsatz in Mails und Briefen benutzt.

In diesen Fällen kommen die verknüpften Notizen zum Einsatz, mit denen man rasch Informationen von anderen Quellen verbinden kann. Dazu muss OneNote in den Andock-Modus gebracht werden. Dabei bleibt das OneNote-Fenster immer neben der aktuellen App offen und Sie können darauf zugreifen.

Begeben Sie sich zunächst auf die Seite, die die entsprechenden Bestandteile enthält. Klicken Sie in der Registerkarte START in der Gruppe ANSICHTEN auf die Schaltfläche AN DESKTOP ANDOCKEN.

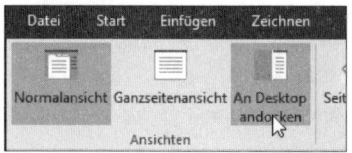

Abb. 4.61: Die OneNote-Seite andocken

Das Fenster wird wunschgemäß an den linken Bildrand angedockt. Möchten Sie wieder zur vorherigen Darstellungsform zurückkehren, dann klicken Sie einfach auf die Schaltfläche NORMALANSICHT.

TIPP

Gewiss werden Sie diese Darstellungsform bald im Alltag zu schätzen wissen und das Fenster mit Strg + Alt + D an- und wieder andocken.

Abb. 4.62: Das angedockte Fenster mit den Vorlagen

TIPP

Möchten Sie auf die Möglichkeiten des Menübands zugreifen, dann klicken Sie in der Titelleiste des angedockten Fensters auf die drei Punkte. Die Leiste wird dann eingeblendet.

Ist Ihnen das angedockte Fenster zu schmal, können Sie es selbstverständlich an Ihre Vorstellungen anpassen. Zeigen Sie einfach mit dem Mauszeiger auf die Trennlinie am linken Rand. Wenn der Mauszeiger die Form eines waagerechten Doppelpfeils annimmt, können Sie sie mit gedrückter linker Maustaste in die gewünschte Richtung ziehen.

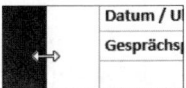

Abb. 4.63: Das angedockte Fenster anpassen

Um nun den Inhalt in eine andere Applikation, beispielsweise Word oder ein Outlook-Mailformular zu übernehmen, öffnen Sie das entsprechende Fenster. Nun müssen Sie nur noch den Container mit gedrückter linker Maustaste in das Anwendungsfenster hineinziehen.

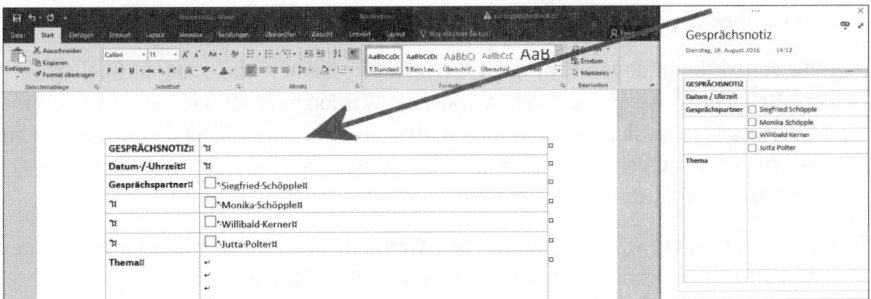

Abb. 4.64: Einfach den Inhalt aus OneNote in ein Word-Dokument ziehen

TIPP

Bauen Sie sich nach und nach ein eigenes Notizbuch mit einem Bestand mit Floskeln, Standardtexten und weiteren oft benötigten Dingen auf.

Word

Die Textverarbeitung Word bietet aufgrund ihrer Intension natürlich wesentlich mehr Formatierungs- und Gestaltungsmöglichkeiten als OneNote. So wird es im praktischen Leben oft daraus hinaus laufen, dass Sie in OneNote sozusagen eine Stoffsammlung machen und die eigentlichen Texte dann in Word fertig stellen.

An Word senden

Wie eng die Zusammenarbeit zwischen OneNote und der Textverarbeitung Word ist, sehen Sie daran, dass Sie aus OneNote direkt eine Seite an Word übergeben können.

Wählen Sie über die Schaltfläche DATEI den Befehl SENDEN an, finden Sie in der Liste der Optionen den Befehl AN WORD SENDEN.

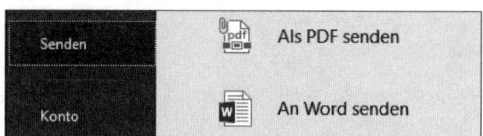

Abb. 4.65: Direkt an Word senden

Führen Sie ihn aus, wird Word gestartet und die OneNote-Seite in einem neuen, nicht gespeicherten Word-Dokument eingefügt.

Mit Word verknüpfte Notizen

Mithilfe von Verknüpfungen kann man rasch Informationen von anderen Quellen verbinden. Beispielsweise können Sie so wichtige Worddokumente verknüpfen und problemlos öffnen, ohne sich irgendwelche Gedanken über deren Speicherort machen zu müssen. Oder Sie haben Informationen in einer Worddatei erstellt, auf die Sie direkt und ohne Umwege in OneNote zugreifen wollen.

In diesem Fall klicken Sie im geöffneten Worddokument in der Gruppe NOTIZEN der Registerkarte ÜBERPRÜFEN auf die Schaltfläche VERKNÜPFTE NOTIZEN.

Abb. 4.66: Verknüpfte Notizen

Augenblicklich wird OneNote an der rechten Bildschirmseite angedockt und das Dialogfenster zum Auswählen des Speicherorts wird eingeblendet.

TIPP

Legen Sie zuvor in OneNote eine Seite an, falls Sie die Informationen nicht zu einer bereits vorhanden Seite hinzufügen möchten.

Wählen Sie die Seite aus, mit der Sie das Word-Dokument verknüpfen wollen, und bestätigen Sie Ihre Wahl mit OK.

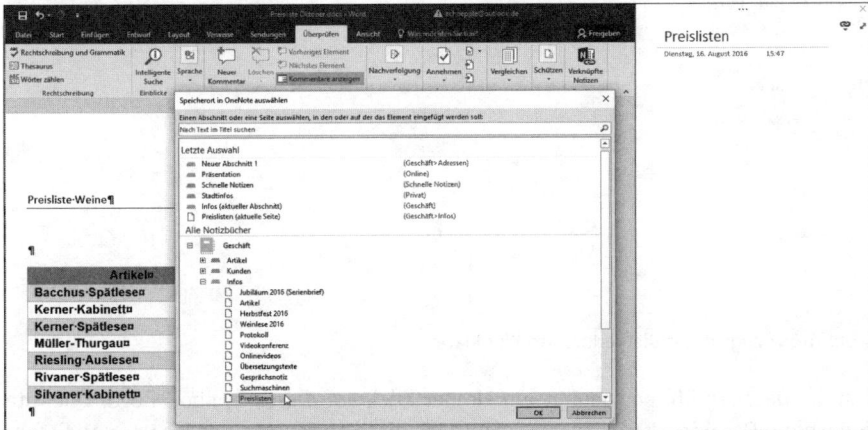

Abb. 4.67: Den Speicherort der Verknüpfung festlegen

Nun benötigen Sie noch einen Text, der auf die Verknüpfung hinweist. Klicken Sie in das OneNote-Fenster und schreiben Sie einen kleinen Notiztext. Gewiss fällt Ihnen sofort das kleine Wordsymbol vor dem Container auf.

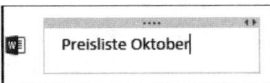

Abb. 4.68: Der Notizentext enthält die Verknüpfung.

> **TIPP**
>
> Wenn Sie OneNote angedockt und Word geöffnet haben, können Sie gleich mit dem Schreiben der Notiz beginnen und OneNote nimmt sofort die Verknüpfung vor.

Dieses Symbol dient der Kennung, mit welchem Programm die Notiz verknüpft ist, und zeigt Ihnen eine kleine Vorschau der Datei, wenn Sie mit der Maus darauf zeigen.

Abb. 4.69: Zugriff auf die verknüpfte Worddatei

Um die Datei zu öffnen, genügt ein kleiner Klick auf dieses Symbol. Bevor OneNote jedoch die Datei in Word öffnet, erhalten Sie ein Warnfenster, das Sie vor den Gefahren unsicherer Quellen hinweist.

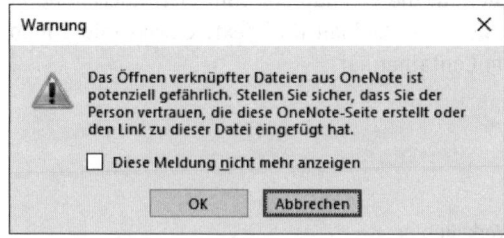

Abb. 4.70: Schauen Sie, ob Sie Vertrauen schenken können.

Können Sie Vertrauen schenken, dann klicken Sie auf OK und OneNote startet Word und öffnet die verbundene Datei.

Möchten Sie Einfluss auf die Verknüpfung nehmen, beispielsweise den Link kopieren oder bearbeiten, dann klicken Sie mit der rechten Maustaste auf das Symbol und wählen die entsprechende Option aus dem Kontextmenü aus.

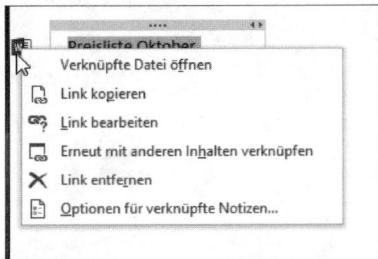

Abb. 4.71: Die Optionen der Verknüpfung

Outlook

Besonders intensiv ist der Austausch mit Outlook 2016. In nahezu jedem Outlook-Modul ist das OneNote-Symbol vorhanden, um das gerade markierte Objekt in One-Note abzulegen.

Outlook-Aufgaben

Mit Outlook-Aufgaben können Sie Ihre Aufgaben überwachen lassen und sich erin-nern lassen, sodass Sie keinesfalls einen Termin oder die Erledigung einer Aufgabe verbummeln.

Bereits erstellte Outlook-Aufgaben lassen sich problemlos als Notiz ablegen. Nach-dem Sie die AUFGABE markiert haben, klicken Sie auf die Schaltfläche ONENOTE, die Sie in der Gruppe AKTIONEN der Registerkarte START finden.

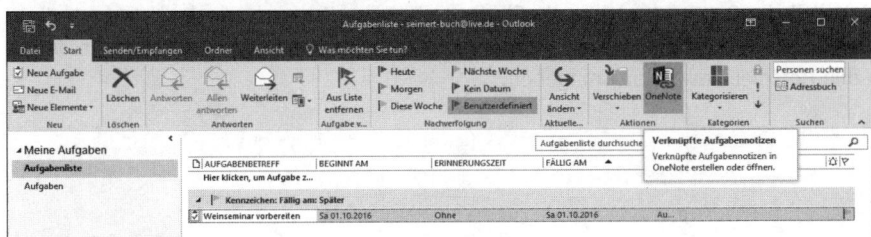

Abb. 4.72: Eine Outlook-Aufgabe als Notiz ablegen

Outlook öffnet den Speicherdialog, in dem Sie das Notizbuch, den Abschnitt und letztlich die Seite auswählen, auf die die Aufgabe platziert werden soll. Mit einem Klick auf OK wird auf der Seite ein entsprechender Textcontainer erstellt.

Abb. 4.73: Die als Notiz abgelegte Aufgabe

Die automatische Synchronisation gewährleistet, dass die Einträge in Outlook wie auch in OneNote stets aktuell sind. Markieren Sie beispielsweise in OneNote eine Aufgabe als ERLEDIGT, dann wird diese in Outlook aus der Aufgabenliste entfernt.

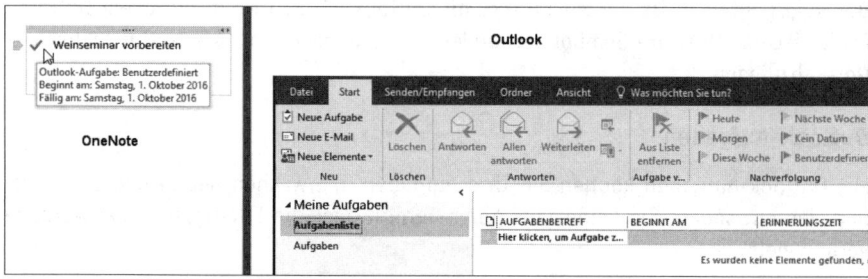

Abb. 4.74: Beide Programme werden automatisch synchronisiert.

Der umgekehrte Fall ist natürlich auch möglich. Sie erzeugen aus einer Notiz eine Aufgabe. In diesem Fall klicken Sie in die Notiz und dann auf den Listenpfeil der Schaltfläche OUTLOOK-AUFGABEN, die Sie in der Gruppe KATEGORIEN der Registerkarte START finden. Über die Optionen der Liste können Sie nun das gewünschte Fälligkeitsdatum (zum Beispiel DIESE WOCHE) eingeben.

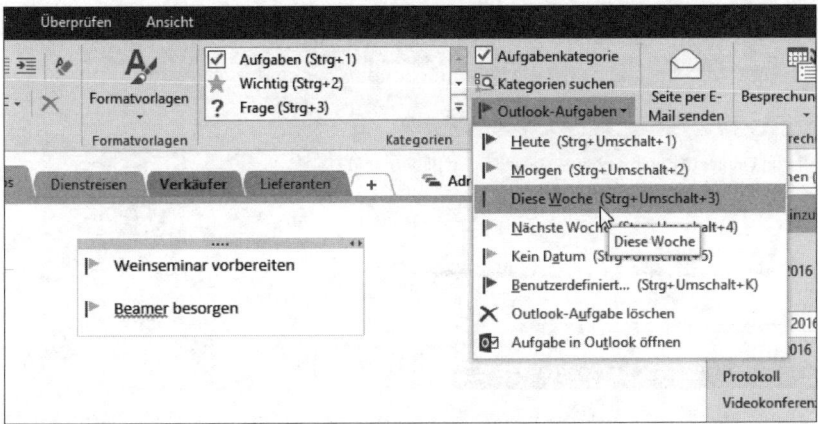

Abb. 4.75: Eine Notiz zu einer Outlook-Aufgabe machen

Seite per E-Mail senden

Möchten Sie bestimmte Mails archivieren, dann ist OneNote gewiss ein idealer Platz dafür. Auch hier genügt in Outlook ein Klick auf die Schaltfläche OneNote (Registerkarte START, Gruppe VERSCHIEBEN), wenn Sie zuvor die Mail markiert haben.

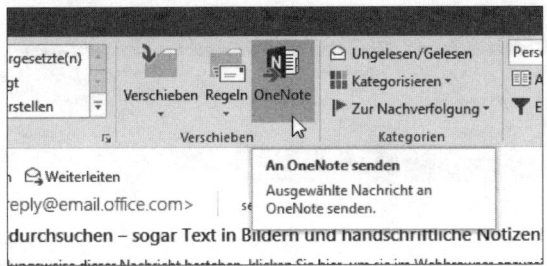

Abb. 4.76: Eine Mail aus Outlook an OneNote schicken

Nach Anklicken der Schaltfläche wählen Sie wie gewohnt den Speicherort in OneNote aus und nach einer Bestätigung mit OK befindet sich die Mail an dem ausgewählten Platz. Zusätzlich fügt OneNote vor der eigentlichen Mail noch Informationen über Betreff, Empfänger und Sendungsdatum ein.

Abb. 4.77: Die archivierte E-Mail in OneNote

Auch der umgekehrte Fall ist möglich. Sie möchten eine Seite mit Informationen an einen oder mehrere Empfänger senden.

In diesem Fall wechseln Sie zu der betreffenden Seite und klicken in der Registerkarte Sᴛᴀʀᴛ in der Gruppe E-Mᴀɪʟ auf die Schaltfläche Sᴇɪᴛᴇ ᴘᴇʀ E-Mᴀɪʟ sᴇɴᴅᴇɴ.

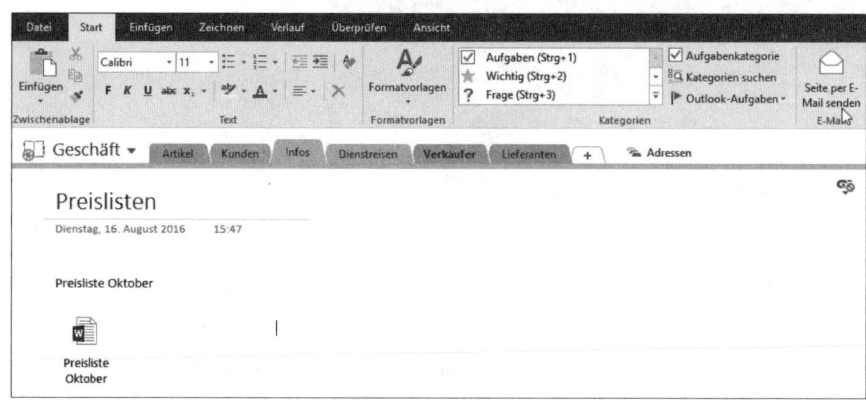

Abb. 4.78: Eine OneNote-Seite per E-Mail versenden

Im Hintergrund wird Outlook gestartet und Sie erhalten ein E-Mail-Formular, in dem die Seite eingefügt und gegebenenfalls Anhänge angefügt wurden. Verfolgständigen Sie das Formular noch (E-Mail-Adresse nicht vergessen) und versenden Sie es dann.

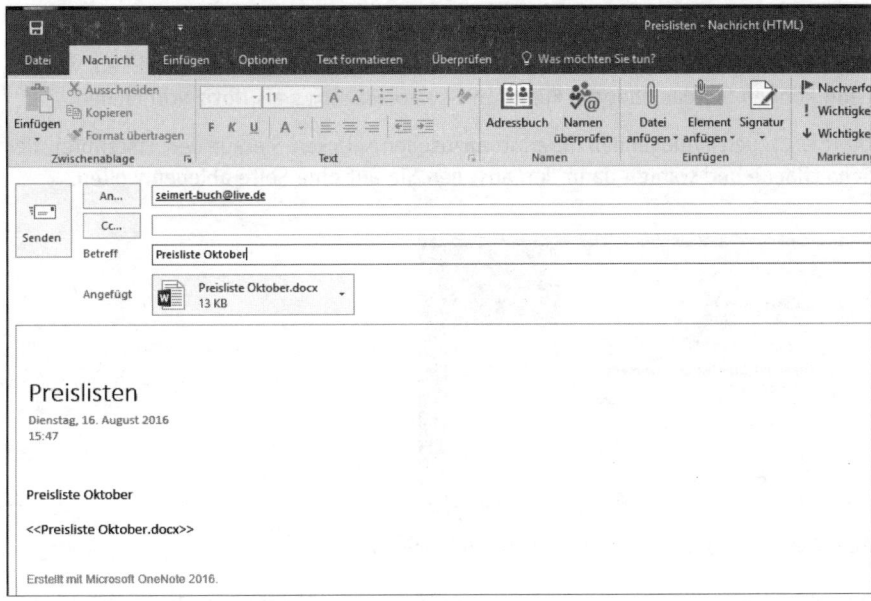

Abb. 4.79: Die OneNote-Seite in einem E-Mail-Formular

Der Empfänger erhält die Seite dann per Mail und kann sie wie gewohnt unter Outlook bearbeiten und seinerseits nun gegebenenfalls in sein OneNote-Notizbuch einfügen.

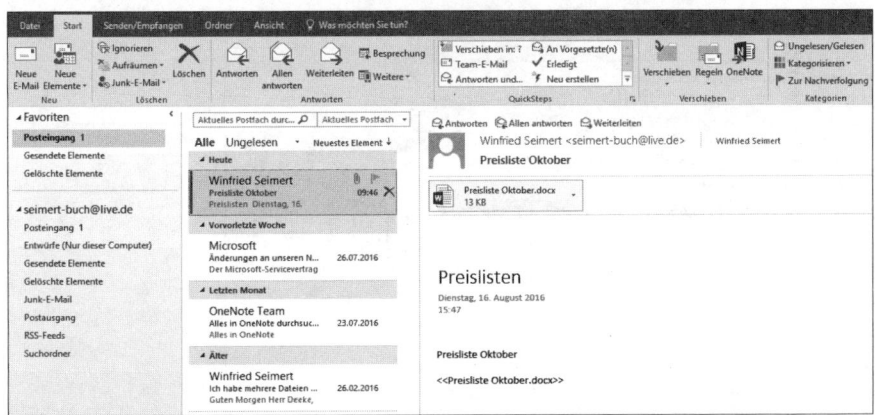

Abb. 4.80: Die E-Mail mit der OneNote-Seite im Posteingang

Besprechungsdetails

Wenn Sie Besprechungen, Meetings oder sonstige Termine protokollieren wollen, dann können Sie das über die Funktion BESPRECHUNGSDETAILS als Notiz vornehmen.

Um die aktuell anliegenden Termine anzusehen, klicken Sie auf den Listenpfeil der Schaltfläche und wählen dann den aus, den Sie auf eine Seite ablegen wollen.

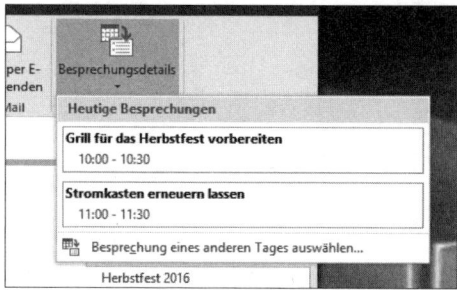

Abb. 4.81: Ein Besprechungsdetail zu einem Termin anlegen

Befindet sich kein Termin in der Liste oder wünschen Sie einen anderen, wählen Sie den Eintrag BESPRECHUNG EINES ANDEREN TAGES AUSWÄHLEN.

Sie gelangen in das Dialogfenster OUTLOOK-BESPRECHUNGSDETAILS EINFÜGEN und können nun über die Kalender-Schaltfläche das gewünschte Datum für den betreffenden Termin aussuchen.

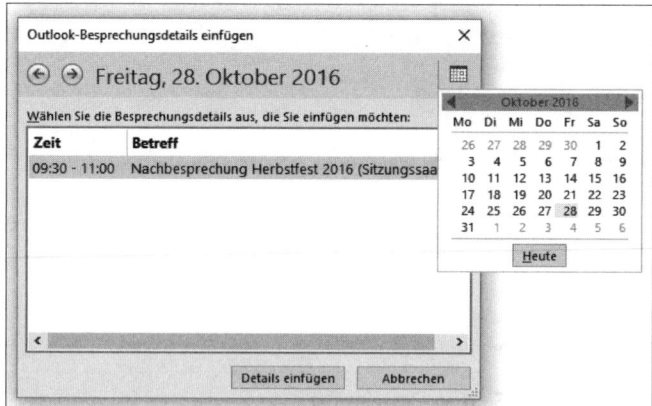

Abb. 4.82: Den Termin auswählen

Mit einem Klick auf die Schaltfläche Details einfügen wird die Information dann auf die ausgewählte Seite eingefügt.

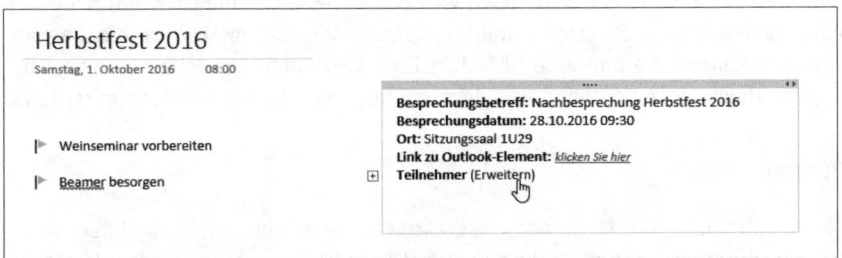

Abb. 4.83: Die Besprechungsinformationen in OneNote (Teilnehmer ausgeblendet)

Speicherort festlegen

Beim Speichern werden Sie stets nach dem Sendeziel gefragt und OneNote legt dann die Informationen auf einer neuen Seite in dem angegebenen Abschnitt fest. Möchten Sie dieses Verhalten ändern, dann rufen Sie in den Optionen die Kategorie An One-Note senden auf und stellen im Bereich Outlook-Elemente getrennt nach Outlook-Objekt die gewünschte Option ein.

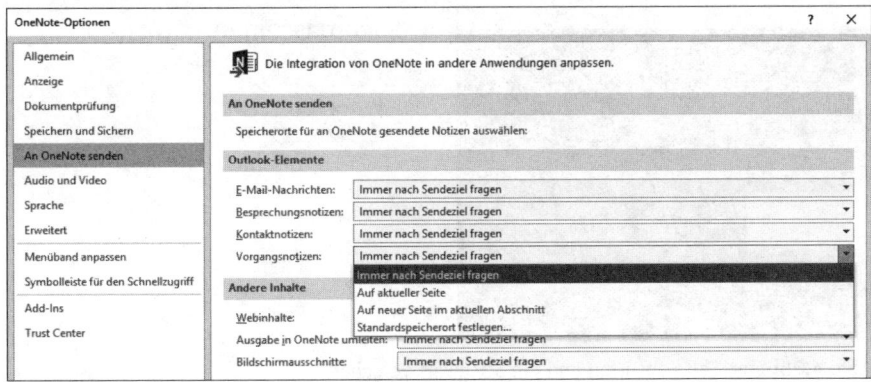

Abb. 4.84: Wählen Sie die Speicheroptionen.

Hier können Sie wählen, ob die Informationen auf der aktuellen Seite, auf einer neuen Seite im aktuellen Abschnitt gespeichert werden sollen und ob Sie einen Standardspeicherort festlegen möchten.

Internet Explorer

Mithilfe des Gespanns OneNote und Internet Explorer können Sie wunderbar eine Internetrecherche verfolgen und gleich wichtige Adressen dokumentieren, ohne sich dabei umständlich die oft langen und kryptischen Adressen merken zu müssen. Beispielsweise können Sie hier eine Übersicht über bestimmte Webseiten zu einem bestimmten Thema dokumentieren und diese an interessierte Zeitgenossen mitteilen.

HINWEIS

Dieses hilfreiche Feature funktioniert aktuell (Stand Oktober 2016) leider nur mit dem Internet Explorer, nicht jedoch mit anderen Browsern wie Edge, Firefox, Chrome oder Vivaldi.

Docken Sie hier zunächst über die Schaltfläche AN DESKTOP ANDOCKEN die OneNote-Seite an den Bildschirmrand an. Starten Sie dann den Internet Explorer und surfen Sie die erste Adresse an, die Sie festhalten wollen. Klicken Sie dann in die OneNote-Seite und schreiben Sie einen kurzen Erklärtext. Ihnen fällt gewiss sofort das Internet-Explorer-Logo vor dem Container auf.

Abb. 4.85: Eine Seite ansurfen und ein Stichwort vergeben

In dem Logo steckt sozusagen das Geheimnis, denn OneNote hat dort automatisch die Adresse der Seite festgehalten und Sie können diese nun jederzeit wieder aufsuchen. Dazu müssen Sie lediglich den Mauszeiger auf dieses Logo führen, woraufhin sogar eine kleine Vorschau gezeigt wird.

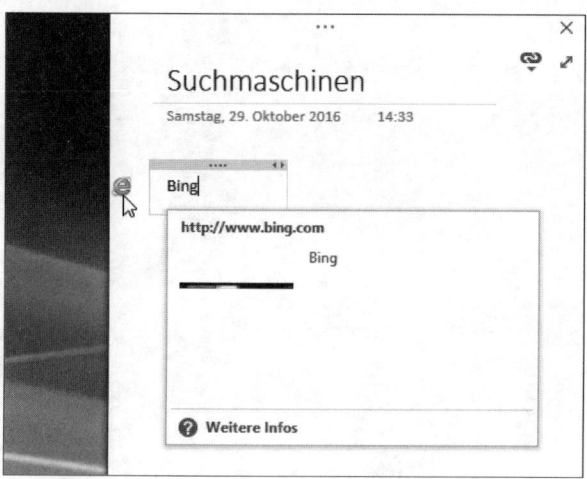

Abb. 4.86: Eine verknüpfte Webseite

Wenn Sie auf dieses Symbol klicken, wird Ihnen die entsprechende Seite im Browser geöffnet.

Kapitel 5

OneNote im mobilen Einsatz

Bislang wurde in diesem Buch auf lokaler Basis mit OneNote 2016 gearbeitet. Wenn Sie dagegen mit Ihren Notizen mobil sein und an unterschiedlichen Orten und auf unterschiedlichen Geräten zugreifen wollen, müssen die Notizbücher an zentraler Stelle gespeichert werden. Das kann im einfachsten Fall beispielsweise ein mobiler Datenträger wie etwa ein USB-Stick sein. Im Regelfall wird es aber zum einen der kostenfreie Onlinedienst *OneDrive* sein, den man von zu Hause, aus dem Büro, in der Schule oder Uni verwenden kann. Oder Sie greifen auf das kostenpflichtige *OneDrive für Business*, eine Funktion der Webanwendung von SharePoint, zu, sofern Ihr Unternehmen Ihnen Onlinespeicher zur Verfügung stellt.

Im Folgenden erfahren Sie, welche Vorteile das Speichern auf einen USB-Stick bzw. OneDrive hat und wie man im Alltag damit arbeitet. Im zweiten Fall ist dazu ist allerdings ein Microsoft-Konto erforderlich. Wie man dieses einrichtet, haben Sie im zweiten Kapitel erfahren.

5.1   Mobiler Datenträger

Sie möchten Ihre Notizbücher oder eines davon stets zur Verfügung haben, ohne es in der Cloud zu speichern? Wenn Sie OneNote 2016 Ihr Eigen nennen, ist das kein Problem. Sie können nämlich ganz einfach das betreffende Notizbuch auf einem USB-Stick anlegen und damit auf mehreren Rechnern arbeitet. OneNote kümmert sich um die Synchronisation und so müssen Sie nichts tun, als Ihren Stick immer dabei zu haben.

TIPP

Sie können die Notizbücher beispielsweise auch auf Ihre NAS oder auf den Speicherplatz Ihres Routers (etwa die FritzBox) ablegen und können dann von allen Rechner auf Ihre Notizbücher zugreifen.

Im Folgenden soll ein Notizbuch *Mobil* mit einem Abschnitt KUNDENBERICHTE und eine Seite angelegt werden.

Nachdem der Stick Ihn Ihrem Computer steckt, kann es losgehen. Rufen Sie über *Datei* / Neu den Abschnitt *Neues Notizbuch* auf. Hier wählen Sie Dieser PC und tragen dann in das Feld *Notizbuchname* den gewünschten, hier Mobil, ein.

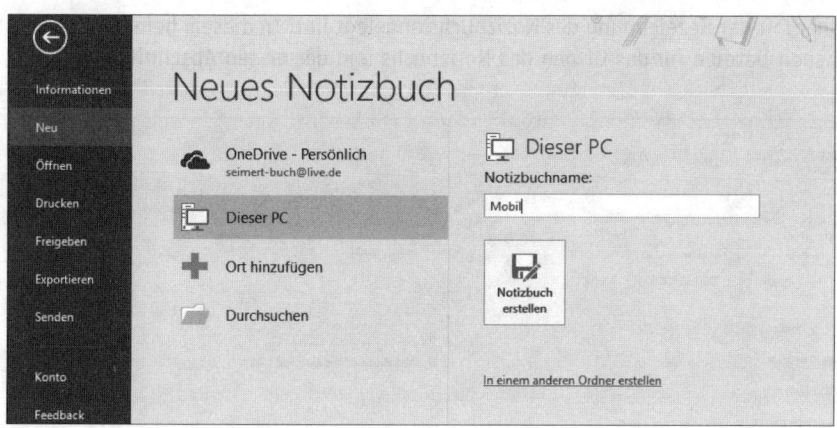

Abb. 5.1: Das Notizbuch anlegen

Klicken Sie nun auf den Link In einen anderen Ordner erstellen.

Im folgenden Dialogfenster stellen Sie Ihren USB-Stick als Speicherort ein und bestätigen mit einem Klick auf die Schaltfläche Erstellen.

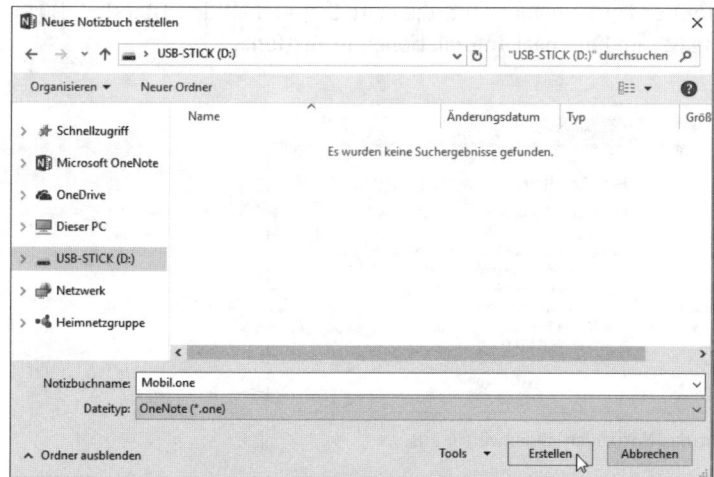

Abb. 5.2: Das Notizbuch auf einem USB-Stick erstellen

Das war es im Prinzip auch schon. Wenn Sie einmal in den Explorer wechseln und sich die Struktur auf dem USB-Stick ansehen, werden Sie erkennen, dass OneNote einen

Ordner mit der Bezeichnung des Notizbuchs angelegt hat. In diesem befinden sich die üblichen Dateien für das Öffnen des Notizbuchs und des ersten Abschnitts.

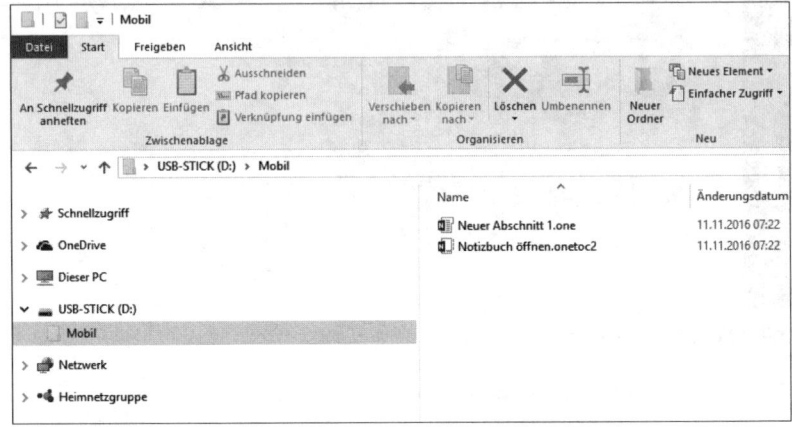

Abb. 5.3: Die Struktur des Notizbuchs auf dem USB-Stick

Nun sollten Sie einmal ein paar Informationen eingeben. Im Beispiel wird der Abschnitt in Kundenberichte umbenannt, die erste Seite erhält den Titel Hr. Müller-Lüdenscheidt und ein paar Informationen in Textform.

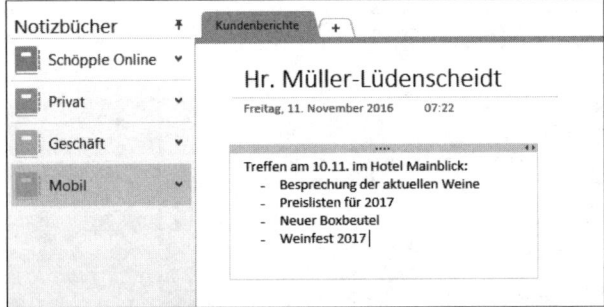

Abb. 5.4: So sieht das Notizbuch gegenwärtig aus.

Wie Sie sehen, verhält sich das Notizbuch wie ein gewöhnliches Notizbuch.

Ziehen Sie nun einmal den Stick ab und stecken Sie ihn in einen anderen Computer, der über OneNote 2016 verfügt.

Dort wechseln Sie über DATEI in den Bereich ÖFFNEN. Im Bereich VOR ANDEREN ORTEN ÖFFNEN klicken Sie auf die Schaltfläche DURCHSUCHEN und wählen im folgenden Dialogfenster den Speicherort des Sticks an. Nun müssen Sie nur noch in den Ordner MOBIL wechseln, die Datei NOTIZBUCH ÖFFNEN.ONETOC2 markieren und einen weiteren Klick auf die Schaltfläche ÖFFNEN setzen.

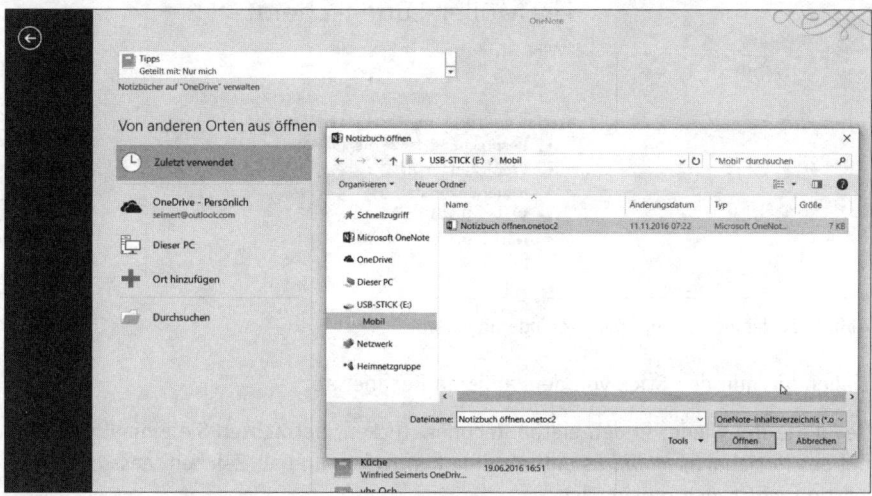

Abb. 5.5: Diese Datei muss einmal auf dem anderen PC geöffnet werden.

Wie Sie sehen, wird das Notizbuch in der Struktur der vorhandenen Notizbücher angezeigt und enthält (logischerweise) die gleichen Informationen, wie zu vor gesehen.

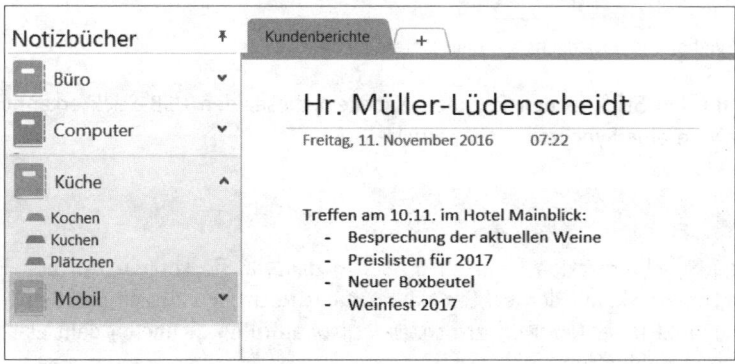

Abb. 5.6: Das Notizbuch auf dem anderen Rechner

Ändern Sie nun ein paar Informationen ab, indem Sie beispielsweise ein paar Informationen und Formatierungen hinzufügen.

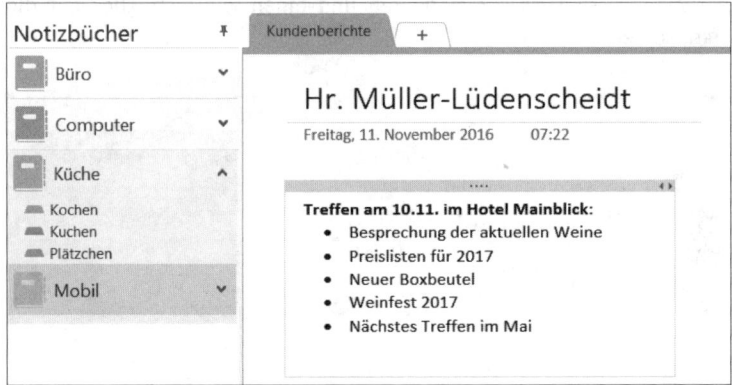

Abb. 5.7: Nehmen Sie ein paar Veränderungen vor.

Ziehen Sie nun den Stick von dem anderen Rechner ab.

Bevor Sie ihn wieder in den ersten Rechner stecken, betrachten Sie einmal das Symbol des Notizbuchs *Mobil*. Es enthält eine Kennzeichnung als Zeichen, dass es gegenwärtig nicht synchronisiert ist.

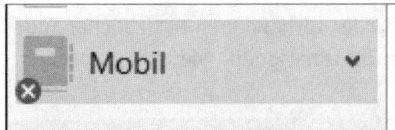

Abb. 5.8: Das Symbol des Notizbuchs auf dem ersten Rechner

Stecken Sie nun den Stick in den Rechner. Nachdem dieser den USB-Stick erkannt hat, führt OneNote eine Synchronisation durch.

TIPP

Der Start der Synchronisation kann ein bisschen dauern. Sie können Ihn beschleunigen, indem Sie mit der rechten Maus auf das Notizbuch klicken und den Kontextmenüpunkt DIESES NOTIZBUCH JETZT SYNCHRONISIEREN aufrufen. Schneller geht es über die Tastenkombination ⇧ + F9.

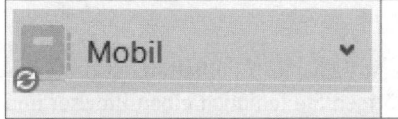

Abb. 5.9: Das Notizbuch wird synchronisiert.

HINWEIS

Weitere Informationen zum synchronisieren finden Sie im folgenden Abschnitt ONENOTE ONLINE.

OneNote gleicht nun die Daten aus dem Notizbuch des Sticks mit denen des Rechners ab und zeigt Ihnen dann die aktuelle Seite.

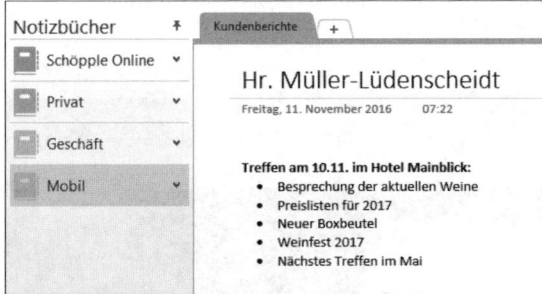

Abb. 5.10: Das synchronisierte Notizbuch

Auf diese Art und Weise können Sie überall – sofern Sie Ihren USB-Stick dabei haben und der Rechner über OneNote 2016 verfügt – auf die Informationen Ihrer Notizbücher zugreifen.

TIPP

Es gibt USB-Sticks in Schlüsselform, die man unauffällig an seinem Schlüsselbund anbringen kann und so stets dabei hat, wenn man das Haus verlässt.

5.2   OneNote Online

Eine weitere Art, von jedem Ort Einblick in die Notizbücher zu erhalten, ist das Speichern auf OneNote Online. In diesem Fall benötigen Sie lediglich einen Browser und Zugang zu Ihrem OneDrive-Speicher, was im Zeitalter des allgegenwärtigen Internets im Regelfall kein Problem darstellt. Die Webanwendung bietet viele Möglichkeiten, Ihre Notizbücher nebst deren Inhalten anzuzeigen und zu bearbeiten, und sie setzt nicht zwangsläufig OneNote 2016 voraus.

Einloggen auf OneDrive

Um Einsicht auf die Notizbücher zu nehmen, müssen Sie sich zunächst auf dem Online-Dienst OneDrive einloggen, denn die Notizbücher liegen ja dort. Das kann auf zweierlei Art geschen: Sie melden sich direkt in Ihrem Browser an oder Sie klicken auf den Link in OneNote 2016.

Im ersten Fall geben Sie in die Adressleiste Ihres Browsers den URL-Bestandteil one-drive.de ein und bestätigen mit ⏎.

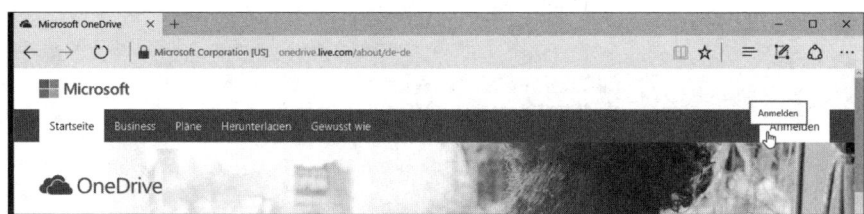

Abb. 5.11: Die Startseite von OneDrive

Klicken Sie hier auf der rechten Seite auf die Schaltfläche ANMELDEN. Daraufhin wird das Anmeldefenster vor das Fenster gelegt und Sie tragen die E-Mail-Adresse Ihres Microsoft-Kontos ein.

Anmelden

Geben Sie die E-Mail-Adresse des Kontos ein, bei dem Sie sich anmelden möchten.

Weiter

☐ Immer dieses Konto verwenden

Sie haben noch kein Konto? Jetzt registrieren

Abb. 5.12: Melden Sie sich mit Ihrem Microsoft Konto an.

Möchten Sie in Zukunft immer dieses Konto verwenden, sollten Sie noch das Kontroll-kästchen IMMER DIESES KONTO VERWENDEN aktivieren. Mit einem Klick auf die Schaltfläche WEITER gelangen Sie in das übliche Anmeldefenster des Microsoft-Kontos.

Wie Sie sehen, wurde die E-Mail-Adresse des Kontos bereits eingetragen.

Abb. 5.13: Das Anmeldefenster des Microsoft-Kontos

Sie müssen nur noch das Kennwort eingeben und dann auf die Schaltfläche ANMELDEN klicken, um dann in den Startschirm von OneDrive in den Bereich DATEIEN zu gelangen.

HINWEIS

Sollten Sie sich nicht im Bereich DATEIEN befinden, dann führen Sie einen Klick auf die Bezeichnung unterhalb des links stehenden Menüs ONEDRIVE aus. Im Regelfall werden die Notizbücher im Ordner DOKUMENTE abgelegt. Aus Übersichtsgründen wird im Beispiel der Ordner ONENOTE verwendet.

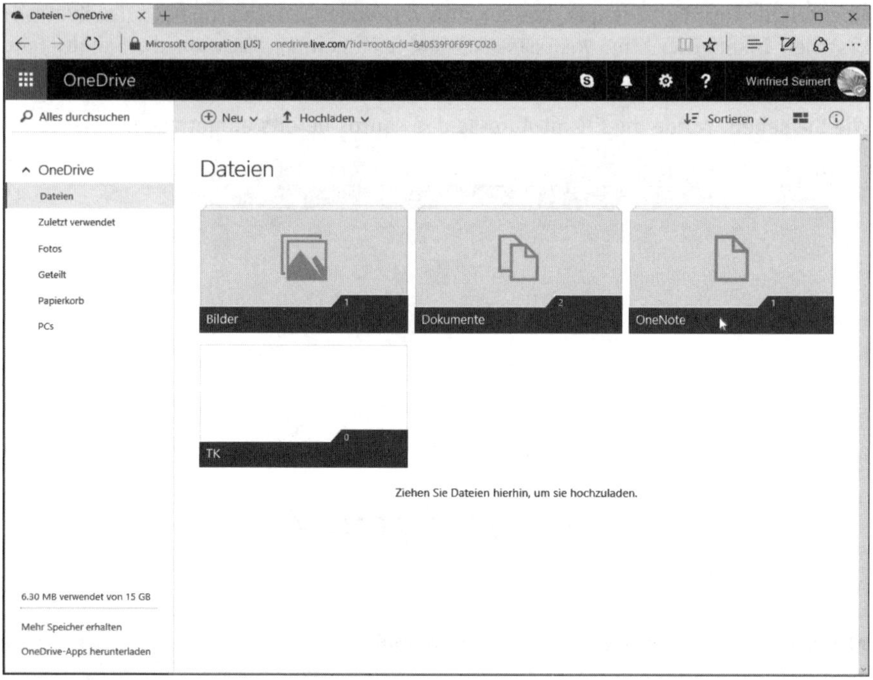

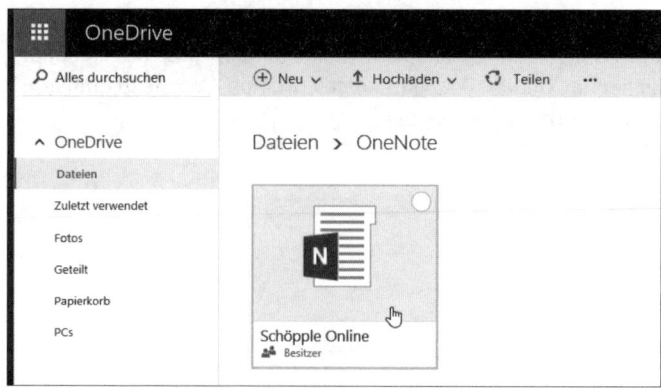

Abb. 5.14: Der Startschirm ONEDRIVE im Bereich DATEIEN

Führen Sie einen Klick auf den Ordner (im Beispiel ONENOTE) aus, der Ihr Notizbuch bzw. Notizbücher enthält. Sie erhalten dann eine entsprechende Auflistung.

Abb. 5.15: Hier befindet sich nur ein Notizbuch im Ordner.

Nun trennt Sie nur noch ein Klick von dem Inhalt Ihres Notizbuchs. Der Browser öffnet es in einer weiteren Registerkarte und Sie können sofort die Inhalte einsehen.

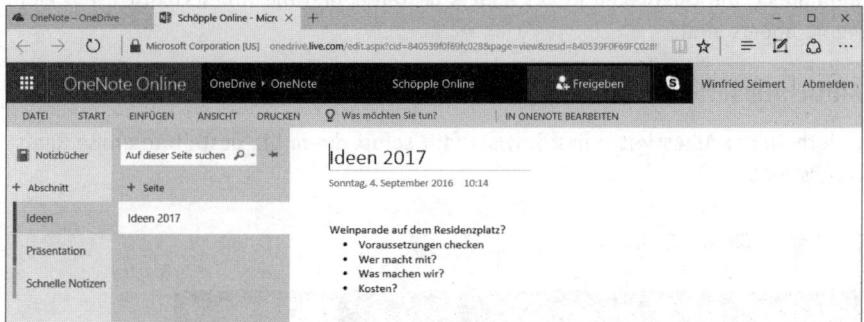

Abb. 5.16: Zugriff auf das online abgelegte Notizbuch

Es gibt, wie erwähnt, noch eine weitere Möglichkeit, wie Sie Zugriff auf Ihre Online-Notizbücher erhalten. Sind Sie Eigentümer von OneNote 2016, können Sie direkt durch einen Link zu OneDrive wechseln. Nachdem Sie auf die Schaltfläche DATEI geklickt haben, führen Sie einen weitern Klick auf das Menü ÖFFNEN aus. Hier finden Sie in der Kategorie AUS ONEDRIVE ÖFFNEN unterhalb der NOTIZBUCH-Liste den Link NOTIZBÜCHER AUF "ONEDRIVE" VERWALTEN.

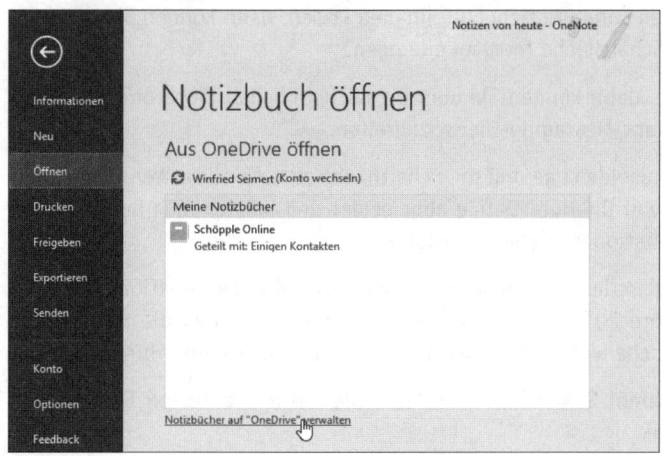

Abb. 5.17: OneDrive aus OneNote 2016 aufrufen

Ein Klick darauf bringt Sie in den Startschirm von OneDrive.

Arbeiten mit OneNote Online

Das Arbeiten mit OneNote Online gestaltet sich sehr ähnlich wie mit OneNote 2016, wenngleich die Oberfläche etwas anders gestaltet und die Arbeitsschritte ein klein wenig anders sind.

Bildschirmaufbau

Unterhalb der Adressleiste des Browser fällt sofort die farbig gestaltete große Registerleiste auf.

Abb. 5.18: Die Titelleiste

Wenn Sie auf die erste Schaltfläche mit den neun kleinen Quadraten klicken, erhalten Sie Zugriff auf alle Ihnen zur Verfügung stehenden Dienste, somit auch von OneNote Online.

Neben der eigentlichen App-Bezeichnung finden Sie die Pfadangabe und können so genau feststellen, wo Sie sich gerade innerhalb des Onlineangebots befinden. Dahinter können Sie die Bezeichnung des aktuell geöffneten Notizbuchs entnehmen.

Möchten Sie andere an Ihrem Notizbuch teilhaben lassen, dann können Sie das nach einem Klick auf die Schaltfläche FREIGEBEN erledigen.

Verwenden Sie Skype, dann können Sie über die nächste Schaltfläche direkt auf diesen kostenlosen Instant-Messaging-Dienst zugreifen.

Es folgen noch Ihr Anmeldename und die Schaltfläche zum ABMELDEN. Wenn Sie darauf klicken, werden Sie von OneNote Online abgemeldet und müssen sich bei erneutem Zugriff auf die Informationen wieder anmelden.

Direkt unter der Registerleiste befindet sich eine Liste, die der Funktionsweise des Menübands in OneNote 2016 sehr ähnlich ist. So können Sie über die Schaltfläche DATEI wichtigste Bereiche wie INFORMATIONEN, DRUCKEN, FREIGEBEN, INFO und HILFE aufrufen.

Wenn Sie auf den Befehl START klicken, erhalten Sie die relevantesten Befehle zum Formatieren der Texte.

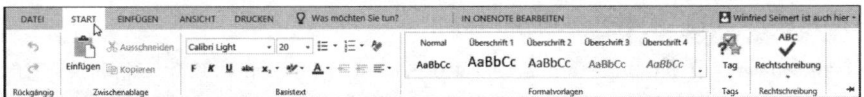

Abb. 5.19: Die Registerkarte START

Die Befehle der Registerkarte EINFÜGEN ermöglichen u.a. das Einfügen einer NEUEN SEITE oder eines NEUEN ABSCHNITTS.

Abb. 5.20: Die Registerkarte EINFÜGEN

Die wichtigsten Darstellungsformen und Informationen können Sie über die Befehle der Registerkarte ANSICHT vornehmen.

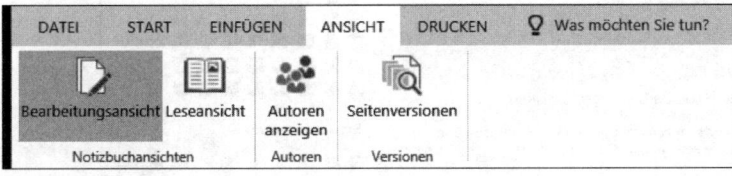

Abb. 5.21: Die Registerkarte ANSICHT

Ein Klick auf die Schaltfläche DRUCKEN führt Sie in den Druckdialog, in dem Sie den Drucker und dessen Optionen einstellen, bevor Sie die Seite(n) ausdrucken.

Als nächstes folgt das Eingabefeld INTELLIGENTES NACHSCHLAGEN mit verschiedenen Vorgaben. Wenn Sie darauf klicken, werden Sie gefragt, welchen der aufgezählten Punkte Sie ausführen wollen. Alternativ können Sie aber auch Ihre Stichworte eingeben und gegebenenfalls mit der Onlinehilfe von OneNote oder der Suchmaschine *Bing* nach einer Lösung suchen.

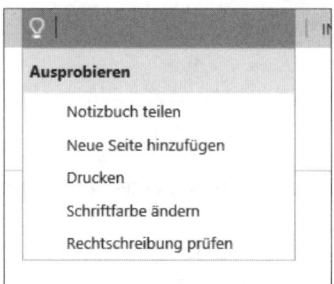

Abb. 5.22: Einige Dinge, die Sie ausprobieren können

Wenn Sie sich für einen der Vorgabewerte entscheiden, können Sie im Folgenden die Angaben verfeinern und so zum gewünschten Ergebnis gelangen.

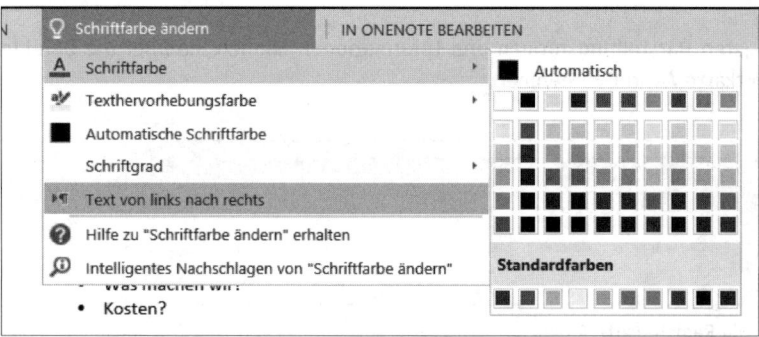

Abb. 5.23: Die Optionen bei SCHRIFTFARBE ÄNDERN

Die nächste Schaltfläche bietet sozusagen den Zugang zu auf Ihrem Computer installierten Versionen.

Das eigentliche Notizbuch-Fenster ist OneNote-typisch in Abschnitte und Seiten unterteilt. In der ersten Spalte finden Sie das Notizbuch bzw. die Notizbücher aufgelistet. Möchte Sie auf die Verwaltung derselben zugreifen, klicken Sie auf die Schaltfläche NOTIZBÜCHER.

Sie gelangen in die Notizbuch-Verwaltung von OneNote Online. Über die Schaltfläche + NEU können Sie weitere Notizbücher anlegen.

Abb. 5.24: Die Verwaltung der Notizbücher in OneNote Online

Möchten Sie weitere Aktionen vornehmen, klicken Sie auf die Schaltfläche Verwalten und löschen am rechten Rand des Fensters. Sie gelangen in den Bearbeitungsschirm von OneDrive, in dem Sie beispielsweise ein Notizbuch nach dem Markieren Löschen oder Verschieben können.

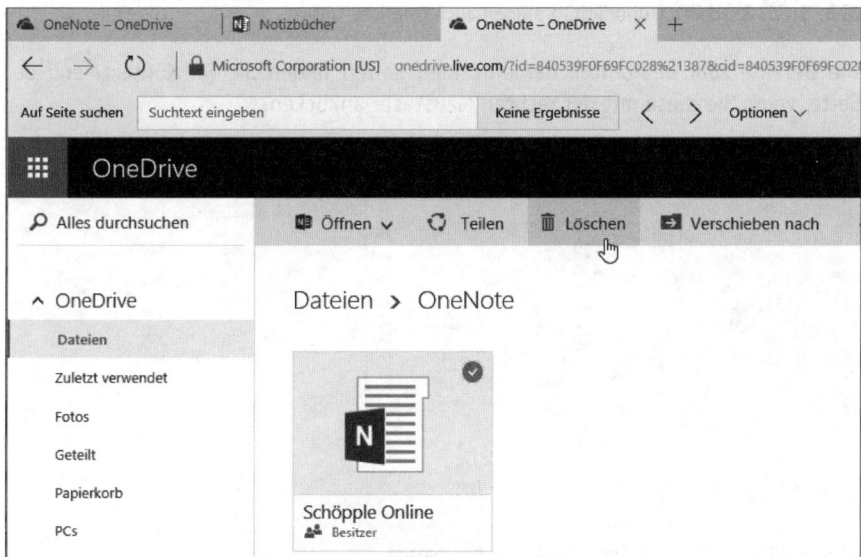

Abb. 5.25: Ein Notizbuch löschen

Um diesen Bereich zu verlassen, schließen Sie einfach die Registerkarte des Browsers, was am schnellsten mit ⎡Strg⎤ + ⎡W⎤ geht.

Unter dem Notizbuchnamen sind die einzelnen Abschnitte aufgelistet und dort können Sie auch mit einem Klick auf die Schaltfläche + Abschnitt einen neuen anlegen. Daneben befinden sich die einzelnen Seiten des gerade aktuell angewählten Abschnittes. Über die oberste Schaltfläche + Seite können Sie weitere Seiten einfügen. Auf der rechten Seite sehen Sie den Inhalt der gerade ausgewählten Seite.

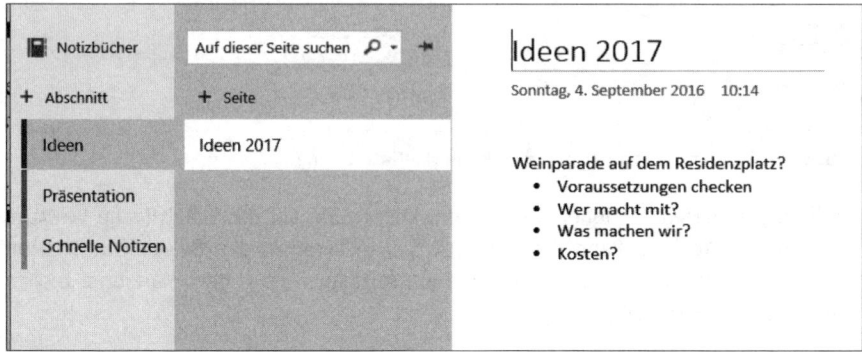

Abb. 5.26: Abschnitte und Seiten prägen auch OneNote Online.

Die Befehle zum Bearbeiten der einzelnen Seiten finden Sie im Kontextmenü der Seite, wenn Sie diese mit der rechten Maustaste anklicken.

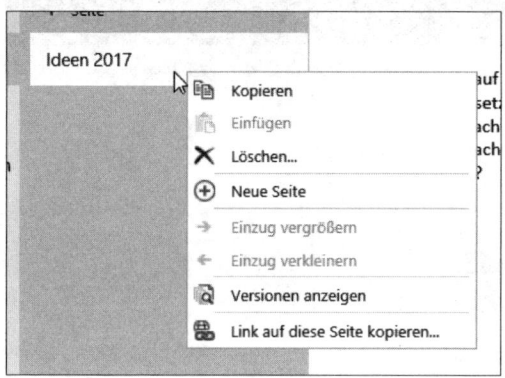

Abb. 5.27: Eine Seite in OneNote Online bearbeiten

Freigaben

Möchten Sie anderen Zugang zu Ihren Notizen bieten, dann klicken Sie auf die Schaltfläche Freigeben.

Im folgenden Formular können Sie Benutzer einladen, in Ihrem Notizbuch zu stöbern. Dazu müssen Sie lediglich deren E-Mail-Adresse in das Feld An schreiben und – falls Sie mögen – mit einer kurzen Notiz ergänzen.

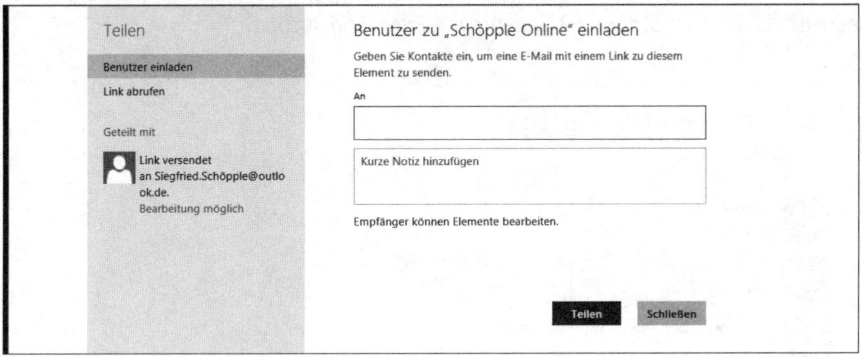

Abb. 5.28: Ein Notizbuch freigeben

Standardmäßig räumen Sie dabei den Empfängern ein, dass sie die vorhandenen Elemente bearbeiten können. Möchten Sie das nicht, dann klicken Sie auf den Link EMPFÄNGER KÖNNEN ELEMENTE BEARBEITEN.

Über die beiden dadurch sichtbar gemachten Listenfelder können Sie nun weitere Einstellungen vornehmen. Über das oberste Listenfeld können Sie einstellen, dass die Empfänger nur die Notizbücher betrachten, aber nicht bearbeiten können.

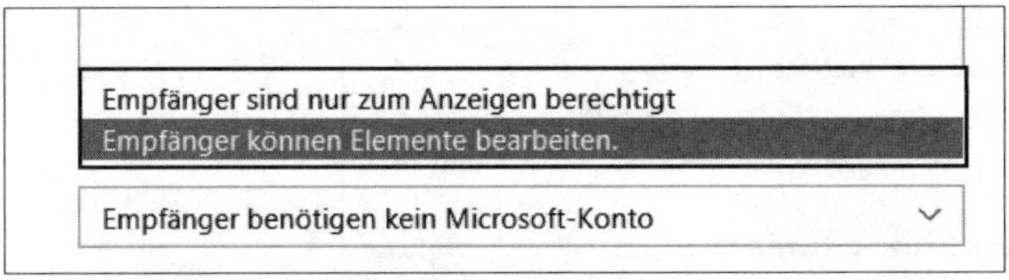

Abb. 5.29: Die Vergabe der Rechte regeln

Und da nicht jeder über ein Microsoft-Konto verfügt, können Sie im zweiten Listenfeld einstellen, ob man eines benötigt oder nicht.

Mit einem Klick auf die Schaltfläche TEILEN wird dem Empfänger eine Mail gesendet, die einen Link zu dem betreffenden Notizbuch enthält. Dieser muss nur noch angeklickt werden und schon hat man entsprechenden Zugang zu den Notizen.

In OneNote bearbeiten

Wenn Sie auf die Schaltfläche In ONENOTE BEARBEITEN klicken, müssen Sie – je nachdem, welches Programm bei Ihnen gewählt ist bzw. welches Sie wünschten –, ein Wahl zwischen der Universal App oder OneNote 2016 treffen. Alternativ können Sie gegebenenfalls auch im Store nach einen passenden App suchen.

Abb. 5.30: In welcher App soll das Element geöffnet werden?

Bestätigen Sie Ihre Wahl mit OK. Entscheiden Sie sich für OneNote 2016, dann erhalten Sie einen Hinweis, dass der Speicherort möglicherweise nicht sicher ist.

Abb. 5.31: Ein wichtiger Sicherheitshinweis

Da Sie in diesem Fall die Wahl getroffen haben und (hoffentlich) Ihrem Speicherplatz vertrauen, bestätigen Sie mit einem Klick auf die Schaltfläche Ja.

OneNote Online startet nun OneNote 2016, richtet das Notizbuch ein, stellt die Abschnitte und Seiten bereit und präsentiert sich dann wie in folgender Abbildung ersichtlich. Jetzt können Sie den vollen Funktionsumfang von OneNote 2016 nutzen.

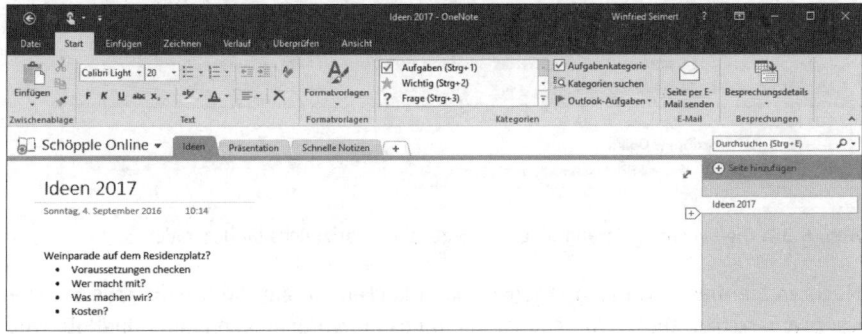

Abb. 5.32: Das online gespeicherte Notizbuch nun in OneNote 2016

Synchronisation

Eines der herausragenden Eigenschaften von OneNote ist die Tatsache, dass man sich so gut wie nie um das Speichern kümmern muss. Das gilt insbesondere für Änderungen, die man an zentral abgelegten Inhalten wie auf OneDrive abgelegt hat. Diese werden regelmäßig automatisch synchronisiert, sodass Sie stets auf allen Geräten den gleichen Datenbestand haben. Zwar hat man keinen Einfluss auf die zeitlichen Intervalle, kann allerdings die Synchronisation stoppen, wenn es gerade mal nicht passt.

In diesem Fall führen Sie einen Rechtsklick auf eines der Notizbücher aus und rufen aus dem Kontextmenü den Eintrag Notizbuch-Synchronsierungsstatus auf.

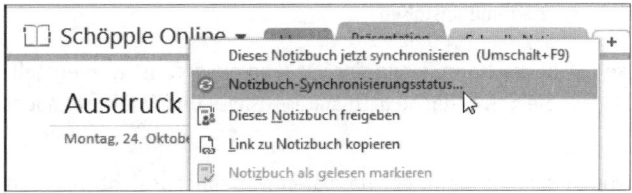

Abb. 5.33: Den Status der Synchronisierung prüfen

Läuft gerade ein Synchronisierungsvorgang, dann erkennen Sie das an dem fortlaufenden grünen Balken sowie dem grünen Symbol mit den beiden weißen Pfeilen auf dem Notizbuch.

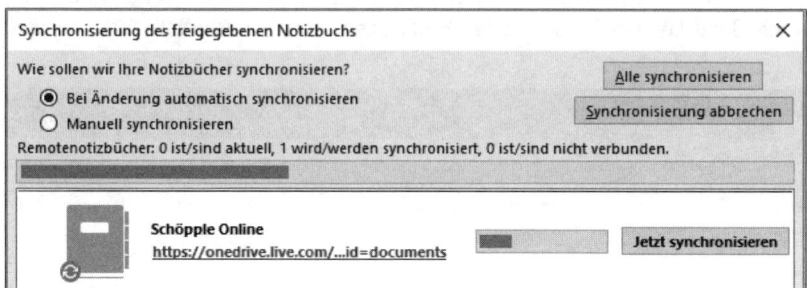

Abb. 5.34: Die Synchronisierung eines freigegebenen Notizbuchs läuft gerade.

Möchten Sie diesen Vorgang stoppen, dann klicken Sie auf die Schaltfläche SYNCHRONISIERUNG ABBRECHEN. Dieser Vorgang ist allerdings nur vorübergehend und OneNote wird bald wieder einen Versuch starten.

Möchten Sie selbst Einfluss auf die Synchronisation nehmen, dann wählen Sie die Option MANUELL SYNCHRONISIEREN.

Das grüne Symbol wandelt sich in eine rotes mit einem Kreuz und zeigt Ihnen so, dass das Notizbuch nicht synchronisiert wird.

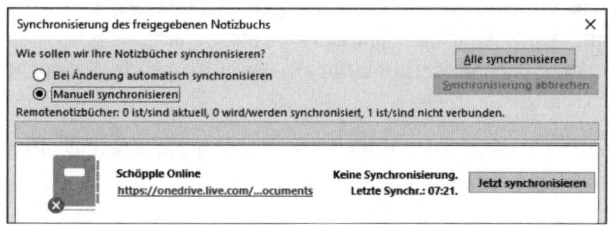

Abb. 5.35: Die Synchronisierung von Hand anstoßen

Ab sofort haben Sie es selbst in der Hand, wann der Vorgang ausgeführt werden soll. In diesem Fall klicken Sie auf die Schaltfläche JETZT SYNCHRONISIEREN und OneNote macht sich an die Arbeit.

Ein so verwaltetes Notizbuch können Sie in der normalen Notizbuchansicht jederzeit ebenfalls synchronisieren. Dazu genügt ein Rechtsklick auf den Notizbuchnamen und anschließende Wahl des Kontextmenüpunktes DIESES NOTIZBUCH JETZT SYNCHRONISIEREN.

TIPP

Schneller und direkter geht es mithilfe der Tastenkombination ⎡✧⎤ + ⎡F9⎤, die Sie sich gewiss bald merken werden.

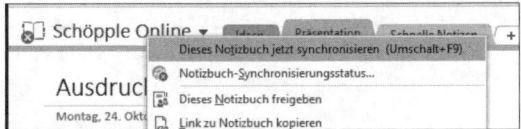

Abb. 5.36: Die Synchronisation direkt ausführen

5.3   OneNote Universal App

Haben Sie kein OneNote 2016 auf Ihrem Computer installiert, dann können Sie einige Arbeiten auch mit der Universal App, die mit Windows 10 mitgeliefert wird, ausführen.

Diese Software starten Sie über die Schaltfläche OneNote, die Sie im Startmenü und im Regelfall auch als einzelne Kachel vorfinden.

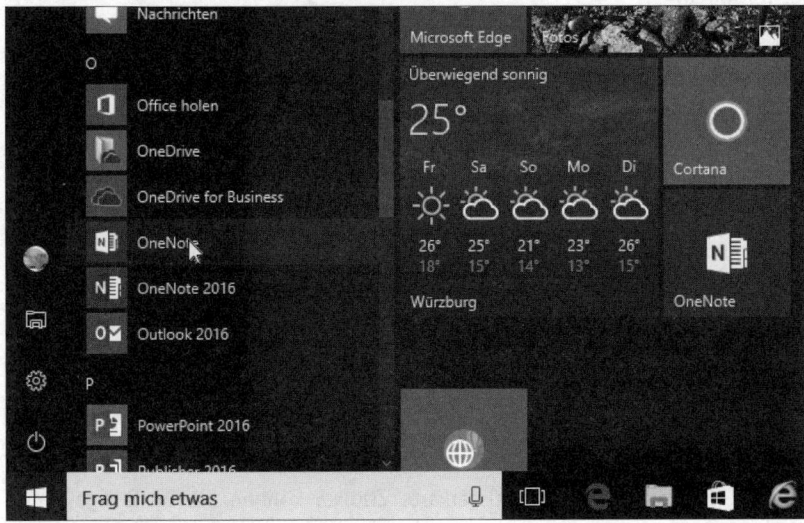

Abb. 5.37: Die OneNote Universal App starten

Der Aufbau der App gestaltet sich etwas spartanischer, was aber angesichts der Tatsache, dass sie nichts kostet, auch nicht verwundert.

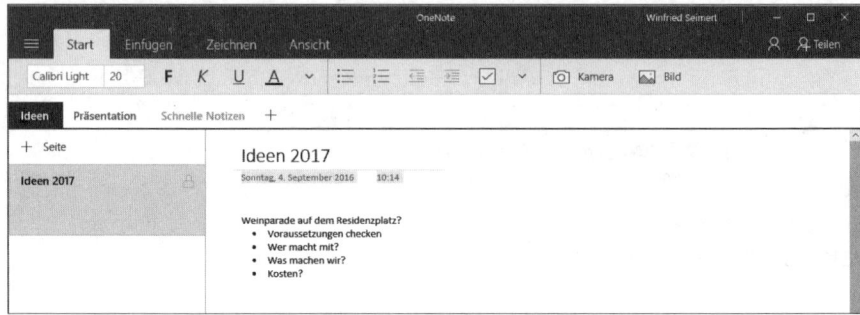

Abb. 5.38: Die Universal App OneNote

Prägend ist zunächst der menübandartige Aufbau, dem man anmerkt, dass er hauptsächlich für den Einsatz auf einem mobilen Gerät konzipiert ist. Auf der rechten Seite findet man das so genannte Hamburger-Menü, welches Ihnen den Blick auf die Navigation freigibt. In dieser können Sie auf die einzelnen Notizbücher zugreifen, wichtige Einstellungen vornehmen oder den Ausdruck starten.

Die Register sind ähnlich wie in OneNote 2016 aufgebaut, natürlich mit wesentlich weniger Optionen.

Über die Registerkarte START nehmen Sie die wichtigsten Formatierungen vor und fügen Bilder von der Kamera oder einem Speicherplatz ein.

Die Optionen der Registerkarte EINFÜGEN erlauben Ihnen unter anderem das Einfügen einer TABELLE oder einer DATEI.

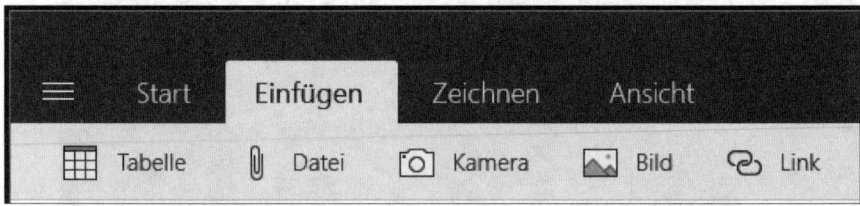

Abb. 5.39: Die Registerkarte EINFÜGEN

Mithilfe der Werkzeuge in der Registerkarte ZEICHNEN können Sie vielfältige handschriftliche Anmerkungen vornehmen und Ihre Zeichnungen in Formen konvertieren.

Abb. 5.40: Die Registerkarte Zeichnen

Die Gestaltung der Seiten und deren Darstellungen steuern Sie über die Schaltflächen der Registerkarte Ansicht.

≡	Start	Einfügen	Zeichnen	**Ansicht**
Hilfslinien	Verkleinern	Vergrößern	100%	Seitenliste ausblenden

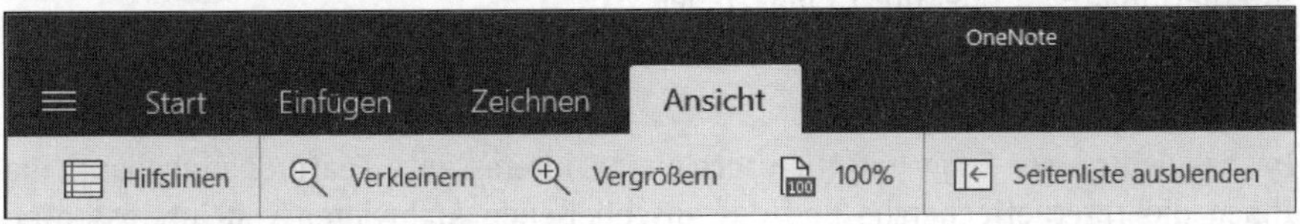

Abb. 5.41: Die Registerkarte Ansicht

Das Verwalten der Seiten selber erfolgt über die einzelnen Menüs des Kontextmenüs, das Sie nach Anklicken der Seite erhalten. Hier lassen sich unter anderem die Seiten löschen oder umbenennen.

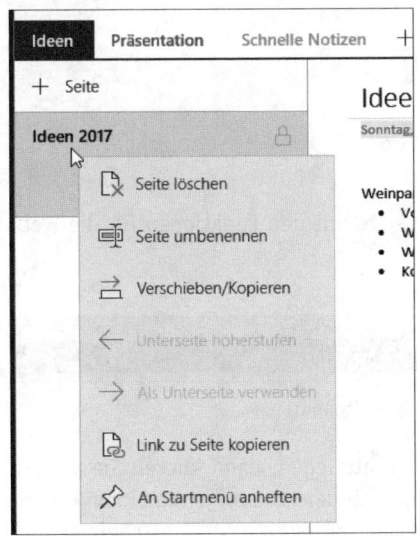

Abb. 5.42: Die Optionen für die Seiten

Die Applikation selber schließen Sie über das Schliessen-Feld oder rasch mit ⌈Alt⌉ + ⌈F4⌉.

5.4 Edge

Microsoft Edge ist der Webbrowser von Microsoft, der mit Windows 10 veröffentlicht wurde und längerfristig den Internet Explorer als Standardbrowser auf PCs, Smartphones und Tablets ersetzen soll. Von diesem unterscheidet er sich insbesondere darin, dass Websites mit Notizen versehen werden und das so entstandene Dokument mit Freunden oder Kollegen geteilt werden kann. Darüber hinaus kann er mithilfe der Erweiterung *Clipper* ausgerüstet werden, die es Ihnen recht komfortabel ermöglicht, Internetinhalte an OneNote zu übertragen

Webseitennotizen

Im neuen Browser Edge hat Microsoft einige interessante Features eingebaut, die Ihnen die Internetrecherche und das anschließende Archivieren von interessanten Informationen in OneNote erleichtert. So können Sie etwa direkt in Webseiten Notizen einfügen, Markierungen oder handschriftliche Anmerkungen vornehmen und diese dann unmittelbar an OneNote übertragen.

Rufen Sie die gewünschte Seite im Browser auf und klicken Sie dann auf die Schaltfläche Webseitennotiz erstellen, die Sie auf der rechten Seite neben der Adressleiste finden.

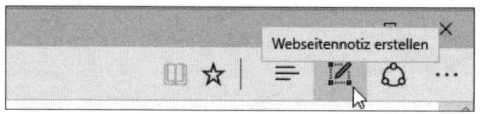

Abb. 5.43: Eine Webseitennotiz erstellen

Am oberen Rand des Browsers wird nun die Leiste mit den Funktionen für die Webseitennotizen eingeblendet.

Abb. 5.44: Die Leiste mit den Funktionen für die Webseitennotizen

Möchten Sie nun auf der Webseite eine Notiz hinterlegen, dann klicken Sie auf die Schaltfläche Notiz hinzufügen. Daraufhin wandelt sich der Mauszeiger zu einem Fadenkreuz. Mit diesem klicken Sie nun an die Position, an der die Notiz erscheinen soll. Daraufhin erscheint ein kleiner mit einem Nummernsymbol versehener Notizzettel.

Abb. 5.45: Eine Notiz anlegen

Schreiben Sie in diesen Container einfach Ihren Text

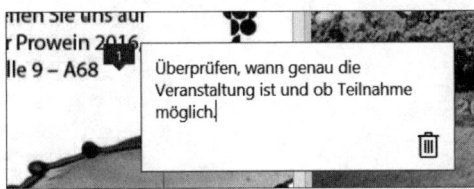

Abb. 5.46: Schreiben Sie Ihre Notiz.

Wenn der Textcontainer wichtige Informationen auf der Seite verdeckt, können Sie ihn einfach verschieben. Zeigen Sie dazu auf das Nummerierungssymbol und wenn der Mauszeiger die Form des Verschiebepfeils annimmt, ziehen Sie ihn an die gewünschte Stelle. Ein Klick auf dieses Symbol blendet den Text dann aus und ein erneuter Klick auch wieder ein.

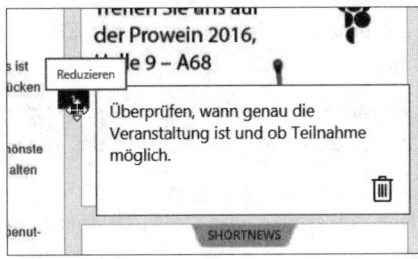

Abb. 5.47: Den Container verschieben oder reduzieren

Wenn Sie fertig sind, wechseln Sie einfach zu einem anderen Werkzeug. Wenn Sie beispielsweise auf das erste Werkzeug, den Stift, klicken, können Sie freihändige Anmerkungen auf der Seite platzieren. Die Optionen des Stifts können Sie in dem Menü einstellen, das Sie nach Anklicken des kleinen Pfeils am unteren Rand der Schaltfläche erhalten.

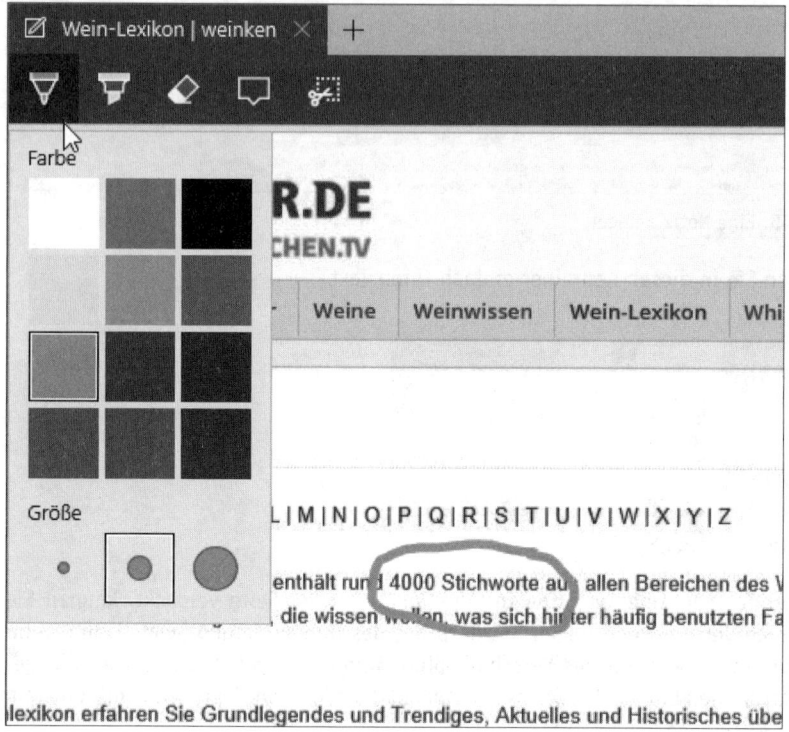

Abb. 5.48: Die Optionen des Freihandstifts

Möchten Sie derartige Anmerkungen wieder entfernen, dann wählen Sie den RADIERER und klicken auf die entsprechende Anmerkung.

Interessante Stellen können Sie mithilfe des Textmarkes anstreichen und somit sofort die Aufmerksamkeit darauf lenken. Ziehen Sie einfach nach der Auswahl des Werkzeugs über die Stelle, die Sie markieren wollen.

Die Farbe und die Stärke können Sie in dem Menü einstellen, das Sie durch Anklicken des kleinen Pfeils erhalten.

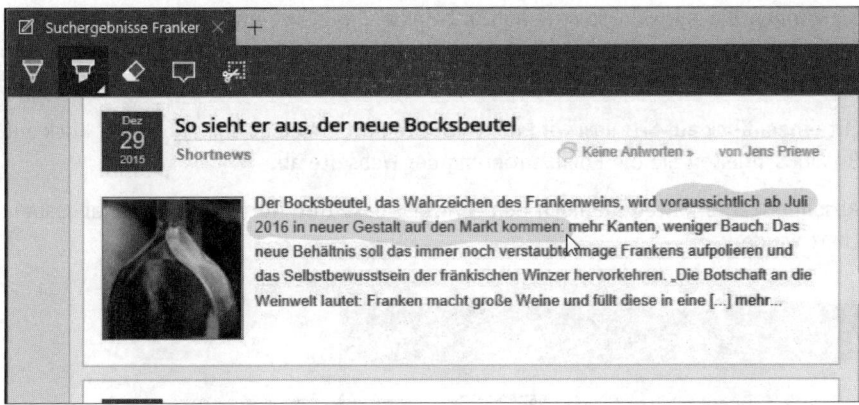

Abb. 5.49: Wichtige Stellen markieren

Möchten Sie die Webseitennotizen speichern, dann klicken Sie am rechten Rand der Leiste auf die Schaltfläche mit der Diskette (WEBNOTIZEN SPEICHERN).

Edge öffnet den aktiven Arbeitsbereich ONENOTE. Hier wählen Sie im Listenfeld NEUEREN ABSCHNITT AUSWÄHLEN den Speicherort aus, an den die Notizen gesendet werden sollen.

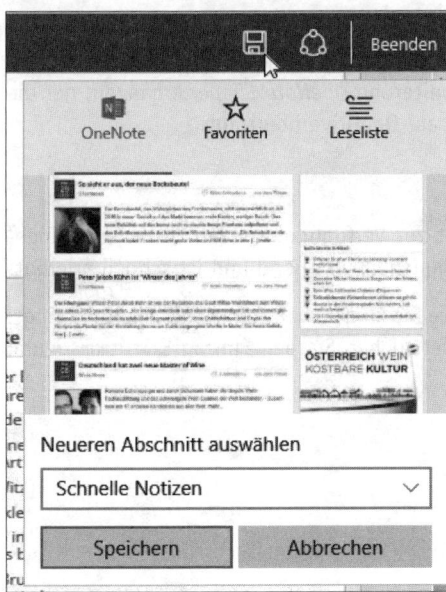

Abb. 5.50: Die Webnotizen speichern

Sie können die Auswahl Schnelle Notizen belassen, was bei einer Recherche sehr hilfreich ist, und dann später die Seiten in OneNote umräumen. Haben Sie bereits Abschnitte in Ihrem Notizbuch angelegt, dann können Sie diese auch direkt anwählen.

Mit einem Klick auf Speichern wird die Webseite dort abgelegt und mit einem Klick auf Beenden schließen Sie die Kommentierung der Webseite ab.

Abschließend erhalten Sie noch den Hinweis, dass Ihre Notiz in OneNote abgespeichert wurde.

Abb. 5.51: Die Notiz wurde erfolgreich gespeichert.

Die so erstellten Notizen werden in der Windows-Universal-App OneNote gespeichert.

OneNote Web Clipper

Wenn Sie Inhalte oder Bildschirmseiten aus dem Internet übernehmen möchten, können Sie den Browser Edge um die Erweiterung *OneNote Clipper* ergänzen, der die Informationen direkt in Ihre Notizbücher auf OneDrive überträgt.

OneNote Web Clipper einrichten

Der Web Clipper steht Ihnen nicht sofort zur Verfügung, sondern muss erst eingerichtet werden. Das geht allerdings unkompliziert von Hand und ist schnell erledigt.

Klicken Sie in Edge auf die Schaltfläche, die Sie zu den weiteren Möglichkeiten bringt. Sie erkennen sie an den drei Punkten. Hier suchen Sie den Eintrag Erweiterungen und wählen ihn an.

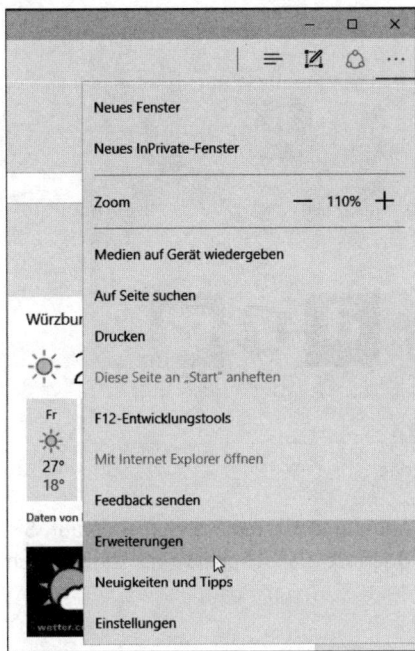

Abb. 5.52: Eine Erweiterung des Browsers vornehmen

Sie gelangen in das Fenster Erweiterungen, dass Ihnen die vorhandenen Erweiterungen (sofern vorhanden) anzeigt und den Hinweis gibt, dass man weitere im Store abrufen kann.

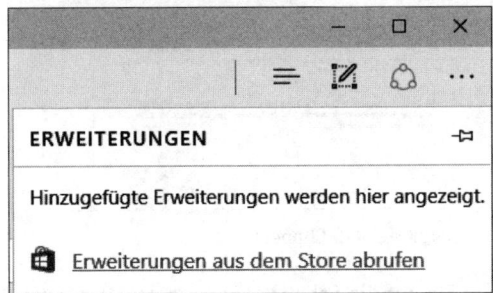

Abb. 5.53: Die Erweiterungen gibt es im Store.

Folgen Sie diesem Link durch einen Klick. Sie gelangen in den Store und bekommen alle Extensions für Microsoft Edge angezeigt.

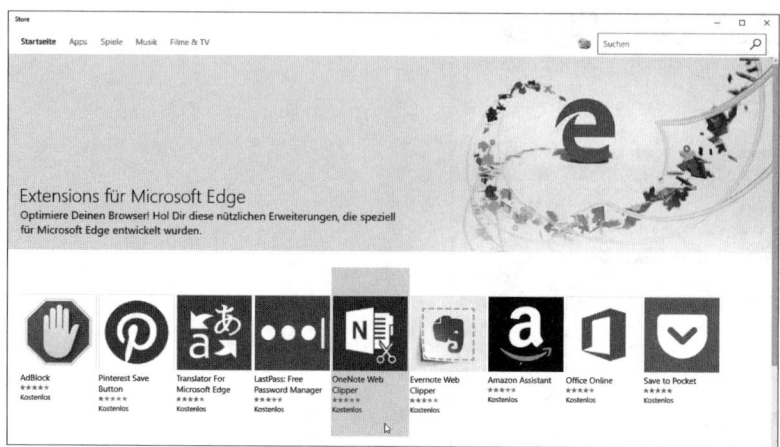

Abb. 5.54: Der Store für die Erweiterungen von Edge

Suchen Sie hier das Logo von *OneNote Web Clipper* und klicken Sie einmal darauf. Sie gelangen zur Info- und Downloadseite des OneNote Web Clippers und können sich dort näher informieren.

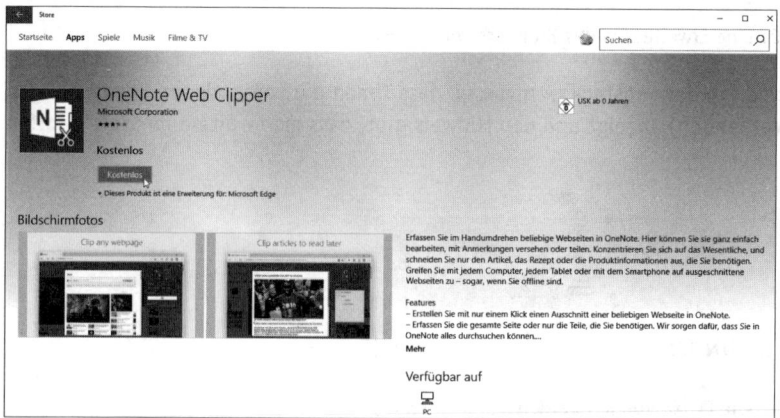

Abb. 5.55: Die Info- und Downloadseite des OneNote Web Clippers

Um den Download zu beginnen, klicken Sie auf die Schaltfläche Kostenlos. Der Download wird gestartet und die Erweiterung heruntergeladen. Ist er abgeschlossen, wechselt die Schaltfläche Kostenlos zu der Bezeichnung Starten und Sie können mit einem Klick darauf gleich loslegen.

Da Erweiterungen aus unbekannten Quellen gefährlich sein können, erhalten Sie in Edge ein Hinweisfenster, das Sie über die Rechte der Erweiterung aufklärt.

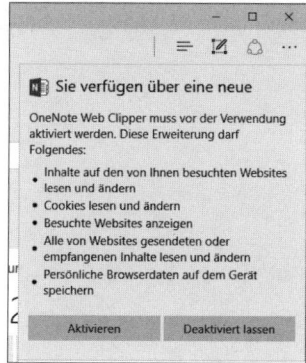

Abb. 5.56: Die Erweiterung muss aktiviert werden.

Sind Sie einverstanden, dann klicken Sie auf die Schaltfläche AKTIVIEREN.

Im Browserfenster wird Ihnen eine Infoseite eingeblendet. Zusätzlich wurde dem Browser die Schaltfläche CLIP TO ONENOTE hinzugefügt, die Sie nach Anklicken der Navigationsschaltfläche (die mit den drei Punkten) ausfindig machen können.

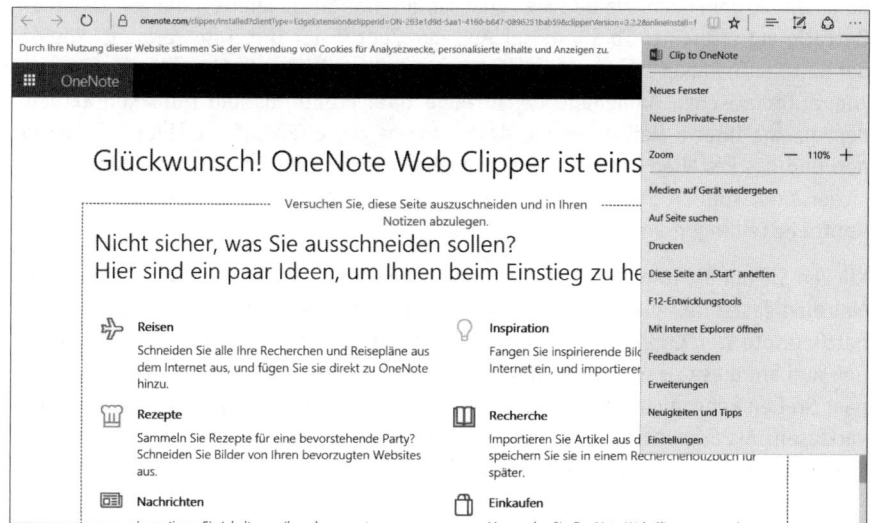

Abb. 5.57: Die frisch installierte Erweiterung ONENOTE WEB CLIPPER

Arbeiten mit dem OneNote Web Clipper

Nachdem der OneNote Web Clipper aktiviert wurde, können Sie ihn gleich einsetzen. Dazu klicken Sie einfach auf die Schaltfläche CLIP TO ONENOTE. Als Erstes werden Sie aufgefordert sich entweder mit Ihrem Microsoft-Konto oder einem Geschäfts-, Schul- oder Unikonto anzumelden.

Abb. 5.58: Bitte einloggen!

Kommen Sie dem nach, werden Sie zunächst auf eine Seite geleitet, die von Ihnen die Bestätigung erfordert, ob Sie dieser App den Zugriff auf Ihre Infos erlaubt. Wie Sie der Seite entnehmen können, benötigt OneNote Web Clipper konkret die Zustimmung zum automatischen Anmelden, der Anzeige Ihrer Profilinfos und Ihrer Kontaktliste, der Anzeige Ihrer E-Mail-Adressen, dass ständige Zugreifen auf alle Ihrer Informationen und das Erstellen neuer Seiten in OneNote. Wenn Sie sich an dieser Stelle nicht sicher sind, können Sie diese Anwendungsberechtigungen später jederzeit in Ihren Kontoeinstellungen ändern.

Klicken Sie auf JA, wenn Sie damit einverstanden sind. Sie erhalten dann beim ersten Mal eine Testseite, mit der Sie die neue Erweiterung ausprobieren können. Konkret hat OneNote Web Clipper den Artikel der Seite im Hintergrund erfasst und bietet Ihnen nun an, diese zu speichern. Wenn Sie mögen, können Sie mithilfe des Markers ein paar Stellen kennzeichnen und nach Anklicken von + NOTIZ HINZUFÜGEN eine ebensolche verfassen. Als Speicherort verwendet die Erweiterung die Vorgabe STANDARDSPEICHERORT, die Sie an dieser Stelle einmal belassen.

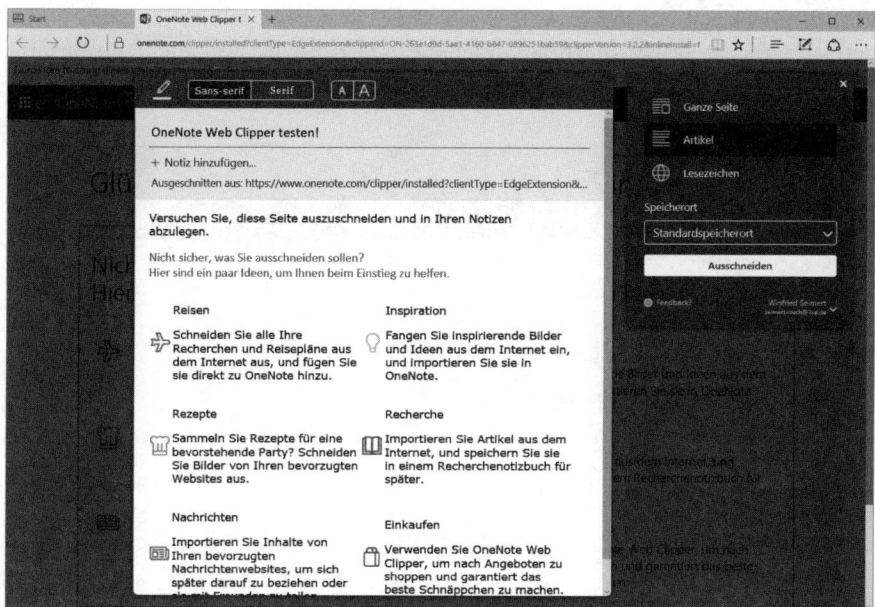

Abb. 5.59: Die Seite zum Ausprobieren

Mit einem Klick auf die Schaltfläche AUSSCHNEIDEN starten Sie die Aktion. Sie erhalten den Hinweis, dass der Artikel erfolgreich ausgeschnitten wird, und nach erfolgreichen Abschluss einen weiteren Hinweis, dass Sie nun diesen in OneNote betrachten können.

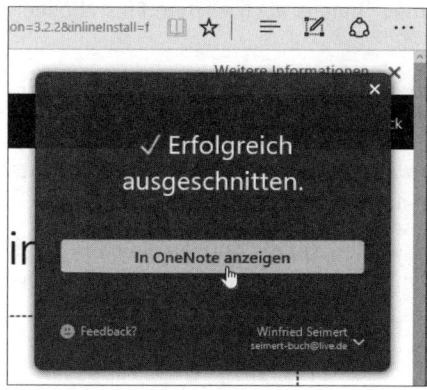

Abb. 5.60: Es hat geklappt!

Klicken Sie einmal auf die Schaltfläche IN ONENOTE ANZEIGEN, um sich das Ergebnis zu betrachten. Edge öffnet Ihnen nun OneNote Online in einer weiteren Registerkarte und präsentiert Ihnen das Ergebnis.

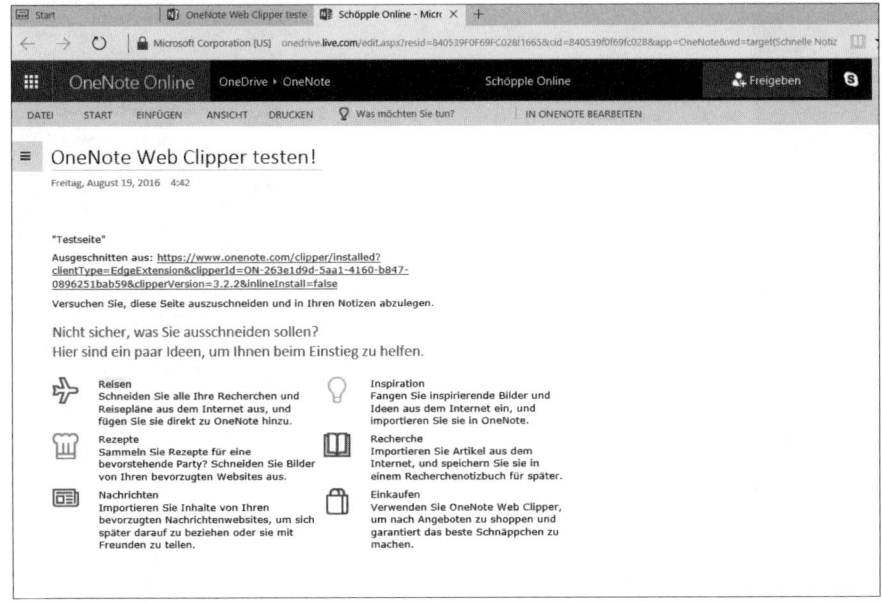

Abb. 5.61: Das Ergebnis in OneNote Online

Als Ergebnis erhalten Sie nur den Artikel der Webseite. Wie Sie gesehen haben, können Sie im OneNote Web Clipper-Fenster darüber hinaus noch weitere Einstellungen vornehmen.

Möchten Sie beispielsweise die gesamte Webseite archivieren, dann wählen Sie die Schaltfläche GANZE SEITE.

Hilfreich ist es auch, die Option LESEZEICHEN zu wählen, denn dann übernimmt OneNote die Arbeit, sich die oft sehr langen URLs zu notieren.

Über den Listenpfeil SPEICHERORT können Sie auswählen, ob die Notizen gleich in einen bestimmten Abschnitt wandern sollen oder ob sie erst einmal in den SCHNELLEN NOTIZEN zwischengelagert werden.

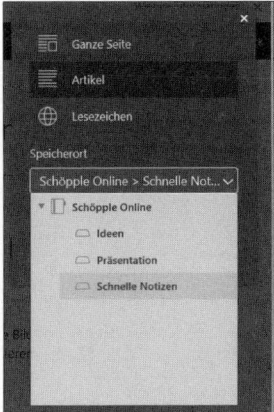

Abb. 5.62: Bietet vielfältige Möglichkeiten

5.5 Apps für spezielle Zwecke

Für mobile Geräte gibt es mittlerweile eine Reihe an praktischen Apps, die mit One-Note zusammenarbeiten und es ergänzen. Beispielhaft seien an dieser Stelle Office Lens und Badge genannt.

Office Lens

Office Lens ist ein genialer mobiler Kamera-Scanner, der Fotos, Visitenkarten, Whiteboards oder sonstige Dokumente automatisch zuschneidet, sie von Schatten oder unvorteilhaften Winkeln bereinigt und sie optimiert für das Ablegen an OneNote sendet – und das alles mit nur ein paar Mal Tippen.

HINWEIS

Die Vorgängerversion von OneNote 2016 enthielt noch ein Scanmodul, das mit der aktuellen Version weggefallen ist. Office Lens füllt diese Lücke, was auch konsequent ist, denn im Regelfall werden Sie die Scans mit Ihren Mobilgeräten vornehmen.

Diese App gibt es für Smartphones mit Windows Phone, iPhone und Android. Gehen Sie dazu einfach in den entsprechenden Store, geben Sie über die Suchenfunktion Office Lens ein und installieren Sie die App auf Ihr Gerät.

Abb. 5.63: Office Lens aus dem Store abrufen

Anschließend starten Sie die App auf Ihrem mobilen Gerät (die folgenden Ausführungen wurden auf einem Windows Phone getätigt).

Möchten Sie beispielsweise eine Visitenkarte (im konkreten Fall eine Infokarte) einscannen, dann stellen Sie zunächst dieses Format ein. Tippen Sie dazu auf das Scanner-Symbol und nehmen Sie die gewünschte Auswahl vor.

Abb. 5.64: Den Aufnahmemodus einstellen

Anschließend positionieren Sie die Visitenkarte so, dass alle Texte sich innerhalb des Fotorahmens befinden. Wie Sie der folgenden Abbildung – hier wurde bewusst etwas »schlampig« gearbeitet – entnehmen können, müssen Sie dabei nicht allzu viel Mühe auf Schärfe und Winkel verwenden.

Abb. 5.65: Die Visitenkarte innerhalb des Rahmens platzieren

Passt alles, tippen Sie auf das Kamerasymbol, um die Aufnahme zu tätigen. Office Lens macht sich an die Arbeit, was Ihnen durch die Anzeige IST IN ARBEIT angezeigt wird und präsentiert Ihnen nach Abschluss das – beeindruckende – Ergebnis.

Abb. 5.66: Das beeindruckende Ergebnis

Sind Sie zufrieden, können Sie es gleich abspeichern. Tippen Sie dazu auf das Diskettensymbol. Sie gelangen in den Speichern-Dialog und können nun den Titel und den OneNote-Speicherort festlegen.

Abb. 5.67: Die Speicheroptionen einstellen

Möchten Sie das Ergebnis auch auf OneDrive ablegen – dazu müssen Sie mit Ihrem Microsoftkonto angemeldet sein –, können Sie auch gleich noch wählen, im welchen Format das geschehen soll.

Tippen Sie auf den Haken, um den Vorgang zu starten.

Badge

Android-Nutzer verfügen über ein Feature, das alle anderen Betriebssystemen auch gut zu Gesicht stünde: Badge. Nachdem Sie OneNote auf Ihrem Android-Smartphone oder Tablet installiert haben, wird der OneNote-Badge auf dem Startbildschirm angezeigt. Das Logo, das Sie auf der rechten Seite in Form einer halbrunden Schaltfläche mit dem OneNote-Logo sehen, ist das Badge.

Abb. 5.68: Die gestartete App Badge

TIPP

Verdeckt die Schaltfläche etwas, dann können Sie diese einfach an eine andere Stelle ziehen.

Mithilfe dieser Schaltfläche können Sie nun bequem und schnell eine Notiz erstellen, ohne OneNote öffnen zu müssen. Tippen Sie einfach auf den Badge. Am oberen Rand des Bildschirms können Sie nun ein paar Angaben machen, dann bestätigen Sie Ihre Wahl mit einem Klick auf den Haken.

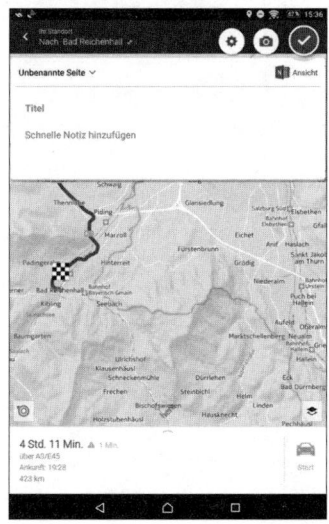

Abb. 5.69: Eine Notiz hinzufügen

Kapitel 6

OneNote für Fortgeschrittene

In diesem Kapitel werden Sie erfahren, wie Sie Ihre Notizen für einen Notfall sichern können und wie Sie OneNote 2016 mit dem Add-In ONETASTIC um Funktionen erweitern können, die bislang gefehlt haben. Und zum Schluss erhalten Sie noch eine Übersicht über die interessantesten Tastenkombinationen, die Ihnen helfen, noch schneller und effizienter mit OneNote zu arbeiten.

6.1   Sicherungen

Wenn Sie eine Weile mit OneNote arbeiten, werden Sie gewiss eine Menge an Daten sammeln. Je umfangreicher Ihre Notizen werden, desto eher sollten Sie für ein sicheres Backup Ihrer Daten sorgen. Es wäre gewiss ärgerlich, wenn Ihre OneNote-Notizen durch einen Festplattencrash oder wegen einer vergessenen Anmelde-E-Mail bzw. irrtümlich gesperrtem Microsoft-Konto verloren gingen.

Keine Sorge, OneNote hat alles schon an Bord, was Sie benötigen, um ein Backup beispielsweise auf einen Datenträger zu erstellen. Sie müssen nur noch für die richtige Einstellung sorgen und zunächst über die Schaltfläche DATEI in die OPTIONEN wechseln.

Im folgenden Dialogfenster wechseln Sie in die Kategorie SPEICHERN UND SICHERN. Im Abschnitt SPEICHERN stellen Sie nach einem Klick auf die Schaltfläche ÄNDERN den gewünschten Speicherort ein.

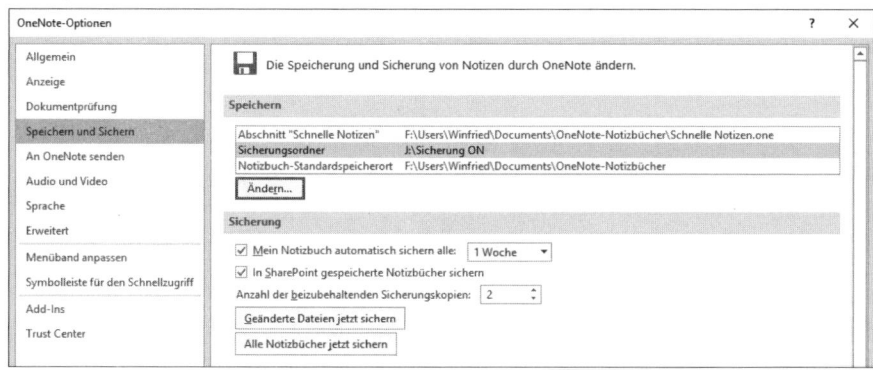

Abb. 6.1: Legen Sie den Speicherort für die Sicherung fest.

TIPP

Dieser Ordner sollte sich am besten auf einer externen Festplatte oder einem anderen externen Datenträger, etwa einer NAS, einer Blu-Ray-Disc oder einem ausreichend großen USB-Stick oder einer Wechselfestplatte befinden.

Im Abschnitt Sicherung können Sie festlegen, wie oft automatisch gesichert werden soll und wie viele Sicherungskopien angelegt werden sollen. Standardmäßig werden zwei Sicherungen gemacht, bevor mit der dritten Sicherung dann die erste Version überschrieben wird.

Nachdem Sie diese Einstellungen getätigt haben, müssen Sie es zunächst beenden und erneut starten. Danach sollten Sie Ihre erste Sicherung anstoßen. Klicken Sie auf die Schaltfläche Alle Notizbücher jetzt sichern und OneNote startet sein erstes, vollständiges Backup.

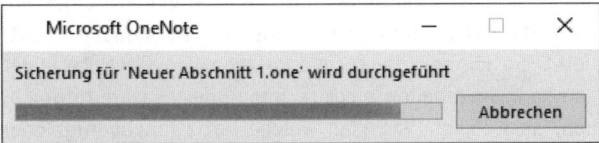

Abb. 6.2: Die erste Sicherung läuft.

Ist OneNote damit fertig, erhalten Sie ein entsprechendes Hinweisfenster, das Sie mit einem Klick auf OK schließen.

Je nach Einstellung führt OneNote anschließend die Sicherung selbstständig aus. Möchten Sie zwischenzeitlich wichtige Notizen sichern, klicken Sie einfach auf die Schaltfläche Geänderte Dateien jetzt sichern.

Die einzelnen Notizbücher werden in entsprechende Ordner kopiert, die die entsprechenden .one-Dateien (die die Abschnitte repräsentieren) enthalten.

Im Fall der Fälle müssen Sie also lediglich mithilfe des Explorers in den betreffenden Ordner wechseln und mit einem Doppelklick auf die jeweilige .one-Datei den Abschnitt öffnen.

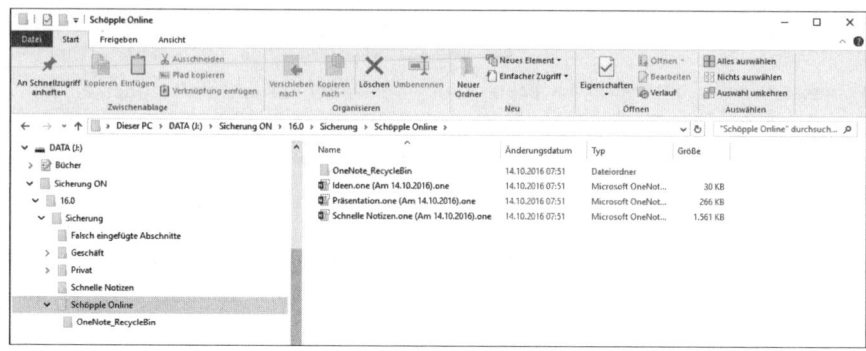

Abb. 6.3: Die gesicherten Notizbücher (im Windows-Explorer)

6.2 OneTastic

Wenn Sie eine Weile mit OneNote gearbeitet haben, werden Sie vielleicht das ein oder andere Feature vermissen oder hätten gern die eine oder andere Bequemlichkeit, die beispielsweise Word bietet. So können die Formatvorlagen von OneNote leider nicht angepasst werden, man kann in Tabellen nicht rechnen oder es wäre hilfreich, eine Übersicht zu bekommen, an welchem Tag man welche Notiz hinzugefügt oder geändert hat.

In solchen Fällen gibt es Abhilfe durch ein sehr mächtiges und gegenwärtig noch kostenloses Add-In. OneTastic, so heißt das Werkzeug, wurde von Omer Atay, einem Mitglied des OneNote-Entwicklerteams bei Microsoft, programmiert und verfügt über eine Reihe äußerst hilfreicher und zeitsparender Tools. Wie Sie gleich sehen werden, ist der einzige Wermutstropfen vielleicht, dass die Webseite von OneTastic komplett in englischer Sprache gehalten ist. Das Add-in selber gibt es jedoch in einer deutschen Übersetzung, die bei der Installation ausgewählt werden kann und so dafür sorgt, dass die Befehle in deutscher Sprache erscheinen.

OneTastic installieren

Um das Add-in zu installieren, beenden Sie zunächst OneNote und rufen dann die Seite *https://getonetastic.com* auf.

Abb. 6.4: Die Startseite von OneTastic

Klicken Sie auf die Schaltfläche DOWNLOAD. Dadurch gelangen Sie auf die Downloadseite. Wie Sie hier sehen, gibt es eine 32-Bit- und eine 64-Bit-Version. Prüfen Sie als Erstes, welche Version von OneNote – diese kann von Ihrer Windows-Version abweichen – auf Ihrem Computer vorhanden ist. Klicken Sie in OneNote auf DATEI und wählen Sie den Eintrag KONTO aus. Hier finden Sie unter PRODUKTINFORMATIONEN die Schaltfläche INFO ZU ONENOTE.

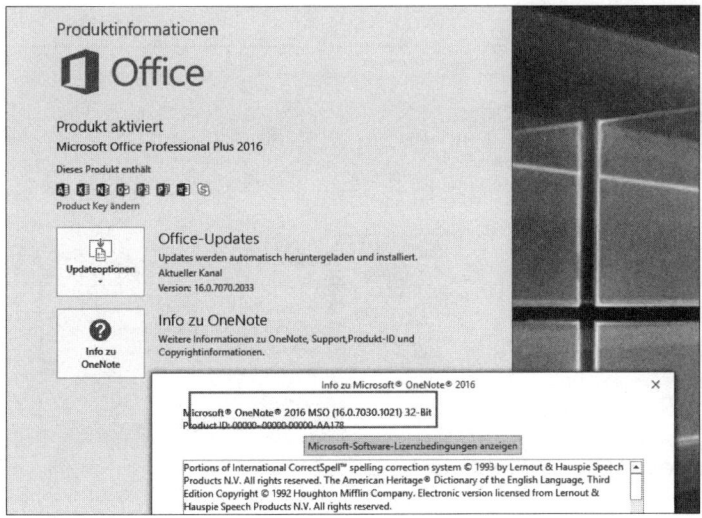

Abb. 6.5: Welche Version haben Sie?

Klicken Sie darauf und schon sehen Sie im folgenden Fenster am oberen Rand die von Ihnen installierte Version (in der Abbildung also die 32-Bit-Version).

Wählen Sie Ihre Version aus und klicken Sie auf die entsprechende Schaltfläche DOWNLOAD ONETASIC 32-BIT bzw. DOWNLOAD ONETASIC 64-BIT.

Im folgenden Fenster sehen Sie den Dateienamen ONETASTICINSTALLER und die gegenwärtig aktuelle Version. Aktivieren Sie das Kontrollkästchen, um die allgemeinen Geschäftsbedingungen zu akzeptieren (I AGREE WITH THE LICENSE TERMS) und klicken Sie dann auf die Schaltfläche DOWNLOAD.

HINWEIS

Nach Abschluss dieses Buches wurde bekannt, dass man zukünftig zwei Lizenzmodelle (Free und Pro) einsetzen will. So soll es weiterhin möglich sein, Makros herunterzuladen und zu nutzen, allerdings wird es bei häufiger Nutzung (was darunter zu verstehen ist, wurde bis dato leider nicht erläutert) erforderlich, auf die kostenpflichtige Version zu wechseln.

Nach dem Herunterladen in Ihren Downloadordner müssen Sie die `.zip`-Datei entpacken. Klicken Sie mit der rechten Maustaste auf die Datei und wählen Sie am besten den Kontextmenüpunkt, der Ihnen einen Ordner gleichen Namens wie die Datei erstellt.

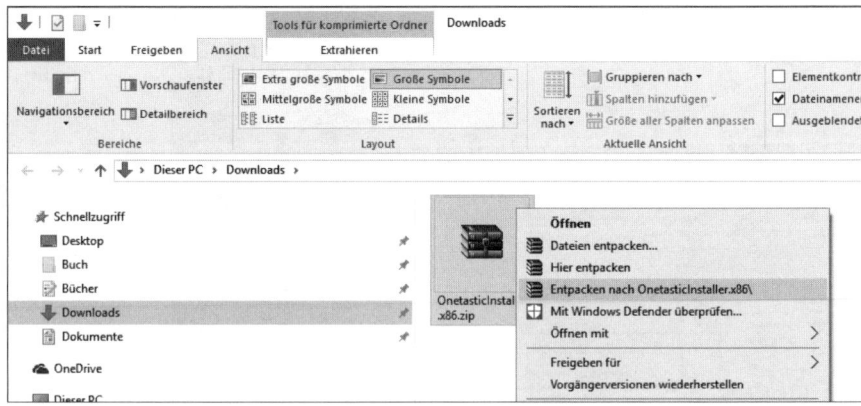

Abb. 6.6: Die heruntergeladene Datei entpacken

Dort finden Sie das eigentliche Installationsprogramm OnetasticInstaller.exe, das Sie nun mit einem Doppelklick starten.

Sie erhalten zunächst das Fenster mit der Spracheinstellung.

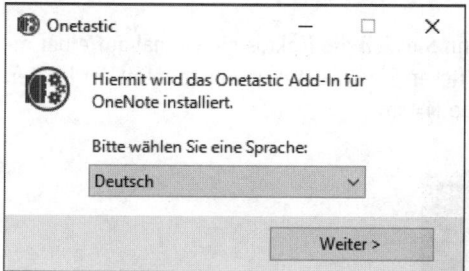

Abb. 6.7: Die Sprache auswählen

Vermutlich werden Sie es bei Deutsch belassen (anderenfalls wählen Sie eine der Sprachen in der Liste aus) und klicken dann auf WEITER.

Nun müssen Sie nur noch das Verifizierungsfenster bestätigen und dann ist es schon vollbracht. Die Installation ist abgeschlossen und Sie können mit einem Klick auf ONENOTE STARTEN sofort mal schauen, was sich in Ihrem OneNote verändert hat.

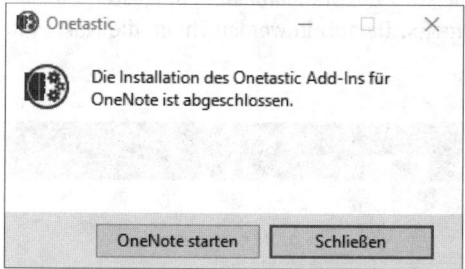

Abb. 6.8: Die Installation ist durchgelaufen, es kann losgehen!

OneTastic einrichten

Wenn Sie anschließend OneNote neu starten, werden Sie gewiss zunächst eine Veränderung in der Registerkarte START ausmachen. Hier finden Sie am Ende die neuen Gruppen TOOLS, ONETASTIC und MACROS.

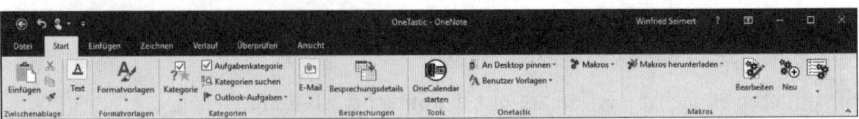

Abb. 6.9: Die veränderte Registerkarte START

Hilfreich und übersichtlicher ist es, wenn Sie sich die Makros gleich mal auf einer eigenen Registerkarte anzeigen lassen. Klicken Sie dazu auf den Listenpfeil der letzten Schaltfläche (EINSTELLUNGEN) in der Gruppe MAKROS.

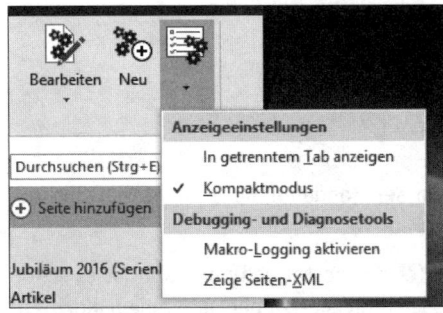

Abb. 6.10: Die Anzeigeeinstellung von OneTastic ändern

Im aufklappenden Listenmenü wählen Sie statt des standardmäßig eingestellten KOMPAKTMODUS die Variante IN GETRENNTEM TAB ANZEIGEN. Daraufhin werden Ihnen die Makros in einer eigenen Registerkarte angezeigt.

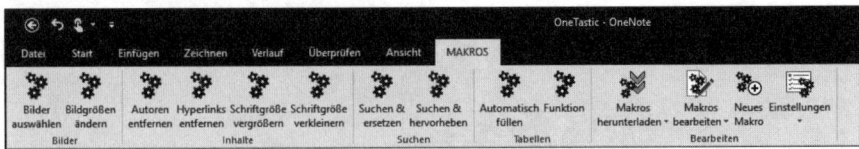

Abb. 6.11: Die Makros auf einer eigenen Registerkarte

HINWEIS

Diese Ansicht der Registerkarten START und MAKROS wird im Folgenden verwendet.

Die Registerkarte Start erhält nach der eben vorgenommenen Veränderung nun noch lediglich zwei Gruppen: Tools und Onetastic.

Abb. 6.12: Die Registerkarte Start im getrennten Modus

OneCalender

Die neue Gruppe Tools der Registerkarte Start enthält nur eine Schaltfläche, aber eine, die es in sich hat: OneCalender starten.

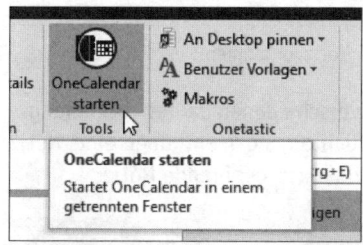

Abb. 6.13: OneCalender

OneCalendar stattet Microsoft OneNote mit einem übersichtlichen Kalender aus. Konkret handelt es sich um eine flexible Kalender-Ansicht, die im Kalenderblatt das Datum eingetragener Notizen anzeigt.

Der Kalender wird in einem separaten Fenster geöffnet und zeigt alle Notizseiten an, die in der gewählten Periode erstellt oder geändert wurden. Beim ersten Start müssen Sie noch die Sprache auswählen, aber dann sehen Sie schon Ihre Eintragungen kalendarisch am Tag der Erstellung beziehungsweise der letzten Änderung.

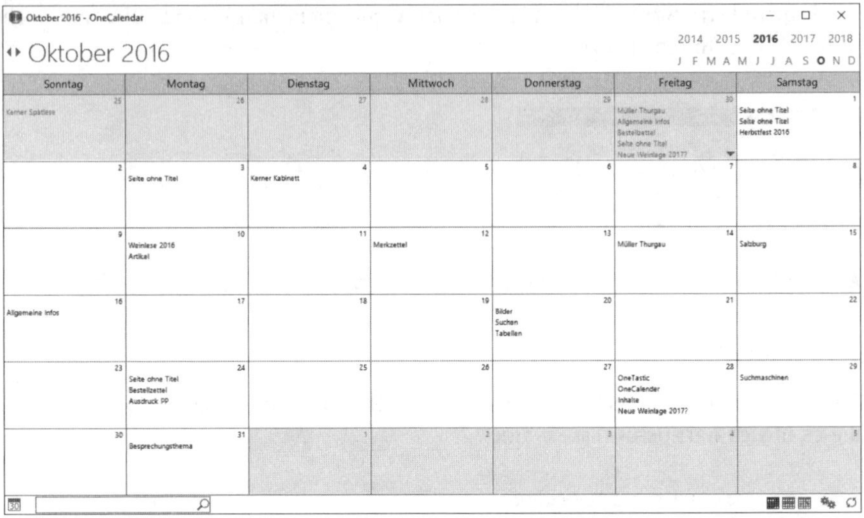

Abb. 6.14: OneCalender bietet eine Übersicht über Ihre Notizvornahmen.

Mit wenigen Mausklicks können Sie nun zwischen verschiedenen Jahres- beziehungsweise Monatsansichten hin- und herspringen. Möchten Sie mehr über eine Notiz erfahren, dann öffnet ein Mausklick auf den Titel die dazu gehörende Notiz.

TIPP

Das Öffnen von Notizen per Kalenderblatt verleiht OneNote einen alternativen Navigationsweg, denn oft weiß man noch, wann ungefähr man etwas notiert hat, aber nicht mehr, wo.

Möchten Sie Einfluss auf das Aussehen bzw. die Inhalte des Kalenders haben, dann finden Sie die entsprechenden Schaltflächen am unteren rechten Rand des Kalenderfensters.

TIPP

Mithilfe der folgenden Tastenkombination können Sie sich rasch innerhalb des Kalenders bewegen: [Strg] + [0] springt zum heutigen Tag, [Strg] + [1] zur Monatsansicht, [Strg] + [2] zur Wochenansicht und [Strg] + [3] zur Tagesansicht. Mit der Tastenkombination [Strg] + [S] gelangen Sie in die Einstellungen und über [Strg] + [F5] aktualisieren Sie die Ansicht.

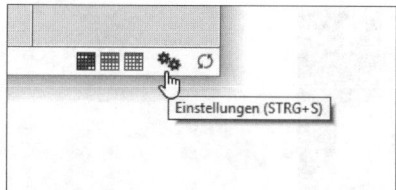

Abb. 6.15: ANSICHTEN und EINSTELLUNGEN ändern und Kalender aktualisieren

OneTastic

Die Gruppe ONETASTIC der Registerkarte START enthält die namensgebenden Optionen des Add-ins.

An Desktop pinnen

Mit diesem Feature können Sie Seiten und Abschnitte von Notizbüchern auf den Desktop verknüpfen, als Favoriten kennzeichnen und an beliebige Ordner auf Ihrem Computer, in Ihrem Netzwerk oder auf OneDrive pinnen.

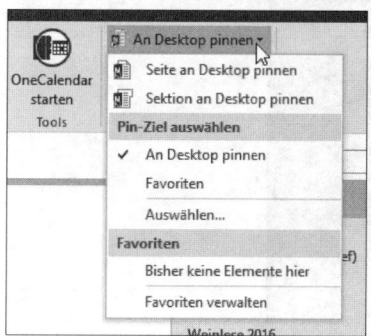

Abb. 6.16: Die Optionen AN DESKTOP PINNEN

Möchten Sie beispielsweise eine bestimmte Seite immer wieder schnell aufrufen, dann kommt die Variante AN DESKTOP PINNEN in Betracht. Dazu gehen Sie zu der gewünschten Seite bzw. dem Abschnitt und klicken auf den Listenpfeil der Schaltfläche AN DESKTOP PINNEN. Hier wählen Sie aus dem Untermenü den Eintrag SEITE AN DESKTOP PINNEN (und SEKTION AN DESKTOP PINNEN, wenn Sie zuvor eine Stelle auf der Seite markiert haben).

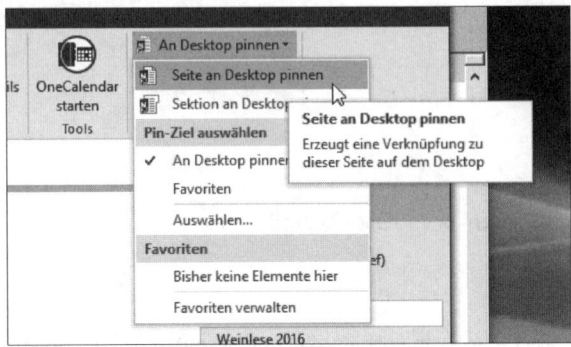

Abb. 6.17: Die Seite an den Desktop anheften

Und schon können Sie OneNote mit der gewählten Seite bzw. Sektion vom Desktop starten.

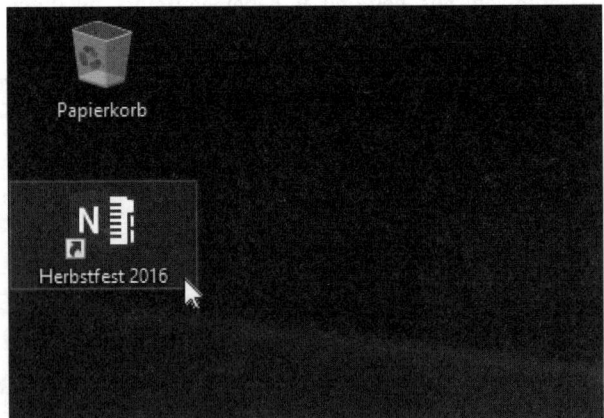

Abb. 6.18: Direkt zu der gewünschten OneNote-Seite

Wählen Sie unter Pin-Ziel auswählen die Option Favoriten und anschließend Seite bzw. Sektion an Favoriten pinnen, finden Sie die Seite bzw. Sektion im Bereich Favoriten.

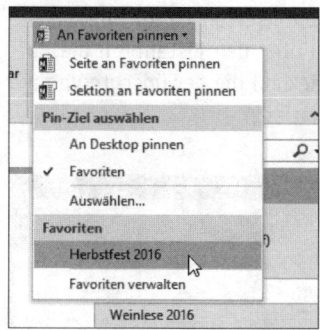

Abb. 6.19: Die Verknüpfung in den Favoriten

Wünschen Sie dagegen eine Verknüpfung in einen bestimmten Ordner, wählen Sie den Menüeintrag AUSWÄHLEN, suchen Sie den betreffenden Ordner auf Ihrem System und bestätigen mit OK. An der angegebenen Adresse finden Sie jetzt im Windows-Explorer eine Verknüpfung zur gewählten Seite bzw. zum gewählten Abschnitt.

Benutzervorlagen

Etwas schmerzlich vermisst man bei OneNote anpassbare Formatvorlagen. OneTastic bietet Ihnen hier Abhilfe mit den anpassbaren BENUTZER VORLAGEN.

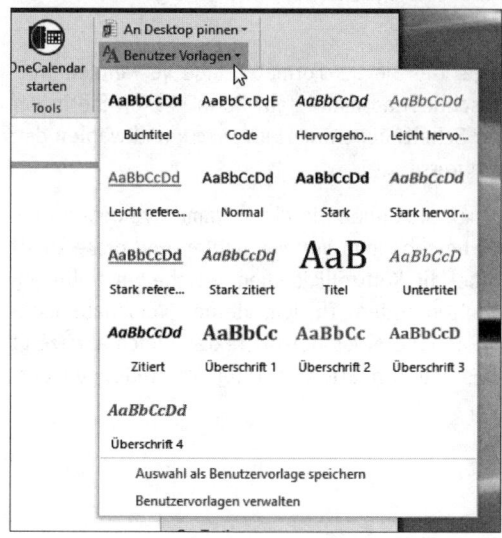

Abb. 6.20: Sehr hilfreich: die Benutzervorlagen

Die vorhandenen Benutzervorlagen können Sie sofort einsetzen. Dazu müssen Sie einfach nur die betreffende Stelle markieren und dann über den Listenpfeil die Aufzählung der einzelnen Vorlagen auf rufen. Mit einen Klick auf die gewünschte Vorlage wird die betreffende Passage sofort entsprechend formatiert.

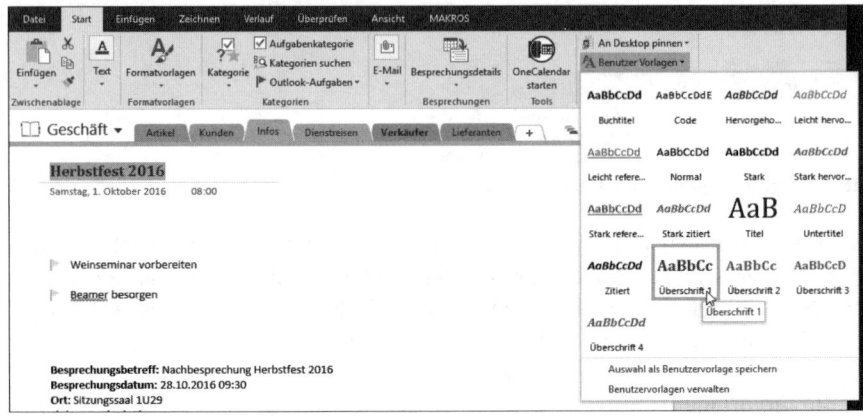

Abb. 6.21: Eine Benutzervorlage einsetzen

Insoweit entspricht das dem Verhalten der standardmäßig bei OneNote vorhandenen Formatvorlagen. Anders als dort können Sie in OneTastic die Vorlagen aber Ihren Wünschen anpassen.

Dazu müssen Sie zunächst die Passage, die Sie als Formatvorlage verwenden wollen, entsprechend formatieren und abschließend markieren. Dann klicken Sie in der Gruppe ONETASTIC auf den Listenpfeil der Schaltfläche BENUTZER VORLAGEN und wählen den Menüpunkt AUSWAHL ALS BENUTZERVORLAGE SPEICHERN.

Im folgenden Dialogfenster BENUTZER VORLAGEN können Sie einen Namen vergeben oder – sofern schon vorhanden – den einer bestehenden Vorlage wählen und diese somit verändern. Anschließend wählen Sie über die Kontrollkästchen, welche Einstellungen für diese Vorlage gelten bzw. nicht gelten sollen. In dem kleinen Vorschaufenster wird Ihnen die gewählte Formatierung anhand eines Beispieltextes gleich angezeigt und Sie können sehen, ob die gewünschte Formatierung Ihren Vorstellungen entspricht.

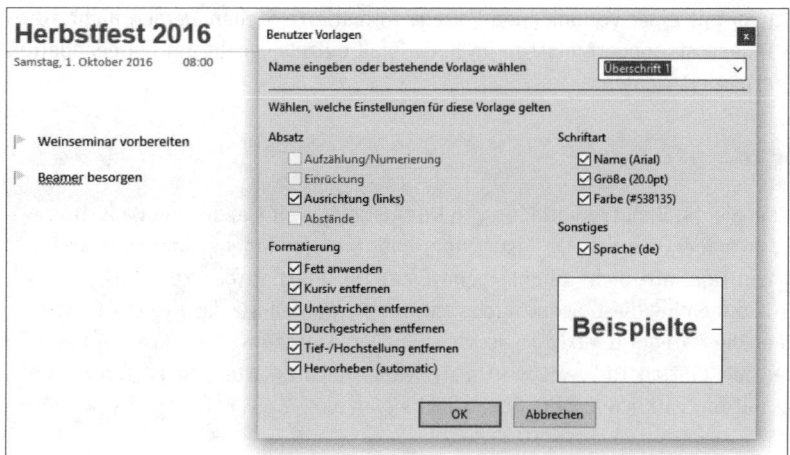

Abb. 6.22: Eine Benutzervorlage anpassen

Mit einem Klick auf die Schaltfläche OK übernehmen Sie die Einstellungen.

Nun können Sie die so erstellte Benutzervorlage in Zukunft rasch anwenden. Markieren Sie die betreffende Passage und wählen Sie aus der Liste die betreffende neue bzw. geänderte Vorlage aus.

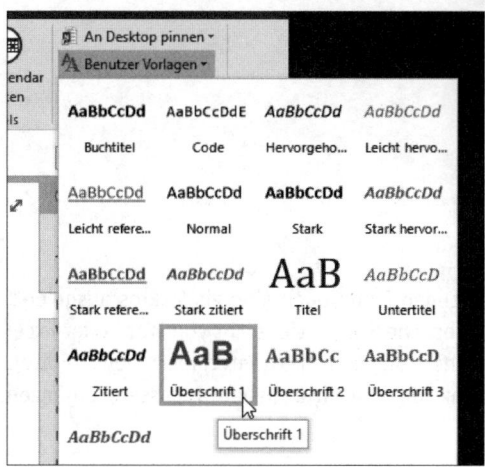

Abb. 6.23: Hier wurde die Vorlage ÜBERSCHRIFT 1 angepasst.

Bereits zuvor mit einer vorhandenen Vorlage formatierte Stellen werden nicht automatisch angepasst, sondern müssen im Bedarfsfall einzeln erneut mit der geänderten Vorlage formatiert werden.

TIPP

Nachdem Sie die Benutzervorlagen von OneTastic erst einmal an Ihre Bedürfnisse angepasst haben, werden Sie feststellen, dass Sie die vorgegebenen Formatvorlagen von OneNote nicht (mehr) benötigen. Um Platz in der Registerkarte zu sparen, können Sie diese Schaltfläche entfernen. Wählen Sie dazu DATEI / OPTIONEN und hier die Kategorie MENÜBAND ANPASSEN. Suchen Sie dann in der Liste MENÜBAND ANPASSEN den Eintrag FORMATVORLAGEN in der Hauptregisterkarte und entfernen Sie diesen mit einem Klick auf die Schaltfläche ENTFERNEN.

Makros

Über die Schaltfläche MAKROS können Sie direkt auf die Registerkarte MAKROS umschalten und dann auf alle Makros übersichtlich zugreifen.

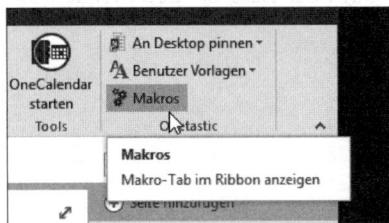

Abb. 6.24: Zu der Registerkarte MAKROS wechseln

Makros

Viele der Ihnen nun zur Verfügung stehenden Funktionen sind als Makros ausgelegt. Es handelt sich allerdings nicht um Makros, wie Sie sie vielleicht von Word oder Excel her kennen, denn OneTastic enthält einen eigenen Makrointerpreter nebst Editor. Damit lassen sich die vorhandenen Funktionen nach Belieben anpassen, ergänzen oder ganz neue Makros schreiben.

Vorhandene Makros

Wie Sie der Registerkarte MAKROS entnehmen können, hält OneTastic bereits eine Menge interessanter Makros in Gruppen sortiert bereit.

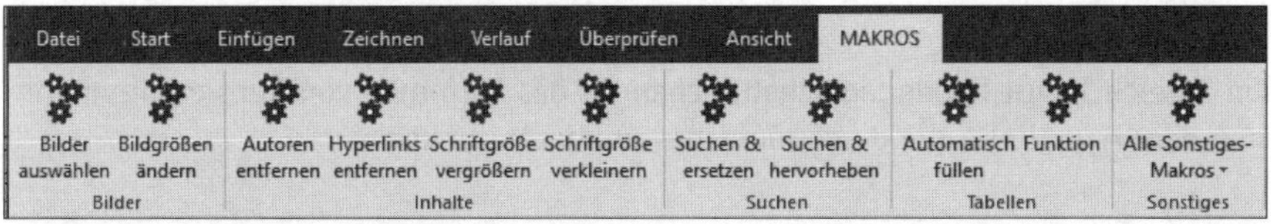

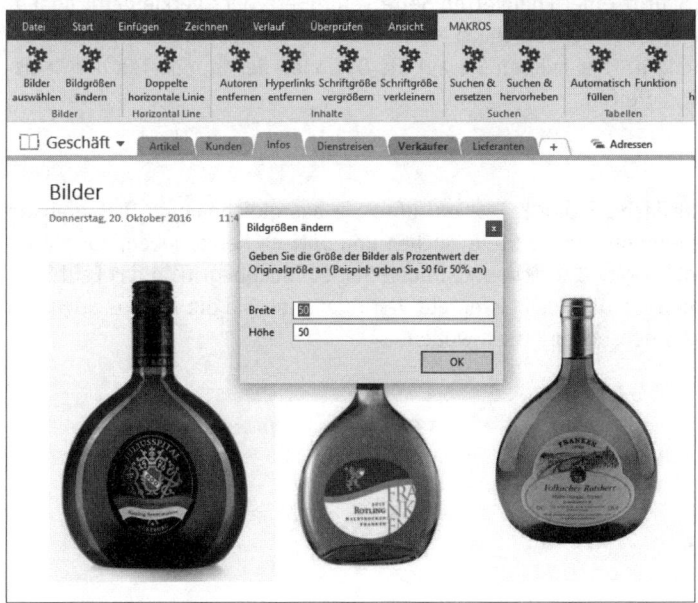

Abb. 6.25: Diese Makros stehen sofort bereit.

Ein paar dieser Makros werden Sie im Folgenden näher kennenlernen.

Bilder

In der Gruppe BILDER finden Sie Makros, mit denen Sie vorhandene Bilder auf einer Seite mit einem Schlag auswählen und dann in der Größe anpassen können.

Dementsprechend führt ein Klick auf die Schaltfläche BILDER AUSWÄHLEN dazu, dass alle Bilder der aktiven Seite markiert werden. Mühsames Einsammeln mit gedrückter Strg-Taste entfällt also. Möchten Sie diese auch gleich noch verkleinern, dann rufen Sie das Makro BILDGRÖSSEN ÄNDERN auf. In die beiden Listenfelder BREITE und HÖHE tragen Sie den gewünschten Wert ein, um den die Bilder vergrößert oder verkleinert werden sollen.

Abb. 6.26: Mehrere Bilder auf einen Schlag in der Größe anpassen

Inhalte

Im Bereich INHALTE finden Sie Schaltflächen für das Entfernen von Autoreninformationen oder Hyperlinks, die durch einfaches Anklicken funktionieren.

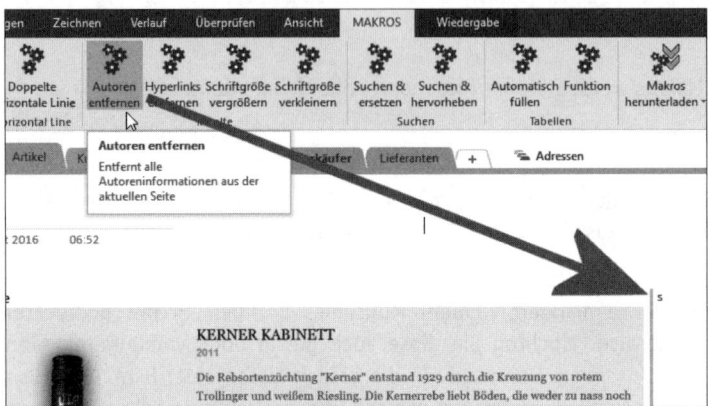

Abb. 6.27: Autoreninformationen entfernen

Möchten Sie die Schrift einer kompletten Seite vergrößern oder verkleinern, genügt ein Klick auf die entsprechende Schaltfläche. Einzelne Textbestandteile können Sie damit nicht verändern. Hier müssen Sie auf die Optionen der Gruppe TEXT der Registerkarte START zurückgreifen.

Suchen

Mithilfe der Schaltfläche SUCHEN & ERSETZEN rufen Sie das gleichnamige Dialogfenster auf. Möchten Sie eine bestimmte Stelle suchen und optisch hervorheben, dann wählen Sie die Variante SUCHEN & HERVORHEBEN. Tragen Sie den Suchbegriff in das Feld SUCHE NACH ein und wählen Sie über das Listenfeld BEREICH aus, ob Sie die AKTUELLE SEITE oder nur die MARKIERUNG durchsuchen lassen wollen.

Abb. 6.28: Eine Stelle suchen und optisch hervorheben

Tabellen

Tabellen sind sehr praktisch, weil man damit Ordnung in einen Text bringen und Informationen optisch ansprechend gestalten kann. Sehr mühsam kann die sich ständig wiederholende Eingabe gleicher Zellinhalte werden. Hier hilft das Makro AUTOMATISCH FÜLLEN. Hier müssen Sie lediglich den Wert in die erste Zelle eingeben, dann die restlichen Zellen dazu markieren und auf die Schaltfläche klicken.

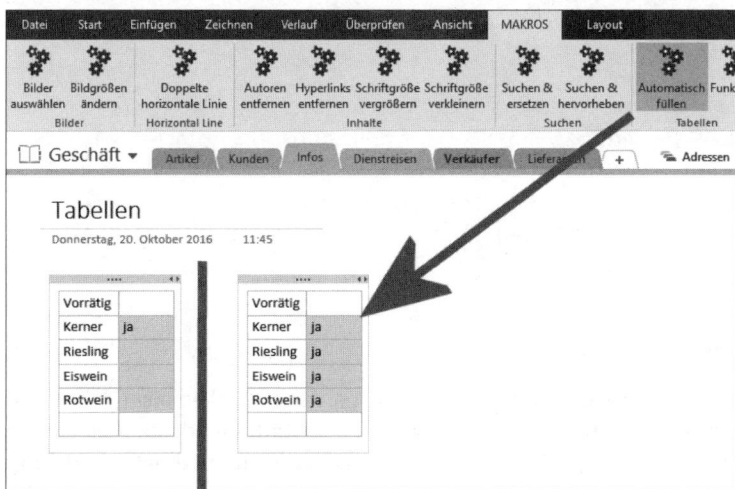

Abb. 6.29: Zellen automatisch ausfüllen

Eine sehr vermisste Funktion innerhalb OneNote ist das Rechnen innerhalb von Tabellen. Mithilfe des Makros FUNKTIONEN ist das in Zukunft kein Problem mehr.

Wenn Sie die Zelle mit dem zu berechnenden Wert erreicht haben, klicken Sie auf die Schaltfläche FUNKTION. Im folgenden Dialogfenster wählen Sie aus dem Listenfeld die benötigte Funktion aus und bestätigen mit OK.

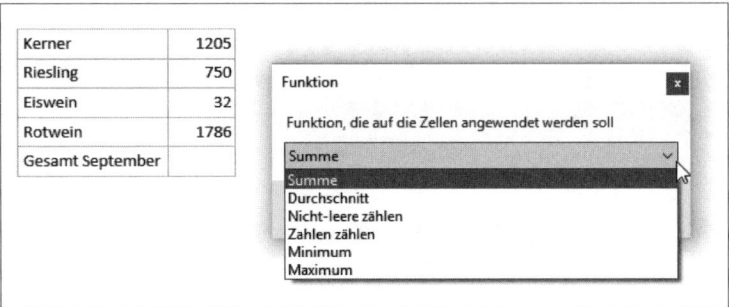

Abb. 6.30: Berechnungen in Tabellen sind kein Problem.

OneTastic fügt das Ergebnis ein. Dabei gilt es zu beachten, dass es sich dabei nur eine Momentaufnahme handelt. Wenn Sie die Werte ändern, wird das Gesamtergebnis (leider) nicht angepasst. In so einem Fall müssen Sie die Schaltfläche erneut betätigen.

Kerner	1205
Riesling	750
Eiswein	32
Rotwein	1786
Gesamt September	3773

Abb. 6.31: Der berechnete Wert

Weitere Makros

An dieser Stelle erlauben es Umfang und Intention dieses Buches nicht, näher auf die vielen Möglichkeiten dieses Add-ins einzugehen. Erste Hilfe erhalten Sie aber in einem umfangreichen – in englischer Sprache – verfassten Tutorial auf der Website des Anbieters.

Bevor Sie selbst in die Makrosprache eindringen, sollten Sie einmal auf die Schaltfläche MAKROS HERUNTERLADEN klicken. Im Listenpfeil finden Sie einen eine ganze Reihe von Makros, die Sie ruckzuck einbinden können.

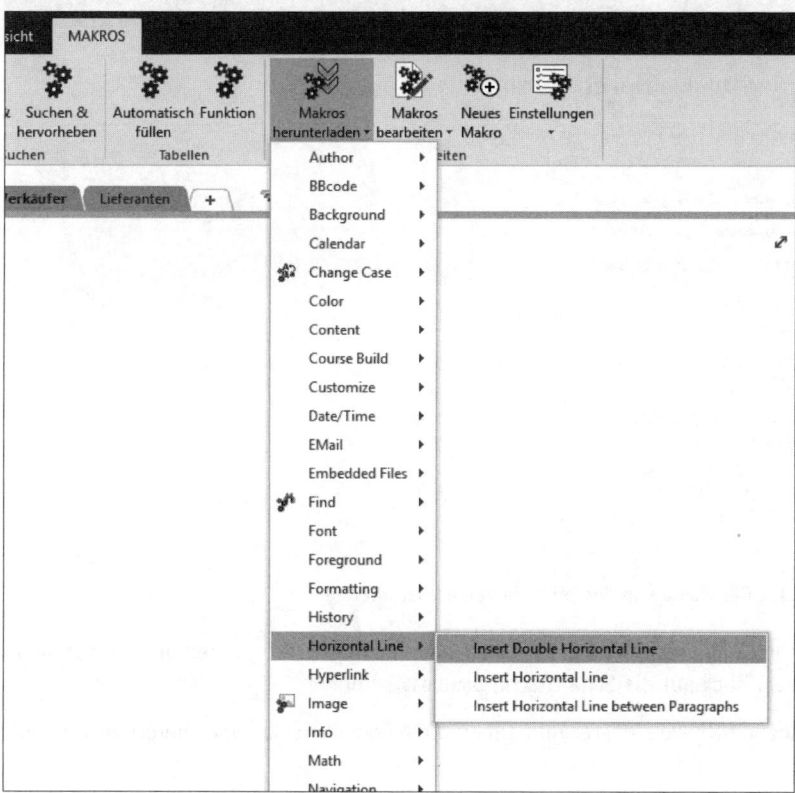

Abb. 6.32: Ein weiteres Makro einfügen

Dabei handelt es sich nicht um einen gewöhnlichen Menüpunkt, sondern um einen Link. Wenn Sie diesen Link anklicken, gelangen Sie auf die Seite Macroland. Hier finden Sie weiterführende Informationen und Erklärungen zu den jeweiligen Makros.

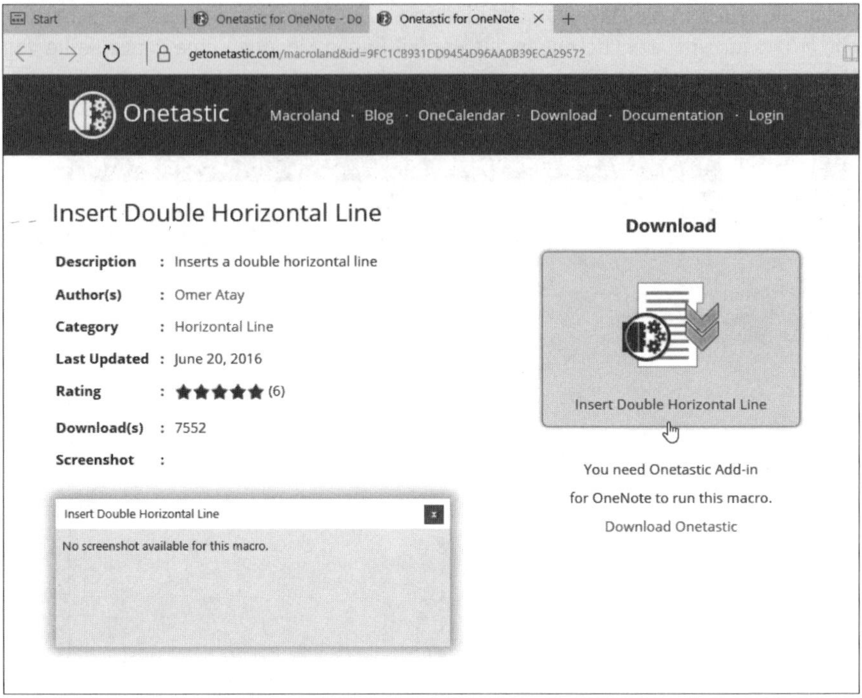

Start | Onetastic for OneNote - Do | Onetastic for OneNote × | +

← → ↻ | 🔒 getonetastic.com/macroland&id=9FC1CB931DD9454D96AA0B39ECA29572

Onetastic   Macroland · Blog · OneCalendar · Download · Documentation · Login

Insert Double Horizontal Line

Description   : Inserts a double horizontal line

Author(s)   : Omer Atay

Category   : Horizontal Line

Last Updated : June 20, 2016

Rating   : ★★★★★ (6)

Download(s)   : 7552

Screenshot   :

Insert Double Horizontal Line   ✕

No screenshot available for this macro.

Download

Insert Double Horizontal Line

You need Onetastic Add-in

for OneNote to run this macro.

Download Onetastic

Abb. 6.33: Das Makro von der Seite Macroland herunterladen

Als nächstes müssen Sie noch die Lizenzbestimmungen akzeptieren und können dann mit einem Klick auf die Schaltfläche Download beginnen.

Das folgende Hinweisfenster gibt Ihnen die Möglichkeit den Speicherort zu wählen.

Wie möchten Sie mit Insert Double Horizontal Line.onetastic (32 Bytes) verfahren?
Von: getonetastic.com | Speichern | Speichern unter | Abbrechen | ✕

Abb. 6.34: Wo soll die Datei gespeichert werden?

Nachdem Sie sich entschieden haben, wird die Datei heruntergeladen und der Abschluss in einem kleinen Hinweisfenster angezeigt.

Begeben Sie sich nun in den Downloadordner und klicken Sie doppelt auf die heruntergeladene Datei, um das Makro zu installieren.

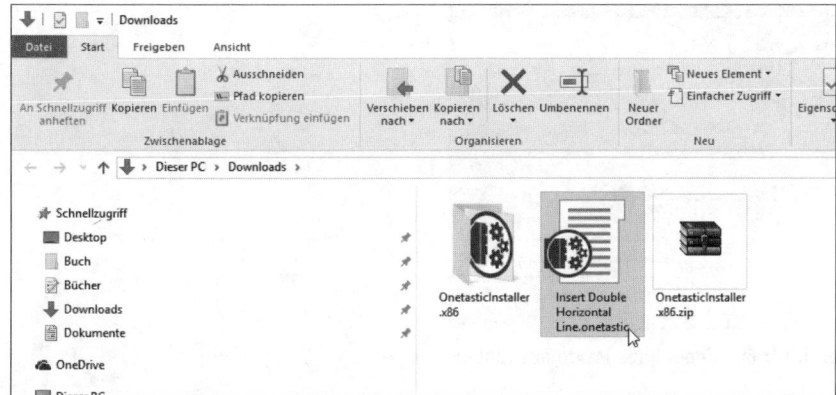

Abb. 6.35: Ein Doppelklick installiert das heruntergeladene Makro.

Sie werden daraufhin in einem kleinen Hinweisfenster informiert, dass das aufgeführte Makro heruntergeladen und installiert wird und gefragt, ob Sie fortfahren möchten.

Mit einem Klick auf die Schaltfläche JA starten Sie die Aktion und erhalten nach Abschluss vom Makro-Installer den Hinweis, dass das aufgeführte Makro installiert wurde.

Möchten Sie auf das neue Makro gleich einmal zugreifen, klicken Sie auf den Listenpfeil der Schaltfläche ALLE SONSTIGEN MAKROS. Dort finden Sie die nachträglich installierten Makros.

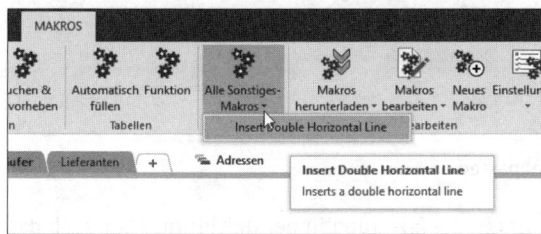

Abb. 6.36: Das heruntergeladene Makro gleich einmal einfügen

Wie Ihnen sicherlich aufgefallen ist, sind die Makros in englischer Sprache gehalten. Sie können diese aber recht problemlos anpassen.

Wählen Sie aus dem Listenpfeil der Schaltfläche MAKROS BEARBEITEN das entsprechende Makro aus.

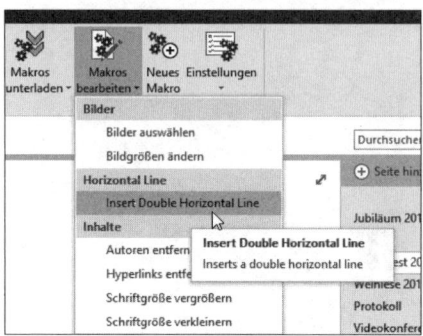

Abb. 6.37: Ein eingefügtes Makro auswählen

Sie gelangen in den MACRO EDITOR. Hier sehen Sie den Quelltext des Makros, den Sie nun beliebig ändern können.

Zunächst einmal sollten Sie eine deutsche Bezeichnung in das Feld NAME eintragen. Dieser erscheint dann im Menüband.

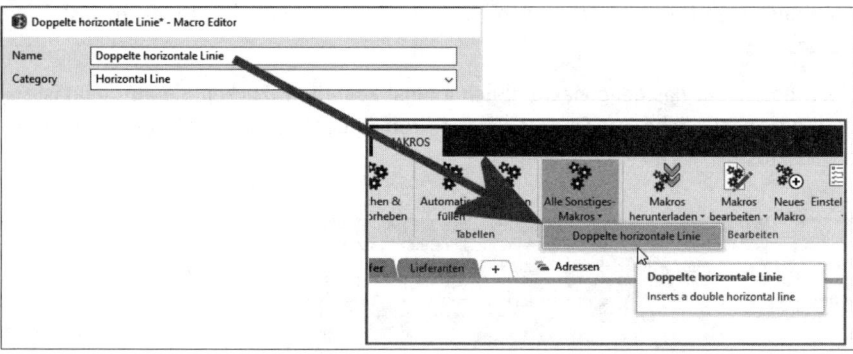

Abb. 6.38: Den Namen des Makros anpassen

Was vielleicht noch stört, ist die englische Erklärung in der QuickInfo. Aber auch das ist schnell anzupassen, da Sie diesen Text im Feld DESCRIPTION finden.

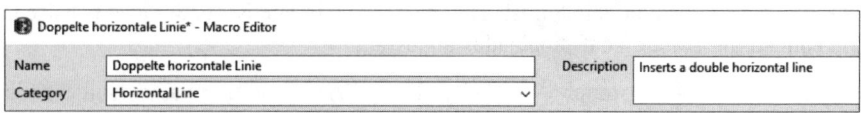

Abb. 6.39: Die Beschreibung noch anpassen

Nun müssen Sie ihn nur noch übersetzen und/oder an Ihre Wünche anpassen.

TIPP

Falls Sie einen guten Übersetzer brauchen: die Suchmaschine Bing bietet Ihnen unter der Adresse http://www.bing.com/translator eine entsprechende Option an.

Wenn Sie fertig sind, klicken Sie am unteren Rand auf die Schaltfläche SAVE, damit die Änderungen gesichert werden, und schließen Sie anschließend das Fenster. Nun sollte die Beschriftung von Schaltfläche und QuickInfo stimmen.

6.3   Tastenkombinationen

Der folgende Abschnitt dürfte vermutlich für Sie erst nach dem Durcharbeiten des Buches so richtig interessant werden. Doch vielleicht werfen Sie schon mal einen Blick darauf. Denn gerade wenn Sie sich auf mehreren Plattformen und Versionen bewegen (müssen), werden Sie die Tastenkombinationen schätzen lernen. Während man sich bedingt durch optische Veränderungen oft mit der Maus neu orientieren muss, bleiben die Tastenkombinationen jahrzehntelang erhalten und der Umstieg fällt um einiges leichter. Zudem muss es ja nicht immer die Maus sein – Stichwort Maushand-/arm (das schmerzhafte Repetive-Strain-Injury-Syndrom) – und wenn Sie es einmal ausprobiert haben, werden Sie bestimmt feststellen, dass der ein oder andere Arbeitsschritt rascher von der Hand geht. Im Folgenden finden Sie eine Aufstellung der wichtigsten und meines Erachtens interessantesten Tastenkombinationen. Nicht alle werden in diesem Buch ausdrücklich vorgestellt, aber ich denke, die ein oder andere dürfte auch für Sie interessant sein.

Elementares

Taste(n)	Funktion
Strg + O	Notizbuch öffnen
Alt + F4	Notizbuch schließen
⇧ + F9	Notizbuch synchronisieren
Strg + Q	Notizbuch als gelesen markieren

Taste(n)	Funktion
Strg + M	Öffnen eines OneNote-Programmfensters
Win + N	Randnotiz öffnen
Strg + T	Neuer Abschnitt
Strg + ⭾	Wechsel nächster Abschnitt
Strg + ⇧ + ⭾	Wechsel vorheriger Abschnitt
Strg + Alt + L	Sperren geschützter Abschnitte
Strg + F	Suchen-Fenster einblenden
F3	Nächstes Suchergebnis anzeigen
Alt + O	Suchergebnisse anpinnen
Strg + Alt + D	Fenster an Desktop andocken
Win + ⇧ + S	Bildschirmausschnitt erstellen

Arbeiten mit Seiten

Taste(n)	Funktion
Strg + N	Neue Seite anlegen
Win + N	Neue Randnotiz
Strg + Q	Seite gelesen / ungelesen
Strg + P	Seite(n) drucken
Strg + ⇧ + R	Hilfslinien einblenden
F11	Ganzseitenansicht
Strg + Bildab	Nächste Seite
Strg + Bildauf	Vorherige Seite
Alt + Pos1	Erste Seite des Abschnitts
Alt + Ende	Letzte Seite des Abschnitts

Hinzufügen von Elementen

Taste(n)	Funktion
Strg + K	Einfügen eines Links
Alt + +	Formel einfügen
⇆	Tabelle (1. Mal Tabelle, 2. Mal weitere Zelle)
↵	Neue Zeile bei Betätigung in letzter Zelle
Strg + ↵	Erstellen einer Zeile unter der aktuellen Zeile
Strg + Alt + R	Neue Spalte rechts neben aktueller Spalte
Entf	Löschen der Zeile, wenn in erster Zelle
Alt + ⇧ + D	Aktuelles Datum (,01.12.2016 ,)
Alt + ⇧ + T	Aktuelle Uhrzeit (,12:56 ,)
Alt + ⇧ + F	Datum mit Uhrzeit (,01.12.2016 12:56 ,)

Kategorien

Taste(n)	Funktion
Strg + 1	Kategorie PROJEKT
Strg + 2	Kategorie AUFGABE
Strg + 3	Kategorie WICHTIG
Strg + 4	Kategorie FRAGE
Strg + 5	Kategorie FÜR SPÄTER VORMERKEN

Eingabe und Bearbeiten von Notizen

Taste(n)	Funktion
Strg + A	Alle Elemente auswählen
Strg + X	Markiertes Element ausschneiden
Strg + C	Markiertes Element kopieren
Strg + V	Element einfügen
⇧ + F10	Kontextmenü öffnen
⇧ + ↵	Zeilenumbruch ohne neuen Absatz erstellen
Entf / Korrektur	Buchstaben rechts / links vom Cursor löschen
Strg + Entf	Wort rechts vom Cursor löschen
Strg + Korrektur	Wort links vom Cursor löschen
Pos1 / Ende	Zeilenanfang / -ende
Strg + Cursorlinks	Cursor ein Wort nach links
Strg + →	Cursor ein Wort nach rechts
Strg + Alt + P	Audio-/Videoaufnahme wiedergeben
Strg + Alt + S	Audio-/Videoaufnahme stoppen

Formatieren von Notizen

Taste(n)	Funktion
Strg + Alt + 1	Formatvorlage: Überschrift 1
Strg + Alt + 2	Formatvorlage: Überschrift 2
Strg + Alt + 3	Formatvorlage: Überschrift 3
Strg + ⇧ + n	Standardformatvorlage
Strg + ⇧ + F	Markierten Text **fetten** (ein/aus)
Strg + ⇧ + K	Markierten Text *kursiv* (ein/aus)

Taste(n)	Funktion
Strg + ⇧ + U	Markierten Text <u>unterstreichen</u> (ein/aus)
Strg + -	Markierten Text ~~durchstreichen~~ (ein/aus)
Strg + ⇧ + H	Markierten Text hervorheben (highlighten)
Strg + +	Markierten Text ~~hochstellen~~ tiefstellen
Strg + #	Markierten Text tiefstellen
Strg + L	Absatz links ausrichten
Strg + R	Absatz rechts ausrichten
Strg + .	Absatz als Aufzählung formatieren
Strg + .	Absatz als Nummerierung formatieren
Strg + ⇧ + N	Alle Formatierungen löschen

OneTastic (Kalender)

Taste(n)	Funktion
Strg + 0	Zum heutigen Tag
Strg + 1	Monatsansicht
Strg + 3	Tagesansicht
Strg + S	Einstellungen
Strg + F5	Aktualisieren

Index

Index

Winfried Seimert

Access
Praxiswissen für Einsteiger

Für die Versionen 2007 bis 2016

Das anspruchsvolle Datenbank-
Programm leicht verständlich erklärt –
für die Versionen 2007,

2010, 2013 und 2016Normalformen,
relationale Datenbanken, Abfragen,
Formulare & Co.

Ein durchgehendes, praxisnahes
Beispiel zum besseren Verständnis der
komplexen Datenbank-Strukturen

Die Funktionsvielfalt des beliebten
Datenbankprogramms Access scheint
auf den ersten Blick unüberschaubar
und viele Anwender nutzen nur einen
geringen Teil der zahlreichen Möglichkeiten dieser Software.

Dieses Buch hilft Ihnen, trotz der
unzähligen Funktionen den Überblick zu behalten und Access Ihren
Wünschen und Anforderungen entsprechend zu nutzen. Anfänger und
Umsteiger lernen alle wichtigen und
neuen Programmfunktionen von
Access kennen und erhalten nützliche
Tipps zur optimalen Nutzung des Programms. Alle Arbeitsschritte werden
an einem durchgehenden Praxisbei-
spiel genau erläutert.

Der Autor Winfried Seimert zeigt Ihnen
dabei, wie Sie Ihre Daten optimal auf-
bereiten und in strukturierter Form
verwalten, aufbewahren und auswer-
ten. Darüber hinaus lernen Sie, Formulare automatisch und individuell zu
erstellen, Daten z.B. aus Excel zu übernehmen, Serienbriefe mit Access und
Word zu erstellen oder ihre Datenbanken zu schützen. Ein kleiner Einblick in
die Automatisierung von Access run-
det dieses Buch ab.

**Beispieldatenbank zum Download
unter www.mitp.de/401**

ISBN 978-3-95845-401-9

Irina Stobbe
Armin Wuttke

Zeitmanagement und Selbstorganisation mit Outlook

Den Arbeitsalltag besser in den Griff bekommen

Mit den richtigen Outlook-Einstellungen stressfreier arbeiten

Bewährte Methoden des Selbstmanagements praxisnah erklärt

Freie Zeit scheint es immer weniger zu geben – jede Minute ist verplant, ein Zeitfresser jagt den nächsten. In diesem Buch lernen Sie, wichtige Minuten einzusparen, Aufgaben entspannter zu erledigen und Ihre Entscheidungen mit den eigenen Plänen in Einklang zu bringen. Sie wenden die Grundlagen und Kniffe erfolgreichen Zeitmanagements an, so dass Sie Ihre Ziele erreichen und dabei Spaß haben.

Die Autoren zeigen Ihnen, wie Sie Microsoft Outlook dafür optimal nutzen. Sie erfahren, welche Grundeinstellungen in Outlook Sie in Ihrer Arbeit am besten unterstützen, wie Sie Ihre E-Mail-Flut bewältigen, Ihre Kontakte sinnvoll verwalten, Ihre Termine möglichst mühelos organisieren oder mit Outlook effektiv im Team und mit externen Partnern zusammenarbeiten. Unterstützung bieten dabei zusätzlich QuickSteps, VBA-Module und Makros, so dass Sie Ihr Outlook noch besser auf Ihre Bedürfnisse anpassen und möglichst viele Vorgänge automatisieren können.

Jede Menge Tipps und Tricks sowie ein Übungsteil zu jedem Kapitel unterstützen Sie auf Ihrem Weg zu weniger Stress und mehr Lebensqualität – und somit zu einer besseren Work-Life-Balance.

ISBN 978-3-95845-255-8

Probekapitel und Infos erhalten Sie unter:
www.mitp.de/255